内蒙古自治区2022年度高等学校青年科技人才发展计划（项目编号：NJYT22024）
内蒙古高校基本科研业务费项目（青年拔尖人才培育项目）（项目编号：2022JBBJ007）
资助

铸牢中华民族共同体意识下西部地区地方政府能力建设

王永明◎著

中国经济出版社
CHINA ECONOMIC PUBLISHING HOUSE
·北京·

图书在版编目（CIP）数据

铸牢中华民族共同体意识下西部地区地方政府能力建设 / 王永明著. -- 北京 ：中国经济出版社，2023.3（2024.11重印）
ISBN 978-7-5136-7254-2

Ⅰ. ①铸… Ⅱ. ①王… Ⅲ. ①地方政府－行政管理－研究－中国 Ⅳ. ① D625

中国国家版本馆 CIP 数据核字（2023）第 052237 号

责任编辑 耿 园
责任印制 马小宾
封面设计 任燕飞工作室

出版发行 中国经济出版社
印 刷 者 北京建宏印刷有限公司
经 销 者 各地新华书店
开　　本 710mm × 1000mm 1/16
印　　张 14.5
字　　数 235 千字
版　　次 2023 年 3 月第 1 版
印　　次 2024 年 11 月第 3 次
定　　价 78.00 元
广告经营许可证 京西工商广字第 8179 号

中国经济出版社 **网址** www.economyph.com **社址** 北京市东城区安定门外大街 58 号 **邮编** 100011
本版图书如存在印装质量问题，请与本社销售中心联系调换（联系电话：010-57512564）

目 录 | CONTENTS

| CHAPTER 1 | 第一章

导 论

在多民族国家框架内，如何将多个民族群体整合为一个民族共同体并不断提升其凝聚力，是当今世界多民族国家普遍面临的问题。在激烈的国际竞争中，无论是移民国家（如美国、加拿大、澳大利亚等），还是具有多民族、多语言、多宗教特征，民族复合色彩较浓的国家（如印度等），均在不遗余力地推进民族共同体建设，采用的政策模式有多元文化主义政策、“民族一体化”政策等，均意在增进本国民族共同体的凝聚力。铸牢中华民族共同体意识是党和国家面对复杂国际国内形势提出的重大任务，是习近平总书记关于民族理论的原创性重大论断。

第一节 问题提出与研究意义

一、问题提出

自出现起，政府的能力状况就成为评价其是否有效的关键指标之一。早在2000多年前，古希腊思想家亚里士多德就在其名著《政治学》中进行了论述，认为伟大城邦是拥有最高能力足以履行其职能的城邦[①]；汉密尔顿则从相反方面强调了政府能力的价值，认为坏政府表现为行政部门的软弱无力或行政部门管理不善[②]，这里的“行政部门的软弱无力或行政部门管理不善”就是指政府部门不能有效履行其职能，实质就是政府能力问题；世界银行在其发布的《世界发展报告》中指出，经济的、社会的和可持续的发展需要有效的政府，否则无法实现[③]。纵观不同国家和区域的治理实践和现代化进程，一个重要的事实是，只有有一个强有力的政府或能力强大的政府，才能有效实现现代化和区域协调发展。也就是说，能力不足的政府，一方面，在履行其基本职责方面显得低效；另一方面，在实现区域协调发展、促进各民族共同繁荣发展、化解社会矛盾、增强族际政治整合等方面也不能有效发挥作用。

作为一个幅员辽阔、人口众多的多民族国家，如何协调族际关系，凝心聚力，实现民族复兴并屹立于世界民族之林，不仅是一个重大理论问题，还是一个重大现实问题。当前，我国正处于“全面建设社会主义现代化国家开局起步的关键时期”，面临的环境复杂多变，国际国内的不确定因素增加。我们认为，地方政府能力与铸牢中华民族共同体意识密切相关，二者具有内在逻辑关系。地方政府能力是影响铸牢中华民族共同体意识极其重要的因素，地方政府能力强弱的差异，必然会导致铸牢中华民族共同体意识呈现出不同的状态和水平。

铸牢中华民族共同体意识是新时代地方政府的基本职责，即促进民族团结和培育中华民族共同体意识是各级政府应有的职责和功能，而政府能力总是同履行一定职责的政府行为联系在一起，政府职责的范围决定政府能力的方向和领域。经过几十年的发展，西部地区地方政府的经济发展能力、公共服务供给能力、社会治理能力、文化建设能力、生态环境保护能力得到了较为明显的提升，在经济发展、公共服务、社会治理、文化建设、生态环境保护等方面取得了前所未有的成就，为维护民族团结、培育和铸牢中华民族共同体意识奠定

① （古希腊）亚里士多德．政治学［M］．南昌：江西教育出版社，2014：303.

② （美）汉密尔顿，等．联邦党人文集［M］．程逢如，等，译．北京：商务印书馆，1980：356.

③ 世界银行．1997 年世界发展报告：变革世界中的政府［M］．北京：中国财政经济出版社，1997：15-17.

了良好的治理基础。但相比而言，能力不足是西部地区地方政府的现实状况和面临的突出问题，主要表现为经济发展能力相对偏低、公共服务供给能力不充分、社会治理能力有效性不足、文化建设能力相对偏弱、生态环境保护能力差距较大。在当代中国，西部地区地方政府的能力如得不到有效提升，其治理绩效必然会受到影响。西部地区在经济、公共服务、社会治理、文化建设、生态环境保护等方面如果不能实现高质量发展，必然无法破解铸牢中华民族共同体意识中的治理难题，进而制约铸牢中华民族共同体意识的状态和水平。因此，本书选择“铸牢中华民族共同体意识下西部地区地方政府能力建设”这一主题进行研究。

二、研究意义

地方政府是区域治理的关键主体，尤其是对于市场经济、社会组织发育相对滞后的西部地区而言，地方政府能否有效履行其职能职责会直接影响地方治理的效果。地方政府的职能职责与地方政府能力直接关联，地方政府能力的不同必然导致西部地区铸牢中华民族共同体意识呈现出不同的程度。因此，基于铸牢中华民族共同体意识视阈研究西部地区地方政府能力建设问题，具有以下意义：

（一）理论意义

首先，铸牢中华民族共同体意识视阈下对西部地区地方政府能力建设的研究，将民族学范畴的铸牢中华民族共同体意识与政治学和行政学范畴的政府能力关联起来，从跨学科的视角认识和研究地方政府能力。

铸牢中华民族共同体意识是地方政府履行其基本职能职责与国家治理现代化的题中之义，而国家治理现代化的基本实现路径就是维护国家主权、增强民族凝聚力、实现社会稳定、推动经济发展、展现综合国力[①]。本书将在借鉴学术界已有成果的基础上，充分考虑中国地方政府的特殊性，从铸牢中华民族

① 刘永刚．铸牢中华民族共同体意识与国家治理现代化的互构逻辑［J］．西南民族大学学报（人文社会科学版），2019（10）：17-23.

共同体意识的视角，精心选择指标因素，合理设计地方政府能力评价指标体系，对西部地区与东部沿海地区地方政府的能力进行比较分析，有助于丰富该领域的学术研究，具有一定的学术价值。

其次，将西部地区地方政府能力与铸牢中华民族共同体意识联系起来进行考察，有助于人们充分认识西部地区地方政府能力建设在各民族铸牢中华民族共同体意识进程中的重要性及积极作用。

本书在已有研究基础上，运用民族学、政治学、行政学有关理论，把地方政府能力与铸牢中华民族共同体意识联系起来进行考察，分析二者的内在逻辑关系，并认为地方政府能力强弱的差异，是影响西部地区铸牢中华民族共同体意识的重要因素，由此提出提升地方政府能力的总体思路和对策建议。这一研究为如何铸牢中华民族共同体意识提供了一种新的学术思路。

（二）现实意义

就现实意义而言，其价值主要体现在以下两个方面。

首先，为西部地区地方政府能力建设及政府职责的有效履行提供客观依据、信息支持、对策建议。本书围绕铸牢中华民族共同体意识构建地方政府能力评价维度和评价指标，并依据这一指标体系对西部地区地方政府的经济发展、公共服务、社会治理、文化建设和生态环境保护能力现状、取得的成效以及存在的问题进行系统的分析和梳理，从外部环境、政府自身因素等方面分析制约西部地区地方政府能力建设的因素，在此基础上提出加强西部地区政府能力建设的对策建议。因此，本书为新时代加强西部地区地方政府能力建设及地方政府铸牢中华民族共同体意识职责有效履行等相关公共决策提供了客观依据、信息支持、对策和建议。

其次，通过探寻和分析地方政府能力与铸牢中华民族共同体意识之间的内在逻辑、作用机理及一般过程，有助于为西部地区铸牢中华民族共同体意识寻求切实可行的实践途径。通过对地方政府能力与铸牢中华民族共同体意识之间相关性的分析和研究，探寻两者之间的内在逻辑及相关性，分析制约和影响铸牢中华民族共同体意识的地方政府能力变量，采取切实有效的措施，加强地方政府能力建设，使地方政府能力同铸牢中华民族共同体意识之间形成良性互动，以有效发挥地方政府作用，进一步推动西部地区各族民众铸牢中华民族共同体意识。

第二节 文献综述

一、铸牢中华民族共同体意识文献综述

国外有关“民族共同体”的研究历史悠久，最早可追溯到思想家柏拉图时期。从古希腊到英国经验主义时期再到20世纪七八十年代，西方社会从理论层面和实践层面都在进行“共同体”的实践和探索。德国著名社会家滕尼斯提出的“共同体—社会”① 理想类型极大地深化和启发了后人有关“共同体”的研究，如“机械—有机团结论”②“乡民—市民社会论”③ 以及“神圣—世俗社会论”④。另外，西方学者也从全球化、人类共同命运、合作协同等视角研究如何形塑和培育共同体意识，代表性学者有哈贝马斯、库桑斯基、卡拉汉等⑤。

在国内，关于“铸牢中华民族共同体意识”的研究文献和成果呈逐年增长趋势。学术界对铸牢中华民族共同体意识的研究主要集中在以下两个方面：

一是关于中华民族共同体意识内涵的研究，这部分内容详见第二章第一节关于“中华民族共同体意识”概念界定部分，在此不再赘述。

二是对铸牢中华民族共同体意识实现路径的研究较多。总体来看，学者

---

① 参见（德）滕尼斯．共同体与社会——纯粹社会学的基本概念［M］．林荣远，译．北京：北京大学出版社，1999：58-141.

② 参见（法）涂尔干．社会分工论［M］．渠东，译．上海：生活·读书·新知三联书店，2000：33，108.

③ 参见（法）雷德菲尔德．农民社会与文化：人类学对文明的一种诠释［M］．王莹，译．北京：中国社会科学出版社，2013：51，91，169.

④ 参见（美）贝格尔．宗教社会学：彼得·贝格尔读本［M］．谢夏珩，译．北京：中国社会科学出版社，2015：139-184.

⑤ 罗圣荣，兰丽．国内外学界对人类命运共同体研究的比较及启示［J］．世界民族，2020（6）：13-25.

们基于不同视角和学科提出了铸牢中华民族共同体意识的不同路径。从文化和教育视角进行研究的学者较多。郝时远（2020）从文化自信与文化认同的角度指出社会主义核心价值观与铸牢中华民族共同体意识之间具有内在关联，并强调社会主义核心价值观具有引领作用，其中爱国主义精神起到根本作用①；王延中（2018）指出通过“五个认同”教育、社会主义核心价值观教育、反对大汉族主义和地方民族主义进而促进“三交”的实际效果对于铸牢中华民族共同体意识具有十分重要的作用②；周平（2020）特别强调加强民族团结教育凝聚合力、增强认同构成了铸牢中华民族共同体意识的民族团结进路③；青觉（2020）指出加强由内生的历史走向、思想面向和观念取向构成的内生性基础建设是维系中华民族共同体意识的内在动力④；管健、方航（2020）从心理学视角提出了铸牢中华民族共同体意识的有效路径⑤；李秋梅、龙柏林（2021）认为以政治仪式铸牢中华民族共同体意识具有现实必要性，并提出了相应的理论逻辑和实践逻辑⑥；杨昊霖、顾光海（2021）通过探究文化润疆的实践路径，强调文化法治、深化文化浸润、提升文化底蕴、着眼文化认同，将文化润疆融入铸牢新疆各族群众中华民族共同体意识的全过程各领域⑦；李岁科（2021）认为坚持我国宗教中国化是铸牢中华民族共同体意识的现实需求，需从加强宗教思想引领、提升宗教法治建设、搭建宗教文化平台等方面探索铸牢中华民族共同体意识的实践进路⑧；何生海（2021）则认为学习和推广国家通用语言文

① 郝时远．文化自信、文化认同与铸牢中华民族共同体意识［J］．中南民族大学学报（人文社会科学版），2020（6）：1-10.

② 王延中．铸牢中华民族共同体意识，建设中华民族共同体［N］．中国民族报，2018-05-18（5）.

③ 周平．铸牢中华民族共同体意识的双重进路［J］．学术界，2020（8）：5-16.

④ 青觉．中华民族共同体意识的内生性基础研究［J］．中央民族大学学报（哲学社会科学版），2020（5）：27-34.

⑤ 管健，方航．铸牢中华民族共同体意识的结构面向与心理路径［J］．西北民族研究，2020（4）：17-21.

⑥ 李秋梅，龙柏林．铸牢中华民族共同体意识的政治仪式维度［J］．新疆社会科学，2021（4）：75-82，169.

⑦ 杨昊霖，顾光海．文化润疆铸牢中华民族共同体意识的三个基本维度［J］．广西民族研究，2021（1）：17-22.

⑧ 李岁科．铸牢中华民族共同体意识视阈下的我国宗教中国化：困难挑战与实践进路［J］．江苏省社会主义学院学报，2021（6）：69-75.

字是铸牢中华民族共同体意识的基石，大力推广国家通用语言文字可极大地助力铸牢中华民族共同体意识[①]；张鑫、段雪柳（2022）认为应实现推广国家通用语言文字与铸牢中华民族共同体意识二者的双向互动，形成一种相互促进、相互成就的良性循环，并统一于中华民族共同体建设进程中[②]；刘晓霜、纳日碧力戈（2022）提出历史文化视域是高质量铸牢中华民族共同体意识的重要路径之一[③]。

有学者从经济视角提出了铸牢中华民族共同体意识的路径。李曦辉（2020）从物质经济与国家认同视角进行了研究，指出民族地区经济发展是化解族际矛盾、维护民族团结的有效手段，认为各民族共同繁荣发展是实现铸牢中华民族共同体意识的必然要求[④]；李丽媛、胡玉杰（2021）指出实现经济高质量发展、提高民族地区人民生活水平是巩固民族关系和推动民族团结的最有力抓手[⑤]；马伟华、顾旭琛（2021）认为推进民族地区实现共同富裕，对于铸牢中华民族共同体意识具有深远意义[⑥]；张丽君、巩蓉蓉（2021）指出应结合民族地区发展不平衡不充分问题仍然相对突出的现实状况进一步夯实铸牢中华民族共同体意识的经济基础[⑦]。

还有学者从社会治理和社区治理的视角进行了研究。徐俊六（2018）认为铸牢中华民族共同体意识与社会治理关系紧密且互为基础、互为动力、互为构

---

① 何生海．推广国家通用语言文字与铸牢中华民族共同体意识［J］．北方民族大学学报，2021（6）：124-132．

② 张鑫，段雪柳．推广国家通用语言文字与铸牢中华民族共同体意识的互动逻辑［J］．西北民族大学学报（哲学社会科学版），2022（1）：47-55．

③ 刘晓霜，纳日碧力戈．高质量铸牢中华民族共同体意识的两个视域［J］．中南民族大学学报（人文社会科学版），2022（1）：35-40．

④ 李曦辉．基于铸牢中华民族共同体意识的少数民族经济发展研究［J］．中央民族大学学报（哲学社会科学版），2020（5）：44-53．

⑤ 李丽媛，胡玉杰．铸牢中华民族共同体意识视阈下民族地区经济高质量发展研究［J］．贵州民族研究，2021（2）：127-134．

⑥ 马伟华，顾旭琛．在实现共同富裕中铸牢中华民族共同体意识［N］．中国民族报，2021-11-30（6）．

⑦ 张丽君，巩蓉蓉．夯实铸牢中华民族共同体意识的经济基础［N］．中国民族报，2021-11-16（5）．

建[①]；陈纪、蒋子越（2021）则将各民族互嵌式社区建设作为铸牢中华民族共同体意识的一种路径[②]；蒋慧、孙有略（2021）认为民族互嵌型社区的治理体系与治理能力对于现代中国的中华民族共同体特性具有重要意义，提出新时代民族互嵌型社区治理的长效运作机制[③]；王永明（2021）从公共服务与铸牢中华民族共同体意识相关性出发，认为二者之间具有三重逻辑关系，并在此基础上提出在推进基本公共服务均等化进程中需构建实现铸牢中华民族共同体意识的三个方面的有效机制[④]。

从法治视角进行研究的有：陆平辉（2021）认为加强民族团结进步立法应作为铸牢中华民族共同体意识法治建构的重要路径[⑤]；叶强（2020）则提出应实现地方民族团结立法向"铸牢中华民族共同体意识"立法的转变，进一步为地方铸牢中华民族共同体意识提供法治保障[⑥]；宋才发（2021）在阐释了中华民族共同体意识法治内涵基本观点和基本要义的基础上，提出了铸牢中华民族共同体意识法治保障的法治路径[⑦]。

除上述研究外，还有一些学者针对不同区域和群体进行了研究。黄达远（2017）、王建新和关楠楠（2019）、陈纪（2020）、高永久（2021）、徐黎丽等（2021）等学者聚焦长城—天山走廊、河西走廊、多民族地区、边境地区、都市等区域视角

① 徐俊六．铸牢中华民族共同体意识与边疆民族地区社会治理关系研究［J］．宁夏社会科学，2018（6）：188-194.

② 陈纪，蒋子越．各民族互嵌式社区建设：铸牢中华民族共同体意识的社会条件探析［J］．贵州民族研究，2021（4）：18-24.

③ 蒋慧，孙有略．铸牢中华民族共同体意识下民族互嵌型社区治理研究［J］．西南民族大学学报（人文社会科学版），2021（6）：59-66.

④ 王永明．基本公共服务均等化：西部边疆民族地区铸牢中华民族共同体意识的路径选择［J］．民族论坛，2021（2）：33-43.

⑤ 陆平辉．铸牢中华民族共同体意识的法治建构［J］．中央社会主义学院学报，2021（4）：159-170.

⑥ 叶强．铸牢中华民族共同体意识的地方立法路径及完善［J］．中南民族大学学报（人文社会科学版），2020（5）：22-27.

⑦ 宋才发．铸牢中华民族共同体意识的法治内涵及路径研究［J］．广西民族研究，2021（4）：28-35.

分析了其特殊性并提出了该地区铸牢中华民族共同体意识的路径[①②③④⑤⑥⑦]；尹学朋和王国宁（2020）、李从浩和汪伟平（2021）、雷振扬和张俊（2021）、梁超（2021）等学者对少数民族学生、边民、华侨华人等特征鲜明的群体的“中华民族共同体意识”进行调研并提出对策[⑧⑨⑩⑪]。

二、地方政府能力文献综述

（一）国外文献综述

关于政府能力的研究，历史可谓源远流长，最早可追溯到2000多年前的亚里士多德时期。当然，这个时期对政府能力的研究是作为政府研究的“附属品”而进行的。在这之后，洛克、孟德斯鸠、卢梭等基于对政府的目的、合法性以及正当性的思考，对“政府能力”给予了高度关注[⑫]。这一时期关于政府能力还没有形成完整的概念和理论。在资产阶级革命取得胜利并建立政权后，对政府能力的关注主要集中于如何构建强有力的政府。其中，被誉为“行政天

① 黄达远．“长城—天山走廊”上的国家记忆［N］．中国民族报，2017-12-29（8）．

② 王建新，关楠楠．河西走廊多民族交融发展的历史作用与现实意义［J］．西北民族研究，2019（2）：55-65.

③ 陈纪．多民族地区铸牢中华民族共同体意识的实践路径——基于W县居民国家认同现状的调查研究［J］．西北民族研究，2020（4）：22-32.

④ 高永久．铸牢边境牧区各族民众中华民族共同体意识——理论意涵、外部影响与整体布局［J］．西北师大学报（社会科学版），2021，58（1）：39-45.

⑤ 徐黎丽，赵海军，马曼丽．铸牢陆地边境民众中华民族共同体意识初探［J］．北方民族大学学报，2021（1）：5-10.

⑥ 杨亚雄．边境地区铸牢中华民族共同体意识的影响因素论析——以西北陆路边境口岸地区为例［J］．西南民族大学学报（人文社会科学版），2022（2）：24-29.

⑦ 段超，车越川．都市铸牢中华民族共同体意识的实践与探索——以武汉市民族工作为例［J］．中南民族大学学报（人文社会科学版），2021（11）：51-58.

⑧ 尹学朋，王国宁．公民认同需求梯度化：铸牢少数民族学生中华民族共同体意识实现路径［J］．广西民族研究，2020（6）：24-30.

⑨ 李从浩，汪伟平．影响少数民族大学生“五个认同”的因素——铸牢中华民族共同体意识视角下的29所高校调查分析［J］．中南民族大学学报（人文社会科学版），2021（1）：46-54.

⑩ 雷振扬，张俊．铸牢边民中华民族共同体意识的路径［J］．中南民族大学学报（人文社会科学版），2021（11）：42-50.

⑪ 梁超．铸牢华侨华人中华民族共同体意识研究［J］．长江师范学院学报，2021（6）：62-69.

⑫ 青觉．和谐社会与民族地区政府能力［M］．北京：人民出版社，2010：25.

才”的汉密尔顿着重论述了建立一个有能力的联邦政府的必要性，并指出强有力的行政部门需要统一、稳定、充分的法律支持和足够的权力等要素[①]。在自由资本主义阶段，受亚当·斯密倡导的政府不干预理念的影响，对政府能力与政府职能的研究相对较少。这一时期的代表性人物有德国学者马克斯·韦伯，他认为政府能力就是合法运用独有性权力的能力。这一阶段，对政府能力的研究主要集中于政府的统治权力[②]。

20世纪二三十年代，随着凯恩斯主义在西方国家兴起，政府能力问题成为学者们关注的话题；到了20世纪五六十年代，随着政治发展理论和公共政策学的发展，关于政府能力的研究不断丰富；20世纪80年代以来，政府能力已是国外学者研究的焦点问题之一。关于政府能力的研究主要有以下几个方面：

关于政府能力的内涵，不同的学者持有不同的观点。比较有代表性的观点有：美国结构—功能主义的创立者加布里埃尔·A.阿尔蒙德、小G.宾厄姆·鲍威尔在其代表作《比较政治学：体系、过程和政策》中指出，政府能力是指建立公共权威机构及其制定和执行公共政策的能力，特别强调公共权威机构所拥有的维护公共秩序和合法性的能力[③]。贝思·W.汉纳德尔指出，公共政策学派学者从主客体关系、手段和结果的关系、资源获取与问题解决的关系、系统结构安排与理性遵从等方面对政府能力进行了剖析，提出了“政府能力表示采取何种手段才能在实现既定目标方面更有效，表示政府所具有的能够履行职责的潜力或绩效，主要是政府获取资源的能力在于最终满足社会整体需求的能力、政府能力的核心在于各项政治与行政制度安排的选择与发展和政府能力表示在决策和资源分配方面的理性力量”等关于政府能力的不同内涵[④]。美国新制度主义学派代表人物詹姆斯·S.科尔曼也是从资源获取的角度来认识政府能力的，他认为政府能力是指政府通过获取相应资源并用以满足公民基本生

---

① （美）汉密尔顿，等. 联邦党人文集［M］. 程逢如，等，译. 北京：商务印书馆，1980：356.

② 青觉. 和谐社会与民族地区政府能力［M］. 北京：人民出版社，2010：25.

③ （美）阿尔蒙德，鲍威尔. 比较政治学：体系、过程和政策［M］. 曹沛霖，译. 上海：上海译文出版社，1987：433.

④ 张世贤. 公共政策析论［M］. 台北：五南图书出版公司，1986：151-161.

存需求的能力。世界银行在其发布的报告中认为，政府能力是政府提供公共产品和公共服务的能力[①]。

国外学者除了对政府能力的内涵进行研究外，还对政府能力的构成要素进行了探讨。其中代表性观点有：美国著名学者塞缪尔·P. 亨廷顿（1989）认为政府应具备维护社会稳定、社会同化、社会整合和政策创新等方面的能力[②]；卢西恩·派伊则从程度、效率和价值 3 个维度来认识政府能力[③]；Nelissen 认为政府能力是司法、经济、政治 3 个维度形成的一个关系结构；Coggburn 和 Schneider 认为政府能力是包括政府管理其人力、物力和信息资本以支持其政策职能在内的内在能力[④]。

在对政府能力及构成要素研究的基础上，国外学者还对政府能力的影响因素进行了分析。亨廷顿（1993）认为，政治变量和经济变量是影响政府能力高低的重要因素[⑤]；艾森斯塔德特别指出政府的结构弹性也是政府能力的一个重要影响因素；阿尔蒙德和鲍威尔（1987）则认为政府能力与其行政环境存在着相关性和互动性，同时指出，政治体系的结构分化和政治文化的世俗化会增强政府影响国内外环境的能力[⑥]。美国耶鲁大学教授林德布洛姆（1997）则认为权威是影响政府有效性的一个重要变量[⑦]。美国著名公共管理学家梅利里·格林德尔指出好政府与公共部门人力资源、组织和制度的质量有着很大的关系。公共选择理论学派的代表人物布坎南指出，选举的不民主、竞争机制的

---

① 世界银行. 1997 年世界发展报告：变革世界中的政府 [M]. 北京：中国财政经济出版社，1997：38.

② （美）亨廷顿. 变革世界中的政治秩序 [M]. 王冠华，等，译. 上海：三联书店，1989：34.

③ （美）列奥纳德，宾主德尔，等. 政治发展中的危机与后果 [M]. 普林斯顿大学出版社，1979：7.

④ 张钢，徐贤春. 地方政府能力的评价与规划——以浙江省 11 个城市为例 [J]. 政治学研究，2005（2）：96-107.

⑤ （美）亨廷顿. 现代化理论与历史经验的再探讨 [M]. 王冠华，译. 上海：上海译文出版社，1993：363.

⑥ （美）阿尔蒙德，鲍威尔. 比较政治学：体系、过程和政策 [M]. 曹沛霖，译. 上海：上海译文出版社，1987：24.

⑦ （美）林德布洛姆. 政治与市场：世界的政治—经济制度 [M]. 王逸舟，译. 上海：上海人民出版社，1997：79.

缺乏、激励机制的缺失以及监督不力等是制约政府能力的重要因素[①]。

（二）国内文献综述

国内学术界对政府能力的关注和研究始于20世纪90年代。自1993年王绍光、胡鞍钢二位学者在《中国国家能力报告》一书中提出“国家（政府）能力”以来，政府能力逐渐成为学术界研究的热门主题。以“政府能力”为主题词从中国知网（CNKI）收录的文献中进行检索可以发现，与“政府能力”相关的文献共计6300篇，其中学术论文4067篇、学位论文1152篇、报纸类文献525篇。自20世纪90年代以来，以“政府能力”为主题的文献量呈迅速增长趋势，如图1.1所示。1993—2004年是地方政府能力研究的初始时期，整体上发文量不高，年均发文量仅为41篇；2004—2020年，对地方政府能力的研究经历了快速增长期，年均发文量约为340篇，其中2010年发文量达到405篇，2017年发文量达到401篇。之所以如此，是因为随着我国市场经济体制的不断完善、政府体制改革的深化及对政府职能定位的重新认识，如何在实现国家治理体系和治理能力现代化进程中有效发挥政府作用已成为一个必须解决的现实问题。这里所讲的“有效发挥政府作用”，实质就是政府能力问题。

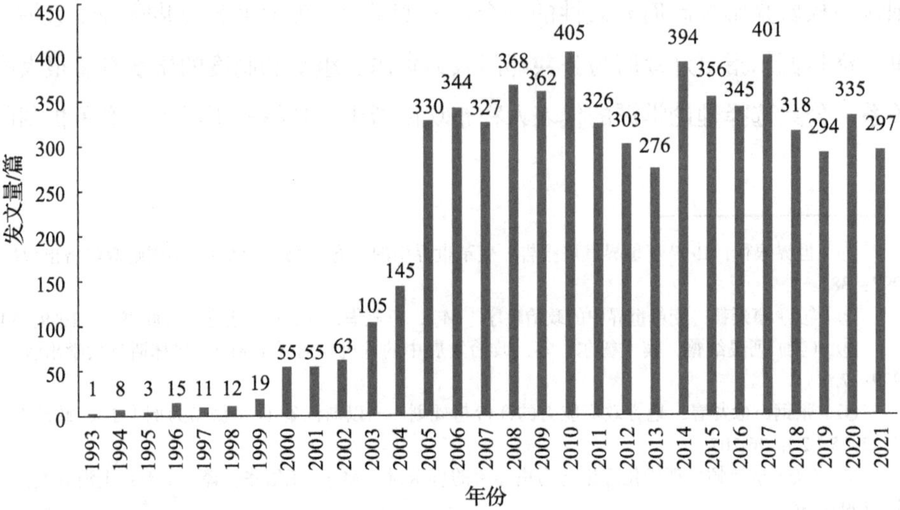

图1.1　1993—2021年以“政府能力”为主题发文量年度分布情况

① 汪永成．经济全球化与中国政府能力现代化［M］．北京：人民出版社，2006：10-11.

纵观国内学术界有关政府能力的研究，不仅从经济学领域拓展到了政治学、行政学领域，还深化了研究的广度和深度。下面对国内学者关于政府能力的研究现状作一梳理。

1. 地方政府能力内涵研究

至今，有关地方政府能力的概念和内涵，学术界尚未达成统一，学者们从不同角度和学科背景出发进行了界定。王绍光、胡鞍钢在 1993 年出版的《中国国家能力报告》中基于央地关系视角着重分析了政府财政能力，认为政府能力是指政府将自己的意志、目标转化为现实的能力①。施雪华（1996）认为政府能力是政府组织运用公共权力有效治理社会的能量和权力的总称②。张钢、徐贤春（2005）基于战略管理的视角提出了一个新的政府能力概念模型和分析框架，将政府能力分为动态能力和静态能力，认为政府能力的形成和运用更多地体现为对公共责任和职能的履行③。王骚、王达梅（2006）从公共政策的视角来认识政府能力的内涵④。黄毅峰（2011）则从二维结构的能力体系出发，把国家机关维护政治统治、推动社会发展的能力称为政府能力⑤。张宇（2014）从社会合作性治理过程的视角认为，政府能力是一种有边界、有限制、有效能的元治理的能力⑥。李靖等（2020）从国家治理能力现代化视角出发，认为地方政府能力是一种以政府为主体多元治理格局的综合治理能力，其目标是提供公共产品和服务⑦。

2. 地方政府能力构成研究

在地方政府能力内涵研究的基础上，国内学术界还对政府能力的构成进行了深入的分析和研究。由于政府能力与政府职能总是相适应和相匹配的，随

---

① 王绍光，胡鞍钢. 中国国家能力报告［M］. 沈阳：辽宁人民出版社，1993：222.

② 施雪华. 论政府能力及其特征［J］. 政治学研究，1996（1）：63-68.

③ 张钢，徐贤春. 地方政府能力的评价与规划——以浙江省 11 个城市为例［J］. 政治学研究，2005（2）：96-107.

④ 王骚，王达梅. 公共政策视角下的政府能力建设［J］. 政治学研究，2006（4）：67-76.

⑤ 黄毅峰. 再论政府能力及其提升的路径选择［J］. 社会科学，2011（1）：33-42.

⑥ 张宇. 合作性治理语境中的政府能力厘定及其提升路径［J］. 南京社会科学，2014（8）：95-100.

⑦ 李靖，李春生，董伟玮. 我国地方政府治理能力评估及其优化——基于吉林省的实证研究［J］. 吉林大学社会科学学报，2020（4）：62-72.

着我国行政体制改革的深入推进，地方政府的职能定位也在不断调整，学术界形成了政府能力构成的“三要素”“四要素”“五要素”“七要素”等不同观点。其中，持“三要素”论的有臧乃康（2001）、黄建洪（2010）等学者。臧乃康（2001）依据中国转型时期出现的问题将政府能力划分为政治统治能力、经济调控能力和社会治理能力①；黄建洪（2010）则从现代化进程中政府能力发展的一般规律及转型期的中国治理的实际需要出发，认为政府能力应涵盖政府自身、社会以及综合3个方面的治理能力②。持“四要素”论者中比较有代表性且学术界认同的是张钢、徐贤春（2005）提出的政府结构模型。他们认为地方政府应具备资源获取、配置、整合、运用4个方面的能力③。李靖等（2020）从政治、经济、社会、文化、生态“五位一体”的视角，将地方政府能力划分为5个方面的治理能力④。王骚、王达梅（2006）则依据政策过程理论，认为政府能力应包括政府从政策问题认定环节一直到政策调整环节等政策过程中6个不同环节体现出的能力⑤。党秀云（2017）基于合作治理视角，认为要达成合作治理的成效和目标，需重点提升政府的提供制度、形成共识、增进信任、平衡利益、防范风险、选用工具等方面的能力⑥。持“七要素”论者中，云南大学周平（2002）从县级政府的基本职能出发，认为县级政府能力是由规划发展、制度创新、资源配置、市场规制、公共品供给、组织协调、社会控制7种能力有机结合在一起而形成的⑦。周平对政府能力的这一划分在学术界引起较大反响，为进一步深入研究地方政府能力提供了一个指导性框架。

3. 地方政府能力评估研究

地方政府能力评估指标体系也是国内学术界比较关注的领域。2000年，

① 臧乃康．论政府能力［J］．云南行政学院学报，2001（1）：31-34.

② 黄建洪．现代化进程中的政府能力发展：一般规律与中国选择［J］．社会科学研究，2010（4）：57-62.

③ 张钢，徐贤春．地方政府能力的评价与规划——以浙江省11个城市为例［J］．政治学研究，2005（2）：96-107.

④ 李靖，李春生，董伟玮．我国地方政府治理能力评估及其优化——基于吉林省的实证研究［J］．吉林大学社会科学学报，2020（4）：62-72.

⑤ 王骚，王达梅．公共政策视角下的政府能力建设［J］．政治学研究，2006（4）：67-76.

⑥ 党秀云．论合作治理中的政府能力要求及提升路径［J］．中国行政管理，2017（4）：46-52.

⑦ 周平．县级政府能力的构成和评估［J］．云南行政学院学报，2002（5）：25-28.

国家行政学院领导学教研部杜钢建在《政治学研究》上发表了《政府能力建设与规制能力评估》一文，呼吁“需要重新重视政府体制在社会经济发展中的作用，并提出了政府规制能力评估的标准、等级及各等级的含义”①。之后，学者们纷纷开始着墨于地方政府能力评估相关问题，产生了较丰富的研究成果。本书从地方政府能力整体评估和具体能力评估两方面来梳理学术界的研究。

从地方政府能力整体评估来看，代表性的研究有：张钢、徐贤春（2005）按照层次分析法的评价原理从资源获取能力、资源配置能力、资源整合能力、资源运用能力 4 个层面构建了包含 19 个指标的地方政府能力评价体系②。罗国亮（2009）提出应从自我管理和社会治理两个方面评估地方政府能力，自我管理包括法治程度、透明程度、适应程度和人员组成 4 个方面，社会治理包括经济绩效、政治绩效、社会绩效和文化绩效 4 个方面③。陈晓芳（2009）采用逐层独立权重法构建了包含经济、政治、文化、社会、内部管理等方面的 5 个二级指标、34 个三级指标的中国省域政府竞争力指标体系④。施雪华、方盛举（2010）基于政策效能、体制效能、行为效能 3 个视角设计了一套涵盖 7 个维度、98 个具体指标的中国省级政府公共治理效能指标体系⑤。唐天伟等（2014）以地方政府治理现代化的内涵及特征为依据，构建包含治理体系现代化和治理能力现代化 2 个一级指标，体制、人员、经济、政治、社会、文化、生态 7 个二级指标，21 个三级指标的测量地方政府治理现代化的指标体系⑥。吴旭红（2017）从制度、过程、结果 3 个方面构建了包含 28 个评估（测量）要素的地

① 杜钢建. 政府能力建设与规制能力评估［J］. 政治学研究，2000（2）：54-62.

② 张钢，徐贤春. 地方政府能力的评价与规划——以浙江省 11 个城市为例［J］. 政治学研究，2005（2）：96-107.

③ 罗国亮. 试论地方政府能力的评估［J］. 昆明理工大学学报（哲学社会科学版），2009（4）：55-59.

④ 陈晓芳. 中国省域政府竞争力量化测定研究［J］. 沈阳师范大学学报（社会科学版），2009（6）：39-42.

⑤ 施雪华，方盛举. 中国省级政府公共治理效能评价指标体系设计［J］. 政治学研究，2010（2）：57-66.

⑥ 唐天伟，曹清华，郑争文. 地方政府治理现代化的内涵、特征及其测度指标体系［J］. 中国行政管理，2014（10）：46-50.

方政府治理能力评估体系[①]。李靖等（2020）构建了由政治、经济、文化、社会、生态治理能力5个一级指标，12个二级指标，40个三级指标构成的我国地方政府治理能力测量指标体系[②]。

关于地方政府经济发展、社会治理、公共服务、文化建设、生态环境保护等能力评估的研究详见第四章第一节，在此不再赘述。

4. 具体社会情境下地方政府能力研究

国内学术界对政府能力的研究经历了从宏大经济社会文化发展到具体社会问题情境的转换[③]。这种研究的转换既是我国不同发展阶段社会主要矛盾和重难点问题对政府能力的呼唤，也是学术界对政府能力研究的深化和拓展。从现有文献来看，第一，学者们将地方政府能力与经济社会发展中的具体社会问题相结合，研究提升地方政府能力对于具体社会问题的重要意义。例如，有学者将地方政府能力与区域经济社会发展、和谐社会、生态治理、精准扶贫、新型城镇化、创新驱动发展等主题[④⑤⑥⑦⑧⑨]联系在一起进行研究，分析地方政府能力与上述社会问题之间的内在逻辑关系，以及上述问题的解决对政府的依赖性，在此基础上提出地方政府能力提升的机制。第二，学者们关于某一具体领域地方政府能力的研究逐渐增多。学术界对地方政府公共服务能力、财政能力、生态环境保护能力、社会治理（管理）能力等具体领域的研究较多。分别以具体领域政府能力为主题词在CNKI文献库中进行检索，关于地方政府公共服务能力研究的文献约272篇，关于地方政府财政能力研究的文献约218篇，

① 吴旭红. 制度、过程与结果：地方政府治理能力评估的三维坐标［J］. 领导科学论坛，2017（1）：5-17.

② 李靖，李春生，董伟玮. 我国地方政府治理能力评估及其优化——基于吉林省的实证研究［J］. 吉林大学社会科学学报，2020（4）：62-72.

③ 谢秋山. 1993年以来的国内政府能力研究趋势及展望［J］. 学习论坛，2018（2）：61-67.

④ 闻柏. 民族自治地方政府能力与区域经济社会发展［M］. 昆明：云南人民出版社，2010.

⑤ 青觉. 和谐社会与民族地区政府能力［M］. 北京：人民出版社，2010：25.

⑥ 张劲松. 去中心化：政府生态治理的现代化［J］. 甘肃社会科学，2016（1）：12-17.

⑦ 吕华. 从政府能力维度解析精准扶贫的影响因素［J］. 现代农村科技，2019（10）：11-12.

⑧ 纪晓岚，曾莉. 城镇化进程中的县级政府能力建构：解读、困境与方向［J］. 经济社会体制比较，2014（3）：38-47.

⑨ 邵传林. 政府能力与创新驱动发展——理论机制与中国实证［J］. 社会科学，2015（8）：52-62.

关于地方政府生态环境保护能力研究的文献约 147 篇，关于地方政府社会治理能力研究的文献约 45 篇。第三，关于民族地区地方政府能力的研究也在不断增多。周平（2001）较早关注民族地区地方政府能力问题[①]；任维德（2005）从地方政府竞争视角分析了地方政府与民族、区域发展差距之间的内在逻辑关系，并提出规范地方政府竞争与提升民族地区地方政府竞争力以加快民族地区发展的对策建议[②]；闫柏、周平（2009）从政府能力循环一般原理出发，结合民族自治地方实际尝试性地提出了民族自治地方政府循环论[③]；方盛举（2007）则认为民族地区地方政府需自觉主动从政府自身和政府外部两个方面加强能力建设和能力提升[④]；秦位强、秦海蓉（2010）围绕民族地区县级政府能力的现状及路径展开了研究[⑤]；李俊清（2014）则在分析边疆民族地区公共危机类型、特点及趋势的基础上，提出应推动边疆民族地区地方政府公共安全治理体系和治理能力现代化[⑥]；米恩广、权迎（2015）提出了民族自治地方政府能力建设的关键是治理能力现代化的观点[⑦]，之后，米恩广、李若青（2018）又提出政府能力现代化的柔性逻辑，即价值理性与工具理性“道器相济”的策略[⑧]；孟凡丽、王国宁（2021）认为边疆民族地区地方政府面临着经济调控能力相对不足不能有效促进高质量发展、政府内外部治理要素缺乏整合无法满足新时代社会治理现代化需求、区域治理中的“族际主义”取向与提高法治化治理水平的差距、文化宣传教育机制建设滞后与全媒体时代国家主流政治文化传播的错位等困境[⑨]。

---

① 周平．大开发中的西部地方政府能力问题［J］．学术探索，2001（1）：34-47.

② 任维德．现状、原因、对策：地方政府间竞争视野下的民族发展——中西部民族地区经济与社会发展的实证分析［J］．内蒙古大学学报（哲学社会科学版），2005（5）：3-10.

③ 闫柏，周平．民族自治地方政府能力循环浅析［J］．云南师范大学学报（社会科学版），2009（1）：95-103.

④ 方盛举．中国民族自治地方政府发展论纲［M］．北京：人民出版社，2007：119.

⑤ 秦位强，秦海蓉．民族地区县级政府能力建设路径探析［J］．社科纵横，2010（7）：25-28.

⑥ 李俊清．边疆民族地区公共安全治理体系与能力现代化［J］．中国行政管理，2014（11）：52-55.

⑦ 米恩广，权迎．治理能力现代化——民族自治地方政府能力建设之关键［J］．西北民族大学学报（哲学社会科学版），2015（1）：35-40.

⑧ 米恩广，李若青．道器相济：民族自治地方政府治理能力现代化的柔性逻辑——一个理性分析框架及其解释［J］．广西民族研究，2018（5）：44-50.

⑨ 孟凡丽，王国宁．边疆民族地区政府治理能力现代化：时代意蕴、面临的挑战及路径选择［J］．贵州民族研究，2021（1）：13-21.

三、既有文献成果述评

首先，自铸牢中华民族共同体意识提出以来，学术界从文化教育、经济、社会治理和社区治理、法治等多种视角研究和分析了铸牢中华民族共同体意识的实现路径。这些研究成果的取得对于新时代铸牢中华民族共同体意识具有重要的意义和价值，但仍有进一步拓展的空间。一是现有研究偏重理论讨论，大多属于宏观层面的研究，缺乏中观层面和微观层面的研究及实证分析。二是研究视角还有待进一步拓展，铸牢中华民族共同体意识是一项系统的、复杂的工程，目前的研究主要是从民族学、教育学、社会学、法学等学科视角进行的，政治学、行政学及其他学科视角的研究还不多，需加强多学科视角的研究。三是研究群体分布不均衡，从现有文献来看，主要集中在西部地区，东部地区和中部地区的研究者不多，需要有更多的非民族地区研究者关注、研究这一主题，并加强区域间的研究合作。四是有关铸牢中华民族共同体意识的国际研究成果不多、深度不够。

其次，国内外关于地方政府能力的研究已取得了较为丰富的成果，研究广度和深度得到了一定拓展，为本书奠定了良好的基础。但未来还需要关注以下问题：一是尚未建构一套政府能力理论领域具有中国特色的话语体系和学术体系，现有有关政府能力的研究基本都是沿用西方的理论；二是结合新时代国家治理的重大现实问题及具体治理情境的研究还不多，因为不同国家治理问题和治理情境对地方政府能力的需求也不一样，因此需要加强针对具体治理情境尤其是新时代国家治理重大现实问题的政府能力研究。

总体来说，从既有研究文献和学术成果来看，一是将地方政府能力放在铸牢中华民族共同体意识视阈下进行研究并探寻二者的内在逻辑、作用机理的研究文献和学术成果较少；二是从区域视角探讨如何有效进行族际政治整合的研究刚刚起步，聚焦于发展相对滞后的西部地区的研究更是少之又少。对于我国这样一个幅员辽阔、人口众多、民族多样的国家来说，铸牢中华民族共同体意识的路径和方式定会呈现出区域间的差异性，受经济发展不平衡不充分、社会资本累积式微、沟通网络异质多元以及自然生态脆弱易损等行政环境因素的影响和制约，西部地区呈现出与东中部地区相异的区域特征。与东部地区相比，能力不足是西部地区地方政府的现实状况和面临的突出问题，地方政府能力的不同必然导致铸牢中华民族共同体意识区域空间的不平衡状态和水平。基于此，本书选择“铸牢中华民族共同体意识下西部地区地方政府能力建设”这一主题开展研究，致力于分析和挖掘地方政府能力建设与铸牢中华民族共同体意识之间的内在逻辑关系，考察西部地区地方政府能力现状及问题，分析其制约因素，进而提出以铸牢中华民族共同体意识为基本遵循提升西部地区地方政府能力的总体思路和对策建议。

第三节 研究内容与研究方法

一、研究内容

本书聚焦铸牢中华民族共同体意识视阈下的西部地区地方政府能力建设，具体研究内容如下：

（一）地方政府能力与铸牢中华民族共同体意识的相关性研究

地方政府能力与铸牢中华民族共同体意识二者间具有内在的逻辑及作用机理，地方政府能力的不同必然会导致铸牢中华民族共同体意识在区域空间上呈现出不平衡的状态和水平。铸牢中华民族共同体意识是新时代地方政府的基本职责，通过法定形式将铸牢中华民族共同体意识确立为地方政府的基本职责是国家治理现代化的必然要求，不仅有助于将铸牢中华民族共同体意识的顶层设计有效转化为实际行动，还有助于将铸牢中华民族共同体意识融入地方政府工作的全过程和各方面。铸牢中华民族共同体意识要求提升地方政府能力，因此加强地方政府能力建设能够为铸牢中华民族共同体意识提供组织保障并奠定治理基础。作为马克思主义民族理论中国化的最新成果和新时代党的民族工作的根本遵循，铸牢中华民族共同体意识支撑并助推了地方政府能力建设，不仅对地方政府能力建设提出了新要求、提供了新动力、明确了着力点，还为地方政府能力建设提供了重要资源。

（二）西部地区地方政府能力现状及问题研究

基于地方政府的职责领域和围绕铸牢中华民族共同体意识，构建包含经济发展能力、公共服务供给能力、社会治理能力、文化建设能力和生态环境保护能力5个维度，14个一级指标和45个二级指标的地方政府能力评价指标体系。依据指标体系，将西部地区地方政府能力与东部地区地方政府能力进行比较，会发现东部地区地方政府的能力要比西部地区地方政府强劲得多。总体来看，通过认真分析和审视，在深入推进铸牢中华民族共同体意识进程中，虽然西部地区地方政府的经济发展、公共服务、社会治理、文化建设和生态环境保护等能力建设已取得成效明显，但横向比较来看，仍面临诸多挑战，能力不足是普遍存在的现象。

（三）西部地区地方政府能力建设制约因素研究

西部地区经济发展不平衡不充分、社会资本累积式微、沟通网络异质多元、自然生态脆弱易损等外部行政环境是西部地区地方政府能力建设环境约束的构成要素；除了外部行政环境因素外，政府职能转变缓慢、行政管理方式落后、政府公职人员能力偏低、体制改革创新滞后、府际关系的制度安排等政府自身因素也是非常重要的影响和制约因素。此外，复杂多变的客观环境给西部地区地方政府能力建设增加了更多不确定因素，带来了新的挑战。

（四）以铸牢中华民族共同体意识为基本遵循提升西部地区地方政府能力的总体思路与对策建议

地方政府能力建设是一项复杂的系统工程，尤其是对于相对特殊的西部地区，需坚持以铸牢中华民族共同体意识为基本遵循提升政府能力。一方面，西部地区地方政府能力现状以及制约该地区地方政府能力因素的多样性、复杂性，决定了西部地区地方政府能力建设、改善和提升的总体思路：一是党建引领，二是内外驱动，三是要融入治理理念。另一方面，提出西部地区地方政府经济发展、公共服务、社会治理、文化发展、生态环境保护等能力建设的具体对策建议，为铸牢中华民族共同体意识奠定物质经济基础、提供坚实民生基础、夯实牢固社会基础、创造思想文化基础、打造宜居生态基础。

二、研究方法

本书的研究方法主要有文献研究法、比较分析法、实地调研法和描述统计法。

（一）文献研究法

文献研究法是通过对现有文献资料的收集和分析，探索和分析各种社会行为、社会关系等社会现象的一种研究方法。本书主要在以下两个方面运用文献研究法：一方面，通过对国内外相关文献资料进行梳理，搜集和整理与地方政府能力研究和铸牢中华民族共同体意识研究相关的研究文献和学术成果，通过文献梳理和规范分析提出本书理论视角、研究框架等；另一方面，通过对现有研究的梳理和对官方统计数据的分析，概括出西部地区地方政府能力现状及存在的问题，在分析制约因素的基础上，提出西部地区地方政府能力建设的现实途径。

（二）比较分析法

比较分析法是社会研究方法中的一种定性资料分析法。本书在两个方面运用比较分析法：一是对本书所用的西方理论的适用性进行比较分析。由于各国的经济政治发展及其体制存在一定差异，特别是中国的国情与西方国家不同，本书将在马克思主义理论指导下，批判地运用西方政治学、行政学中的一些理论成果和认识工具，更有效地进行分析和研究。二是通过与东部地区地方政府能力进行比较，分析西部地区地方政府能力建设的制约因素。

（三）实地调研法

实地调研法是人类学田野调查的一种具体方法。受新冠肺炎疫情影响，本书主要对 N 自治区党委组织部、发展和改革委员会、民政厅、财政厅、生态环境厅、政务服务局、民族事务委员会等政府部门及相关干部进行了实地调研、访谈。作为西部地区地方政府能力建设的实践者和参与者，他们的看法、感受和认知为本书提供了第一手资料，访谈提纲见附录。

（四）描述统计法

描述统计的重要目的在于概括性地反映出大量数据资料包含的基本信息。为了充分而具体地阐释问题，本书在研究中不同程度地运用了描述统计法，以使研究更具理论说服力。

第四节　研究思路与结构安排

一、研究思路

本书在全面梳理既有文献成果和实地调研的基础上，首先，对本书所涉及的基本概念和理论资源进行了阐释，为后续研究奠定了基础；其次，从理论上揭示了地方政府能力与铸牢中华民族共同体意识之间的内在逻辑关系；再次，依据构建的地方政府能力评价指标体系比较分析了西部地区地方政府能力现状及存在的问题，在此基础上深入探究其制约因素；最后，基于地方政府能力与铸牢中华民族共同体意识之间的内在逻辑及相关性，提出以铸牢中华民族共同体意识为基本遵循提升西部地区地方政府能力的总体思路和对策建议。

依据上述思路，本书主要回答以下问题：

- 地方政府能力与铸牢中华民族共同体意识之间有哪些内在逻辑及作用机理？
- 与东部地区相比，西部地区地方政府能力的现状如何？面对的问题是什么？
- 西部地区地方政府能力建设的制约因素有哪些？
- 如何以铸牢中华民族共同体意识为基本遵循提升西部地区地方政府能力？

具体技术路线如图 1.2 所示。

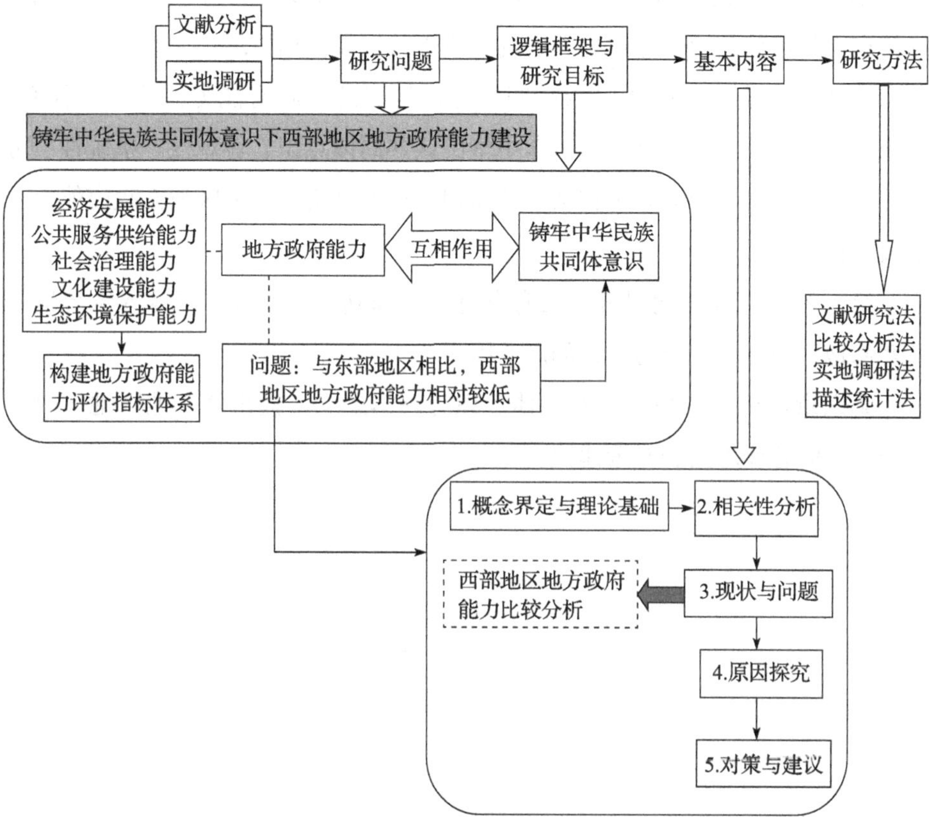

图 1.2　本书技术路线

二、结构安排

本书具体章节安排如下：

第一章阐释选题的背景与研究意义，对国内外有关政府能力和铸牢中华民族共同体意识的研究文献进行梳理，阐明本书的内容、思路、方法、技术路线等。

第二章对本书涉及的西部地区、地方政府、地方政府能力和中华民族共同体意识等概念进行清晰界定，为后续研究奠定基础；在此基础上，系统论述本书所运用的理论资源，具体包括马克思主义民族理论、政府能力理论、政治系统理论、行政生态学理论。

第三章从理论上深入分析地方政府职责与地方政府能力、地方政府能力与铸牢中华民族共同体意识之间的内在逻辑关系及作用机理。

第四章围绕铸牢中华民族共同体意识构建地方政府能力评价指标体系，并依据指标体系，遵循有利于铸牢中华民族共同体意识、客观性、系统性、可行性、突出重点与全面系统相结合的原则，对比分析西部地区地方政府能力现状及存在的问题。

第五章从行政环境因素、政府自身因素和其他因素等方面深入系统地分析西部地区地方政府能力建设的制约因素。

第六章以铸牢中华民族共同体意识为基本遵循，提出西部地区地方政府能力建设的总体思路和对策建议。

| CHAPTER 2 | 第二章

研究基础：核心概念与理论资源

概念是人类认识事物和思维的基本形式之一，能够让人们的思维既源于感觉又能摆脱感觉的局限。概念赋予人们类化事务的能力，可以帮助人们简化世界，提高人们的思考能力。[①]理论能够为研究主体提供分析和认识事务的视角。根据研究需要，本章内容就涉及的核心概念和所运用的理论资源进行介绍，为后文的研究和分析奠定基础。

第一节　核心概念界定

本书涉及的核心概念有西部地区、地方政府能力和中华民族共同体意识等。

一、西部地区

西部地区是一个区域概念，我国学术界对其没有一个统一且严谨的界定。在 1999 年中国共产党十五届四中全会提出的“国家要实施西部大开发战略”

① （美）埃根，唐·考查克．教育心理学（第六版）[M]．北京：北京大学出版社，2009：354.

和2000年国务院下发的《关于实施西部大开发若干政策措施的通知》中，将西部地区明确为陕西省、甘肃省、青海省、四川省、重庆市、云南省、贵州省及宁夏、新疆、西藏、广西、内蒙古5个自治区，共计12个省级行政区。认识这一区域需弄清楚边疆地区、民族地区等概念。

边疆地区主要是指有陆地边境线的省（区）。按照《兴边富民行动“十三五”规划》中指出的，我国边疆地区涉及内蒙古、辽宁、吉林、黑龙江、广西、云南、西藏、甘肃、新疆9个省（区）的140个陆地边境县（市、区、旗）和新疆生产建设兵团的58个边境团场[①]。该地区约占国土面积的20.52%，2300万人口中有近一半为少数民族，其中跨界而居的民族有30多个。

民族地区通常是少数民族聚居地区的简称，至今没有严格的官方和学术定义。在不同的语境下，民族地区的指代也不同。从学术界使用情况来看，有3类不同情况：一是仅指民族区域自治地方［涵盖自治区、自治州、自治县（旗）3个行政层级所管辖区域］，二是指民族八省区（含5个自治区和少数民族人口较多的青海、贵州、云南3省），三是凡是少数民族聚居的地方均可涵盖在内；其中，第二种情况较为常用，我国中央财政从1980年开始对5个民族自治区和青海、云南、贵州实施定额财政补助等政策，由于民族区域自治政策已经拓展到了青海、云南和贵州3省，政府文件习惯上将这8个省（区）简称为“民族八省区”。国内学者如青觉和王伟（2017）[②]、郑长德（2018）[③]、李俊清和蒋祎（2020）[④]将民族地区界定为民族八省区，即蒙、宁、新、藏、桂、青、滇、黔8个省（区）。

通过上述分析，结合本书研究主题，本书中的西部地区是指地处西部地区且民族众多的省（区），具体来说，包括内蒙古、宁夏、新疆、西藏、广西5

① 国务院办公厅关于印发兴边富民行动“十三五”规划的通知［EB/OL］，(2017-06-06)［2022-11-11］. http://www.gov.cn/zhengce/content/2017-06/06/content_5200277.htm.

② 青觉，王伟. 民族地区精准扶贫的文化分析［J］. 西南民族大学学报（人文社会科学版），2017（4）：45-51.

③ 郑长德. 新时代民族地区区域协调发展研究［J］. 西南民族大学学报（人文社会科学版），2018（4）：92-100.

④ 李俊清，蒋祎. 民族地区公共卫生服务的制约因素及其治理［J］. 中国行政管理，2020（5）：126-132.

个自治区和青海、云南、贵州3个少数民族人口较多的省，共计8个省级行政区，2020年年末总人口为1.5253亿人，总面积为567.07万平方千米，占国土面积的59.07%。

二、地方政府能力

（一）地方政府

在西方国家，州政府以下的政府单位被称为地方政府，如美国的地方政府主要有县、市、镇、学区和特别行政区5个类型①。在中国这样的单一制国家中，人们一般从中央与地方关系的角度来理解、界定地方政府，也就是说，除了中央政府以外的各级政府都可被称为地方政府。我国出版的《辞海》和《简明政治学词典》均持此观点②③。也有学者为了更深入全面地分析和研究地方治理，指出地方政府是中央政府依据法律法规在地方设置的、治理其所辖行政区域及所辖区域内社会公共事务的公共组织，通常由地方权力机关（议决或立法）和地方权力执行机关（行政机关）组成④。还有学者认为我国的地方政府是指除中央人民政府以外的、按照国家行政区域建立起来的地方各级行政机关，负责在本地区组织实施国家的法律法规及中央政府和上级政府的政策⑤。

从纵向层级来看，我国地方政府主要有省级政府、地级市政府、县级政府、乡镇级政府；从地方政府的类型来看，目前我国地方政府主要有一般地方政府、城市地方政府和民族自治地方政府3种类型。本书的研究，只限于省级政府，这里既有一般地方政府，如青海、云南、贵州地方政府，也有民族自治地方政府，如内蒙古、宁夏、新疆、西藏和广西地方政府。

---

① 张光. 美国地方政府的设置［J］. 政治学研究，2004（1）：92-102.

② 参见夏征农. 辞海［M］. 上海：上海辞书出版社，1999：1503.

③ 编写组. 简明政治学词典［M］. 长春：吉林人民出版社，1985：231，234.

④ 陈瑞莲，张紧跟. 地方政府管理（第二版）［M］. 北京：中国人民大学出版社，2016：3.

⑤ 吴爱明，朱国斌，林震. 当代中国政府与政治（修订版）［M］. 北京：中国人民大学出版社，2010：202.

（二）地方政府能力

政府能力是关于现代政府的基本的衍生问题之一，始终是判断政府优劣的重要标准之一。① 所谓地方政府能力是指地方政府运用公共权力，履行和实现其职能，协调国内政府间关系，汲取和利用社会资源，以解决辖区内面临的公共问题，为维护与实现整个地方整体利益所行使的、潜在的和现实的功能性能量、能力的总和。

政府能力与政府职能或职责相关。现代国家的宏观公共行政能力与政府职能相关，在政府职能基本确定的情况下，可认为政府的宏观公共行政能力实际就是指政府履行其职能的能力。② 也就是说，政府职能的范围决定了政府能力建设的领域和方向。因此，要界定地方政府的能力构成，首先需要界定地方政府的职能范畴和领域。

在我国，对政府职能的认识源于政府职能转变的实践，甚至有学者指出，中国是先有“转变政府职能”的实践要求和提法，之后才有对转变政府职能的理论研究③。我国政府职能转变始于20世纪80年代中期。1986年党中央正式提出“政府机构管理经济的职能转变”，自此学术界开始研究讨论“政府应该做什么和怎么做”的问题；1988年的政府机构改革强调把职能转变作为目标；1993年的机构改革坚持的指导思想为“着重搞好转变政府职能，精简内设机构和人员，加强宏观调控和监督职能，弱化微观管理职能，以适应建立社会主义市场经济的需要”；1998年通过的《关于国务院机构改革方案》将政府职能明确界定为宏观调控、社会管理和公共服务。到20世纪90年代，学术界对“政府应该做什么、不该做什么”等重大问题基本达成共识④。2003年，党的十六届三中全会将政府职能界定为经济调节、市场监管、社会管理和公共服务。2013年，党的十八届三中全会将宏观调控、市场监管、公共服务、社会管理、环境保护概括为政府的基本职能，并提出“加强中央政府宏观调控职责

① 张国庆．公共行政学（第三版）[M]．北京：北京大学出版社，2007：495.
② 张国庆．公共行政学（第三版）[M]．北京：北京大学出版社，2007：441.
③ 朱光磊．转变政府职能　优化政府职责体系 [J]．探索，2021（1）：49-53.
④ 朱光磊．中国政府职能转变问题研究论纲 [J]．中国高校社会科学，2013（1）：145-155.

和能力，加强地方政府公共服务、市场监管、社会管理、环境保护等职责”，“直接面向基层、量大面广、由地方管理更方便有效的经济社会事项，一律下放地方和基层管理”[①]。这是第一次对中央和地方的差异性职责作出区分，第一次将“公共服务”置于地方政府职责的首位，也是第一次将“环境保护”作为地方政府的一项职责。[②]党的十九届四中全会特别强调要不断完善经济调节、市场监管、社会管理、公共服务、生态环境保护等政府职能[③]。

党的十八大提出，“建设社会主义，总依据是社会主义初级阶段，总布局是五位一体，总任务是实现社会主义现代化和中华民族伟大复兴”[④]。这一提法是中国特色社会主义理论体系的又一重大创新成果。党的十九大将“五位一体”明确为中国特色社会主义事业的总体布局，并指出统筹推进经济、政治、文化、社会、生态文明“五位一体”建设[⑤]。党的十九届五中全会进一步指出，“十四五”时期的重要任务就是统筹推进“五位一体”建设的总体布局[⑥]。经过改革开放40多年的探索与实践，中国特色社会主义事业“五位一体”总体布局已初步形成[⑦]。“五位一体”总体布局是中国共产党从中国特色社会主义建设事业全局出发，根据时代变化和经济社会发展的要求作出的战略部署[⑧]，从经济、政治、文化、社会、生态文明5个方面为新时代党和政府推进中国特色社会主义事业明确了战略目标、路线图和任务内容。同时，“五位一体”也为我国地方政府职能转变与定位提供了依据。

---

① 中共中央关于全面深化改革若干重大问题的决定［EB/OL］，（2013-11-15）［2022-11-10］. http://www.gov.cn/jrzg/2013-11/15/content_2528179.htm.

② 朱光磊. 转变政府职能 优化政府职责体系［J］. 探索，2021（1）：49-53.

③ 党的十九届四中全会《决定》［EB/OL］，（2019-11-05）［2022-11-10］. https://china.huanqiu.com/article/9CaKrnKnC4J.

④ 胡锦涛在中国共产党第十八次全国代表大会上的报告［EB/OL］，（2012-11-18）［2022-11-09］. http://cpc.people.com.cn/n/2012/1118/c64094-19612151.html.

⑤ 习近平：决胜全面建成小康社会 夺取新时代中国特色社会主义伟大胜利——在中国共产党第十九次全国代表大会上的报告［EB/OL］，（2017-10-27）［2022-11-10］. http://www.gov.cn/zhuanti/2017-10/27/content_5234876.htm.

⑥ 中国共产党第十九届中央委员会第五次全体会议公报［EB/OL］，（2020-10-29）［2022-11-10］. http://www.xinhuanet.com/politics/2020-10/29/c_1126674147.htm.

⑦ 祝黄河. 科学把握五位一体的总体布局［N］. 人民日报，2012-11-27（7）.

⑧ 张莉. “五位一体”总体布局的演变与发展［J］. 时代报告，2021（3）：20-21.

基于上述分析，本书将经济发展、公共服务、社会治理、文化建设和生态环境保护界定为地方政府的基本职责，据此将地方政府能力界定为经济发展能力、公共服务供给能力、社会治理能力、文化建设能力和生态环境保护能力。

三、中华民族共同体意识

“中华民族共同体意识”这一概念对于做好民族工作具有重要意义。习近平总书记曾多次指出要树立和培养中华民族共同体意识，在第二次中央新疆工作座谈会上指出“在各民族中牢固树立国家意识、公民意识、中华民族共同体意识”①，在2014年召开的中央民族工作会议上指出应“建设各民族共有精神家园，积极培养中华民族共同体意识”②；党的十九大将“铸牢中华民族共同体意识”写入党章；2019年召开的党的十九届四中全会将“坚持各民族一律平等，铸牢中华民族共同体意识，实现共同团结奋斗、共同繁荣发展”作为中国特色社会主义制度的十三个显著优势之一；2020年召开的党的十九届五中全会则把“坚持和完善民族区域自治制度，全面贯彻党的民族政策，铸牢中华民族共同体意识，促进各民族共同团结奋斗、共同繁荣发展”作为我国社会主义政治建设的目标之一；2022年，习近平总书记在新疆考察时指出，“要坚持走中国特色解决民族问题的正确道路，不断丰富和发展新时代党的民族理论，推进中华民族共同体基础性问题研究”③。

“中华民族”一词由梁启超于1902年首次使用。他在其大作《论中国学术思想变迁之大势》中第一次将源于我国的“中华”与西方舶来品“民族”组合在一起使用：“齐，海国也。上古时代，我中华民族之有海权思想者，厥惟齐。故于其间产出两种观念焉，一曰国家观；二曰世界观。”之后，其在1903年的《政治学大家伯伦知理之学说》一文中谈及：“吾中国言民族者，当于小民族主

① 习近平：坚持依法治疆团结稳疆长期建疆 团结各族人民建设社会主义新疆［EB/OL］. 人民网—人民日报，［2014-05-30］. http://jhsjk.people.cn/article/25083518.

② 中央民族工作会议暨国务院第六次全国民族团结进步表彰大会在京举行 习近平作重要讲话［EB/OL］. 新华网，［2014-09-29］. http://jhsjk.people.cn/article/25762843.

③ 完整准确贯彻新时代党的治疆方略 建设团结和谐繁荣富裕文明进步安居乐业生态良好的美好新疆［EB/OL］. 人民网—人民日报，［2022-07-16］. http://jhsjk.people.cn/article/32477063.

义之外，更提倡大民族主义。小民族主义者何？汉族对于国内他族是也。大民族主义者何？合国内本部属部之诸族以对于国外之族是也。……合汉合满合蒙合回合苗合藏，组成一大民族。”意指中华民族乃多元性与混合性的大民族。此外，其在1905年发表的《历史上中国民族之观察》一文中也多次使用“中华民族”一词。梁启超及其后的思想家对中华民族的界定和思考，以及此后中国历史发展的实践，证明了这个历久弥新的提法——中华民族，无论是在血缘、地缘，还是在情感、语言和宗教上，都逻辑地建构了中华民族共同体这个群体身份①。1939年，顾颉刚作出“中华民族是一个”的概括。

最为社会各界所认可的是著名社会学家、民族学家费孝通先生提出的“中华民族多元一体格局”理论。在1988年的泰纳讲演会上，费孝通先生提出：“将中华民族这个词用来指中国疆域里具有民族认同的十亿人民。它包括的五十多个民族单元是多元，中华民族是一体。它们虽然是都称‘民族’，但层次不同。中华民族作为一个自觉的民族实体，是近百年来中国和西方列强对抗中出现的，但作为一个自在的民族实体则是几千年的历史过程形成的。它的主流是由许许多多分散存在的民族单位，经过接触、混杂、联结和融合，同时也有分裂和消亡，形成一个你来我去、我来你去，你中有我、我中有你，而又各具个性的多元统一体。”②

自第四次中央民族工作会议正式提出“积极培育中华民族共同体意识”之后，学术界基于不同视角就中华民族共同体意识的内涵进行了多维度的探讨和研究，主要集中在思想渊源、本质内涵、价值意蕴和实践路径等几个方面。就其本质内涵而言，学者们基于不同的视角进行了分析。

一是认为中华民族共同体意识属于认同范畴。对现有文献进行梳理发现，近年来从这一视角出发的研究迅速增加。其中有代表性的观点如下：郝亚明（2020）认为中华民族共同体意识就是全国各族人民在对历史文化共同性的深度领会与认同的基础上，形成的现实利益共同体和未来命运共同体的

---

① 许晓东．中华民族共同体意识的历史、问题与铸牢路径［J］．华中科技大学学报（社会科学版），2021（3）：135-140.

② 费孝通．中华民族的多元一体格局［J］．北京大学学报（哲学社会科学版），1989（4）：1-19.

意识[①]。徐杰舜（2014）认为中华民族历史上的多元一体互动和各民族共同创造的中华文化是中华民族认同的两个重要基础[②]。严庆（2020）[③]、赵刚和王丽丽（2017）[④]则从政治学视角指出中华民族共同体意识对国家、族际关系和民族社会发展道路的认同，所要塑造的是国民的政治认同。还有一些学者从心理学视角解读中华民族共同体意识，认为其本质上是一种群体的认同意识，是各民族成员对中华民族共同体这一客观实体的认同[⑤⑥]。王曦（2020）认为中华民族共同体意识是一种心理活动，是人们对中华民族共同体的认知、评价和认同态度的过程[⑦]。赵英（2018）强调铸牢中华民族共同体意识要多维度摄入，以使广大民众达到自觉自为的社会心理认同[⑧]。郎维伟等（2018）认为中华民族共同体意识的核心内容就是“五个认同”，是一种集体认同、理性认同与自觉认同[⑨]。从这一视角出发，秦玉莹、郝亚明（2021）认为中华民族共同体意识包括民族间的利益认同、国家的政治认同、文化认同和价值认同等内容，其作为涵盖“五个认同”的理论结晶，成为培育和铸牢中华民族共同体意识的思想基础[⑩]。

二是从形成视角认识中华民族共同体意识。持这一观点的学者大多回溯中华民族共同体的形成过程进行分析。顾颉刚先生于1939年提出的“中华民族是一个”的著名论断，在当时国家处于内忧外患的艰难时期，引发了广泛的

---

① 郝亚明．论中华民族命运共同体建设的五大基础路径［J］．西南民族大学学报（人文社会科学版），2020（5）：1-6.

② 徐杰舜．中华民族认同论［M］．银川：宁夏人民出版社，2014：12-19.

③ 严庆．政治认同视角中铸牢中华民族共同体意识的思考［J］．北方民族大学学报（哲学社会科学版），2020（1）：14-21.

④ 赵刚，王丽丽．中华民族共同体意识的政治属性解读［J］．湖湘论坛，2017（1）：106-112.

⑤ 郝亚明．社会认同视域下的中华民族共同体意识探析［J］．西北民族研究，2020（1）：19-26.

⑥ 李曼莉，蔡旺．论铸牢中华民族共同体意识的三个基本问题［J］．广西民族研究，2020（3）：12-19.

⑦ 王曦．铸牢中华民族共同体意识的文化基因［J］．人民论坛，2020（Z1）：160-161.

⑧ 赵英．新时代青海藏区民族团结进步教育与铸牢中华民族共同体意识刍议［J］．民族教育研究，2018（4）：14-20.

⑨ 郎维伟，陈瑛，张宁．中华民族共同体意识与“五个认同”关系研究［J］．北方民族大学学报，2018（3）：12-21.

⑩ 秦玉莹，郝亚明．中华民族共同体意识：研究概貌与未来展望［J］．北方民族大学学报，2021（1）：19-28.

讨论并产生了深远的影响[①]。费孝通（1989）指出，中华民族作为一个自在的民族实体则是几千年的历史过程所形成的，在这个过程中不断交往、接触和融合[②]。在各民族抗击列强的过程中，自在的中华民族形成了民族自觉和民族意识，形成了自觉的中华民族。费孝通先生进一步指出，中华民族的形成是一个逐步发展的过程，组成中华民族的成员众多，各民族都融合了其他民族的因素，形成了一体性[③]。在此基础上，我国老一辈民族学专家谷苞、陈连开、贾静颜等通过深入细致地分析和研究中华民族形成和发展的历史细节，极大地丰富了该领域的学术成果。近年来的代表性观点有：伍雄武（2014）指出，中华民族共同体意识来自中华民族的民族精神[④]；徐杰舜（2008）认为文化是中华民族共同体意识的基础[⑤]；纳日碧力戈、陶染春（2020）则认为历史自然形成的民族命运互助性指向了命运共同体与认同共同体[⑥]；张淑娟（2018）认为近代中国民族主义为中华民族共同体意识的产生提供了基础和动力，二者如影随形，密切相关，影响至今[⑦]；平维彬、严庆（2017）从传统的儒家族类观、近代以来西方民族主义以及马克思主义民族理论 3 个方面探索中华民族共同体意识的理论来源，认为中华民族共同体建设不仅超越了西方“民族—国家”建构的理论范式，也超越了中国历史上“天下—国家”的文明体系建构模式[⑧]；闫丽娟、李智勇（2018）认为“天下观”“民族主义”“马克思主义民族理论”共同构成了“中华民族共同体意识”的理论渊源[⑨]；赵红伟（2018）认为马克思

---

① 马戎．“中华民族是一个”：围绕 1939 年这一议题的大讨论［M］．北京：社会科学文献出版社，2016.

② 费孝通．中华民族的多元一体格局［J］．北京大学学报（哲学社会科学版），1989（4）：1-19.

③ 费孝通．中华民族的多元一体格局［J］．北京大学学报（哲学社会科学版），1989（4）：1-19.

④ 伍雄武．中华民族的形成与凝聚新论［M］．昆明：云南人民出版社，2014.

⑤ 徐杰舜．文化基因：五论中华民族多元走向一体［J］．湖北民族学院学报（哲学社会科学版），2008（3）：9-14.

⑥ 纳日碧力戈，陶染春．“五通”铸牢中华民族共同体意识［J］．西北民族研究，2020（1）：5-18.

⑦ 张淑娟．建构与解构：中华民族共同体意识培育中的民族主义因素［J］．广西民族研究，2018（6）：1-8.

⑧ 平维彬，严庆．从文化族类观到国家民族观的嬗变——兼论“中华民族共同体意识”的理论来源［J］．贵州民族研究，2017（4）：1-6.

⑨ 闫丽娟，李智勇．“中华民族共同体意识”的理论渊源探析［J］．广西民族研究，2018（4）：9-17.

的共同体思想和孙中山、毛泽东、习近平的中华民族思想是中华民族共同体意识的理论和观念渊源[①]；王新红（2019）则认为当下中国56个民族拥有的价值共识就是社会主义核心价值观，社会主义核心价值观应该贯穿于铸牢中华民族共同体意识的全过程，唯此，铸牢中华民族共同体意识才有深厚的根基，体现新时代中国特色社会主义的本质特征[②]；青觉、徐新顺（2018）认为中华民族共同体意识是由各族人民的中国认知体验、中国价值信念和中国行为意愿3个要素关联共存而成[③]。这一视角的研究促使我们更好地认识和理解中华民族共同体意识的本质和内容。

三是从构成要素视角认识中华民族共同体意识的内涵。自2014年提出“中华民族共同体意识”这一概念以来，学术界对其构成要素进行了深入研究和分析。青觉、赵超（2018）认为中华民族共同体意识涵盖感性层面的心理活动和理性层面的心理过程两个层次的心理要素[④]。范君、刘悦（2019）强调中华民族共同体意识包括“共建”“共享”“共担”3种意识[⑤]。宫丽（2019）认为中华民族共同体意识是政治共识、文化共识、发展共识和命运共识的集合体，涵盖民族利益、民族情感、民族归宿、民族价值等因素[⑥]。此外，还有学者认为铸牢中华民族共同体意识主要包括铸牢“中国人民和中华民族”意义上的命运共同体意识，以及铸牢“全体中华儿女或中国人”意义上的命运共同体意识[⑦]。从学术界的研究来看，中华民族共同体意识的核心构成要素包括民族团结意识、国家公民身份意识等。

综上，学术界关于中华民族共同体意识的内涵，大多是从认同范畴、形

---

① 赵红伟. 论马克思主义视域下中华民族共同体意识的培养［J］. 黑龙江民族丛刊，2018（1）：20-25.

② 王新红. 铸牢中华民族共同体意识的四维体系构建［J］. 中南民族大学学报（人文社会科学版），2019（4）：6-10.

③ 青觉，徐新顺. 中华民族共同体意识：概念内涵、要素分析与实践逻辑［J］. 民族研究，2018（6）：1-14，123.

④ 青觉，赵超. 中华民族共同体意识的形成机理、功能与嬗变——一个系统论的分析框架［J］. 民族教育研究，2018（4）：5-13.

⑤ 范君，刘悦. 中华民族共同体意识：中国梦认同的民族意蕴［J］. 青海社会科学，2019（5）：17-22.

⑥ 宫丽. 铸牢中华民族共同体意识的文化路径［J］. 中南民族大学学报，2019（4）：11-15.

⑦ 白利友. 中华民族伟大复兴视域中的中华民族共同体建设——学习习近平关于中华民族共同体的重要论述［J］. 社会主义研究，2018（4）：96-104.

成过程和构成要素来认识的。不论是哪一视角，共同的地方都在于：一是认同的主体是全国各族人民，即中华民族这一客观实体；二是认同的客体是以“五个认同”为主要内容的社会主义核心价值体系。

第二节　理论资源

一、马克思主义民族理论

马克思、恩格斯对民族和民族问题的调查研究始于19世纪中叶，首次运用辩证和历史唯物主义方法科学揭示了民族和民族问题的发展规律和科学原理，在此基础上提出了理性化解民族矛盾、科学解决民族问题的理论原则①。

马克思主义民族理论创立、形成于1848年前。在这一时期，马克思和恩格斯就已提出许多有关民族、民族关系、民族问题的基本观点。1843年，马克思在《论犹太人问题》一文中批判了只有政教分离才能消除民族压迫的唯心主义观点和神学观点，指出彻底解决民族问题的唯一途径就是依靠全人类的解放②。也就是说，只有通过无产阶级革命才能彻底解决民族问题，这是对民族问题与社会革命关系的首次阐释。民族平等思想是马克思、恩格斯于1844年在合作的《神圣家族，或对批判的批判所做的批判》一文中首次提出来的重要民族理论思想，他们认为，每个民族都有自己的优越性③。在这之后的两年里，马克思、恩格斯先后提出了民族发展的“三个过渡”理论，提出了生产力、经济基础决定民族产生以及民族关系等理论④。在1845—1848年这3年中，马克思、恩格斯通过研究，提出了民族问题的根源和实质是导致剥削产生的私有制，认为只有消灭私有制才能彻底解决民族问题，又一次将民族问题与无产阶

① 金炳镐．民族理论通论［M］．北京：中央民族大学出版社，2007：18.
② 马克思恩格斯全集（第一卷）［M］．北京：人民出版社，1956：419-451.
③ 马克思恩格斯全集（第二卷）［M］．北京：人民出版社，1957：194.
④ 马克思恩格斯选集（第一卷）［M］．北京：人民出版社，1972：56，25.

级革命问题联系在一起[①②③]。

马克思主义民族理论的确立和完善是在1848年之后。它的确立以《共产党宣言》的发表为标志。19世纪40年代末到50年代，马克思、恩格斯聚焦于民族运动，先后出版了《论波兰问题》《民主的泛斯拉夫主义》《德国的革命与反革命》等著作，对民族运动发生的历史和社会根源进行了深入剖析[④]。到了19世纪60年代，马克思、恩格斯将目光转移到中国、印度等亚洲国家的民族解放运动，提出了“野蛮的征服者总是被那些他们所征服的民族的较高文明征服”的民族同化规律[⑤]。

19世纪70年代，马克思主义民族理论进入深入研究和完善时期。恩格斯在《劳动在从猿到人转变过程中的作用》一文中，揭示了民族发展的一般过程和规律，丰富发展了民族形成理论[⑥]，在《反杜林论》一文中进一步作出只有通过消灭阶级才能实现民族平等的论断[⑦]。在这之后，马克思、恩格斯先后在《摩尔根〈古代社会〉一书摘要》《家庭、私有制和国家的起源》《1891年社会民主党纲领草案批判》等著作中提出了有关民族形成的相关理论，深化和完善了马克思主义民族理论。

列宁和斯大林结合俄国民族问题实践，继承和发展了马克思主义民族理论。列宁先后发表了《关于民族问题的批评意见》《论民族自觉权》《关于自觉问题的争论总结》《民族和殖民地提纲初稿》《关于民族或“自治化”问题》等民族理论著作。在这些著作中，列宁主要阐述了民族问题基本原理，殖民地民族解放问题，社会主义国家民族问题的表现形式、性质及有效解决民族问题应遵循的基本原则等，并在苏联得以实践，进而形成了列宁主义民族理论。斯大

① 恩格斯．在伦敦举行的各族人民庆祝大会［M］// 马克思恩格斯全集（第二卷）．北京：人民出版社，1972.

② 马克思，恩格斯．论波兰［M］// 马克思恩格斯选集（第一卷）．北京：人民出版社，1972.

③ 马克思，恩格斯．论波兰问题［M］// 马克思恩格斯选集（第一卷）．北京：人民出版社，1972.

④ 金炳镐．民族理论通论［M］．北京：中央民族大学出版社，2007：20.

⑤ 马克思恩格斯选集（第二卷）［M］．北京：人民出版社，1972：6，70.

⑥ 张娇，李峥，金炳镐．恩格斯对马克思主义民族理论的伟大贡献［J］．黑龙江民族丛刊，2020（6）：47-52.

⑦ 马克思恩格斯选集（第二卷）［M］．北京：人民出版社，1972：146-147.

林的主要贡献在于进一步阐述了马克思列宁主义民族理论，如第一次运用马克思主义原理阐述了民族的概念和特征，提出了处理社会主义民族关系的基本原则，提出了“民族问题是无产阶级革命总问题的一部分”的著名论断。

二、政府能力理论

政府能力是理解和表征政府发展及其有效性的一般范畴，关系到公共资源的使用效率和公共服务的供给水平，并影响地方治理的有效性。基于此，政府能力理论可以作为本书的重要理论资源。

第一，政府能力有结构构成并有强弱程度之分。政府能力是受多种因素制约的。政府能力的约束条件不同，其强弱程度便不同，对经济与社会发展及其现代化进程的影响也就不同。通过分析政府能力的结构，确定地方政府能力的评价指标，并选取若干对铸牢中华民族共同体意识有重大影响的指标，对西部地区与东部地区的地方政府能力进行比较，找出西部地区地方政府能力存在的差距，分析制约西部地区地方政府能力的因素，进而提出提升地方政府能力的行之有效的对策建议。

第二，政府能力的领域和方向与政府职能或职责相关。现代国家的宏观公共行政能力与政府职能相关，在政府职能基本确定的情况下，可认为政府的宏观公共行政能力实际就是指政府履行其职能的能力①。也就是说，政府职能的范围决定了政府能力建设的领域和方向。

第三，政府能力的强弱与公共权力的大小直接相关。拥有强大公共权力的政府往往能力较强、支配的资源更多，影响力和辐射的范围也更广。同时，政府能力又是政府公共权力得以维持、行使的必要手段和基础。

因此，政府能力范畴及其理论适用于本书。作为一个幅员辽阔、人口众多的统一的多民族国家，我国地区差异的存在是不可避免的。地方政府面临的行政环境各异，其职能的内容、重心、运作方式不同，会造成地方政府能力的强弱不同。同时，作为一个单一制国家，中国地方政府的权力是由中央政府授

① 张国庆. 公共行政学（第三版）[M]. 北京：北京大学出版社，2007：441.

予的。地方分权不同，即中央政府授予地方政府的权力大小不同，必然影响地方政府的能力，这已为1978年以来中国改革开放政策实施的结果所证明：由于地方分权不均等，东部地区因建立经济特区、沿海开放城市、计划单列市等拥有了较大的优先发展权，地方政府能力普遍高于西部地区。而西部地区则相反，由于没有获得充分的权力、可以支配的资源受限，地方政府可以作为的空间自然狭小，自身能力难以提升。

三、政治系统理论

政治系统理论是指美国著名政治学家戴维·伊斯顿提出的政治和公共决策理论，自创立以来，对当代政治和公共决策的理论和方法产生了重要而深远的影响。政治系统理论产生于行为主义政治学对传统政治哲学围绕价值问题展开的无休止争论的反思和批评，也形成于对包括政治学在内的社会科学的科学主义的努力①。

戴维·伊斯顿在源自自然科学领域的系统理论的基础上，创造性地建构了用于分析社会政治和公共决策现象的政治系统理论。伊斯顿认为实现政治系统的最大效用，通过与环境的互动对社会价值做权威性分配，是其独特之处②。他又将构成政治系统的总体环境划分为社会内部环境和社会外部环境两种。社会内部环境包括经济、文化、社会结构，以及人的行为、态度和观念等；社会外部环境是指某一社会本身以外的系统，将其描述为“超社会”“超系统”环境。伊斯顿指出，政治系统的压力可能来自这些环境所产生的影响，面对这些压力，为了化解危机，解决政治范畴的问题，权威机构往往也会以最小的代价和尽可能为人们接受的频率作出决策③。概括而言，政治系统理论以“社会价值的权威性分配”这一政治和公共决策的根本特征为分析基准，以政治行为之间的互动为分析单元，以政治系统的环境与系统之间的作用以及权威当局的约束性决策流程为研究对象，以包括需求和支持在内的输入、包括权威

① 王浦劬．一般政治系统理论基本特点刍议［J］．科学决策，2010（8）：1-8，64.
② （美）伊斯顿．政治生活的系统分析［M］．王浦劬，译．北京：人民出版社，2012：20.
③ （美）伊斯顿．政治生活的系统分析［M］．王浦劬，译．北京：人民出版社，2012：20-23.

当局决策和执行在内的输出及输出后的反馈为分析变量，以政治系统对环境的适应及其存续为研究目标，建立了联系政治和公共决策与社会和自然环境、循环往复的一般政治系统分析模式[①]。

地方政府能力建设是政治系统变革的典型，受各种因素的影响，是政治系统内部各要素之间以及政治系统与其他社会系统之间相互作用、相互影响、相互制约所形成的生态联动过程。因此，政治系统理论能为西部地区地方政府能力建设提供理论支撑。

四、行政生态学理论

行政生态学理论为分析西部地区地方政府能力提供了重要理论资源，使我们得以从一个新的视角来认识地方政府能力。行政学和生态学相结合而形成的行政生态学理论的代表人物是美国著名行政学家弗雷德·里格斯。

行为主义政治学是行政生态学理论的渊源之一。行为主义政治学是行为科学的分支，研究方法受行为科学的影响较大，行为科学主张用实验、实证、观测、测量等方法研究组织中人的行为、表现和反应[②]。受行为科学的影响和冲击，一批政治学家如梅里安、杜鲁门、拉斯韦尔等，主张注重从动态视角研究政治过程、政治行为及其与外部环境的互相关系[③]。随后，越来越多的学者批判制度研究、规范研究等传统政治学研究的不足，倡导运用实验、实证、观测、测量等方法研究政治实践中的现象，并指出行为政治学是政治学的未来发展趋势。

到了20世纪60年代，公共行政学发展到了一个新的阶段，有关公共行政的研究呈现出多元化、多方向的发展趋势。其中，以里格斯为代表的行政生态学理论，主张从生态学的视角考察政府行为与行政环境之间的互动关系，指出行政系统的有效运行必然受特定社会生态环境的影响和制约，因此，提升公共行政效率既要关注公共行政的职能、机构、人员等行政系统本身，也应考察

① 王浦劬．一般政治系统理论基本特点刍议［J］．科学决策，2010（8）：1-8，64.
② 宁骚．公共政策学（第二版）［M］．北京：高等教育出版社，2011：31-32.
③ 杨光斌．政治学原理（第四版）［M］．北京：中国人民大学出版社，2011：14.

行政系统的外部行政环境因素①。彭文贤（1998）指出："所谓行政生态学就是研究一个行政制度中之行政行为与生态环境之间关系的学问；换一句话讲，任何行政行为，皆受客观生态环境因素的影响。因此，如果想了解行政行为，必须先研究生态环境。"②综上所述，行政生态学理论把对行政系统产生影响的行政生态环境因素划分为5种不同类型：第一，经济方面的要素，主要是指特定时期特定区域的经济发展状况；第二，社会方面的要素，主要指的是对行政行为能够产生影响且承担一定社会功能的非政府组织；第三，沟通网络，主要是指一个地区语言、宗教、民族等方面的特征；第四，符号系统，主要包括认同方面的一些要素；第五，政治构架③。

行政生态学理论指出，任何行政系统都不可能脱离生态环境而独立存在，行政系统不仅无法脱离生态环境，还要从其所处的生态环境中吸纳行政系统运行、发展所需要的资源、能量和空间。西部地区地方政府能力建设也是如此，只有正确、客观地认识和分析其所面临的社会环境，才能有效提升其能力。西部地区地方政府能力建设作为一个相对独立的行政行为系统，必然会受到其所处的生态环境的影响。因而，行政生态学理论能够为西部地区地方政府能力建设提供理论资源。

---

① 王永明．当代中国边疆治理的社会环境分析：行政生态学视角［J］．前沿，2019（1）：24-29.

② 彭文贤．行政生态学［M］．台北：三民书局，1998：13.

③ 王永明．当代中国边疆治理的社会环境分析：行政生态学视角［J］．前沿，2019（1）：24-29.

| CHAPTER 3 | 第三章

相关性分析：地方政府能力与铸牢中华民族共同体意识的内在逻辑

铸牢中华民族共同体意识是新时代地方政府的重要职能和职责，地方政府职能职责与地方政府能力密切相关，地方政府能力的不同必然导致铸牢中华民族共同体意识区域空间的不平衡状态和水平。新修订的地方组织法将铸牢中华民族共同体意识增添为我国地方政府的基本职能职责，这是国家治理体系和治理能力现代化的必然要求。无论是落实党和国家关于铸牢中华民族共同体意识的决策部署和顶层设计，还是有效履行地方政府铸牢中华民族共同体意识的基本职责，都要求不断提升地方政府能力。加强地方政府能力建设能为铸牢中华民族共同体意识提供组织保障和治理基础；铸牢中华民族共同体意识作为新时代马克思主义民族理论中国化的最新成果和党的民族工作的根本遵循，不仅对地方政府能力建设提出新要求、提供新动力，为新时代加强地方政府能力建设提供了着力点，还为地方政府能力建设提供了重要资源。

第一节　铸牢中华民族共同体意识是新时代地方政府的基本职责

2022 年新修订的地方组织法将铸牢中华民族共同体意识纳入地方政府职权范围，确立为地方政府基本职责，是党和国家对铸牢中华民族共同体意识从理论到实践再到制度化的探索。

一、地方组织法增添地方政府铸牢中华民族共同体意识的职责

铸牢中华民族共同体意识提出以来，于 2017 年写入党章、2019 年确立为我国国家制度的显著优势之一、2020 年纳入“十四五”规划、2021 年在中央民族工作会议上确认为新时代民族工作的主线。另外，2018 年“中华民族”被写进宪法。这一过程体现了党和国家对于新时代铸牢中华民族共同体意识的战略规划和顶层设计，通过宪法、党章和党的会议将铸牢中华民族共同体意识上升为党和国家的意志。但如何以及由谁来落实和贯彻有关铸牢中华民族共同体意识的宪法价值理念、战略规划和顶层设计，缺乏明确的法律依据。

2022 年，十三届全国人大五次会议通过的新修订的地方组织法将“铸牢中华民族共同体意识”“促进各民族广泛交往交流交融”等增列为地方政府的职责。地方组织法是地位仅次于宪法的基本法律，是我国地方政府职权和职责方面的重要法律依据和制度保障。通过法定形式将铸牢中华民族共同体意识确立为地方政府基本职能职责，既是铸牢中华民族共同体意识从党和国家的意志转化为地方政府职责的制度化探索与实践，又是对铸牢中华民族共同体意识及各民族对“中华民族一家亲”实践吁求的法治回应①，还意味着铸牢中华民族共同体意识进入深入推进和具体操作阶段，意义重大。

---

① 张耀，田钒平.《地方组织法》修订：铸牢中华民族共同体意识制度之维［EB/OL］，(2022-04-08)［2022-11-08］. http://intl.cssn.cn/mzx/llzc/202204/t20220408_5402763.shtml.

第一，通过法定形式将铸牢中华民族共同体意识确立为地方政府基本职责，是国家治理现代化的必然要求。国家治理现代化能否实现，不仅受到制度等外部因素的制约，也受到中华民族共同体凝聚力、国内民族关系等隐性因素的深刻影响①。当前，国家治理面临的环境复杂多变，国际国内的不确定因素增加。国内方面，我国正处于“全面建设社会主义现代化国家开局起步的关键时期”，利益多元化、社会分层分化、资源分散化、思想观念差异化以及发展不平衡不充分是这一时期的典型特征。此外，民生保障还存在短板、社会治理仍有弱项、生态环保任重道远、民族问题复杂敏感、分裂势力依然存在。这些问题如得不到有效解决，必然会制约国家治理现代化的实现。国际方面，国际竞争日趋激烈、大国战略博弈、全球化与逆全球化并存、总体和平与局部战争等现状使我国发展的国际环境呈现更多复杂性和不确定性。面对复杂多变的国内外环境，不仅需要以中华民族蕴含的认同观念和共有精神家园来凝聚人心，为国家治理现代化提供强大的精神支持和社会基础；还需要通过铸牢蕴含中华文化认同教育和承载社会主义核心价值观塑造的中华民族共同体意识，激发和形塑国家治理现代化所需的智慧力量和行为规范②。

第二，通过法定形式将铸牢中华民族共同体意识确立为地方政府基本职责，有助于顶层设计有效转化为实践行动。依法行政和治理是政府运行的基本原则，也是现代民主和法治社会对政府的基本要求。地方人民代表大会和人民政府应依据地方组织法赋予的有关铸牢中华民族共同体意识的权力和职责，充分落实宪法和地方组织法中关于铸牢中华民族共同体意识的价值理念和要求，在本行政区域内积极履行法定职责，从而确保党和国家的战略规划和顶层设计转化为地方政府的实践行动，通过地方政府的有效运行推动中华民族共同体意识的全面铸牢。

第三，通过法定形式将铸牢中华民族共同体意识确立为地方政府基本职

---

① 刘永刚．铸牢中华民族共同体意识与国家治理现代化的互构逻辑［J］．西南民族大学学报（人文社会科学版），2019（10）：17-23.

② 吕朝辉．同频共振：铸牢中华民族共同体意识与国家治理现代化的互构理路［J］．湖南社会科学，2021（5）：44-51.

责，有助于将铸牢中华民族共同体意识融入地方政府工作的全过程和各方面。此次地方组织法的修订，涉及铸牢中华民族共同体意识的条款共4处，其中第十一条第十四项和第七十三条第九项分别在原有职权基础上赋予了县级以上各级人民代表大会和人民政府铸牢中华民族共同体意识的职权，意味着地方政府必须将铸牢中华民族共同体意识全面融入地方政府决策、执行、评估等各个环节以及经济、社会、公共服务、文化和环境保护各个方面。

二、地方政府职责及其与地方政府能力的关系

政府职责问题是解决国家和政府“该做什么”和“不该做什么”的问题，包含两个方面的具体内涵：一是社会方面要求政府在理论、价值等层面理解“应当做什么”的问题；二是一个特定的政府在操作的层面上“要做什么”和“在做什么”的问题[①]。关于政府职责范围，形成了诸多学术流派。古典自由主义主张“最小的政府才是最好的政府”，政府在经济社会中应扮演“守夜人”的角色；凯恩斯主义主张政府应通过增加公共投资、提供福利来调节经济社会运行；福利国家理论在凯恩斯主义基础上主张建立“大政府”；新公共管理理论主张政府应发挥掌舵的职责，而不是划桨；新公共服务理论则认为政府的职责是服务，而不是划桨。在世界各国的政治实践中，各个国家在不同时期以不同的政府职责理论为指导，虽然其政府职责范围各不相同，但政府的职责随着社会需求和时代背景的变化，处于不断扩张中。政府职责的扩张是一种世界现象，也是一种历史的必然，这种扩张一方面反映了政府对发展中出现的新问题的重视和关切，另一方面也反映了人们对政府职能的再认识[②]。

西方国家地方政府职责的特征主要表现为：一是地方政府倾向于直接提供产品和服务，大多实行地方自治体制且“职能分工”。如在美国，联邦政府的绝大部分行政力量致力于国防和转移支付职能。二是政府工作随政府职能的变化而变化，从教育到国防，提供产品和服务需要敏锐的专门技能，行政人员需努力发展最好的技术。三是在经济事务各方面，政府不承担主要职责，其工作

① 朱光磊．现代政府理论［M］．北京：高等教育出版社，2006：10.
② 张国庆．公共行政学（第三版）［M］．北京：北京大学出版社，2007：70.

内容以提供相应服务为主。这些国家的地方政府，特别是基层地方政府，在承担职能方面，是以形成当地良好的、安定的社会秩序为基本目标的。

对于发展中国家而言，除体制上的制约因素导致地方政府的活动能力不足和资源匮乏外，社会、经济和文化发展水平的落后，使地方政府面对的社会需求也同发达国家地方政府极为不同。就大多数发展中国家而言，地方政府职能呈现出如下特点：一是优先健全防御职能，保障居民的生存需要；二是注重为经济发展提供一个良好的外部环境；三是尽可能地把部分公共事务转为私人事务移交给企业部门，或转为社会事务移交给社团部门，或在地方政府的监督下允许企业、社团分担，地方政府仅承担市场、社会不愿做、做不好的相关公共事务；四是地方政府职能呈现规范化、法治化趋向；五是地方政府受制于中央政府，甚至存在中央政府替代地方政府的现象。

由前文（第二章第一节）可知，我国地方政府在经济发展、公共服务、社会治理、文化建设和生态环境保护方面发挥着重要作用，承担和履行着以下5种具体职能：一是经济发展。这一职能主要是指地方政府立足资源禀赋、发展条件、比较优势等实际，不断增强资源汲取利用能力、市场创新发展能力，优化营商环境，进而实现经济高质量发展和促进共同富裕。二是公共服务。公共服务是政府的职责所在和内在属性，有效供给公共服务、让各族群众都能享受到大致均等的公共服务是地方政府基本职能职责的体现。地方政府公共服务供给能力既包括地方政府用于公共服务领域的财政投入，还包括公共服务均等化实现程度。三是社会治理。主要是指以地方政府为主的多元治理主体，依据宪法和法律法规调节社会关系，规范和管理社会事务、社会组织和社会生活，以实现社会公共利益最大化的过程。四是文化建设。地方政府文化建设职能主要包括推进文化体制改革、增强文化创造活力、大力发展中国特色社会主义优秀文化、增强文化自信，不断满足人民群众精神文化方面需求等。五是生态环境保护。生态环境保护职能是指地方政府通过各种手段动员、协调相关主体参与环境保护、解决生态环境问题、实现人与自然和谐共生。具体而言，地方政府在生态环境保护中承担着投入者、裁判者和监督者的角色。

如前所述，地方政府能力与地方政府的权力、职能及其特殊性直接相关，准确认识和把握地方政府的权力、职能及其特殊性，有助于准确、合理、科学阐释和界定地方政府能力的内涵及外延。第一，地方政府权力往往决定地方政府能力，即有多大的政府权力就会有相应的政府能力，二者密切相关。政府权力是构成政府能力的必要条件，也就是说，如果政府没有获得相应的法定权力，就意味着政府无法履行职能和职责，作用也得不到发挥，这其实就是政府能力缺失或不足的表现。政府能力往往受制于政府拥有的公共权力。因此，拥有公共权力越大的政府，能够支配的资源就会越多，发挥政府作用和功能的空间就越大，相应地政府能力也会越强。第二，政府能力总是同履行、实现一定职能的政府行为联系在一起的。一是有能力的政府才能有效履行职能和职责，政府能力是政府履行职能的条件和保证。因此，政府目标能否达成以及政府职能能够实现到什么程度直接受政府能力的制约和影响，因此，没有能力的政府是不能履行和实现其承担的职能的。二是政府能力是政府在履行职能时的一种外显行为，评价、判断政府的能力往往是在政府履行其法定职责和完成行政任务中进行的。因此，在一定意义上讲，离开政府职责谈论政府能力是比较空泛和抽象的，所谓政府能力就是履行、实现政府职责的能力。

第二节 铸牢中华民族共同体意识要求提升地方政府能力

铸牢中华民族共同体意识作为中国特色社会主义现代化事业中的一项重大任务和国家治理现代化进程中的重要目标，不论是落实党和国家关于铸牢中华民族共同体意识的决策部署和顶层设计，还是有效履行地方政府铸牢中华民族共同体意识的基本职责，都要求不断提升地方政府能力。

一、地方政府能力建设为铸牢中华民族共同体意识提供组织保障

公共政策组织学派认为，行政组织是政策有效执行的关键因素。铸牢中华民族共同体意识已成为党和国家的意志，有效贯彻落实党和国家有关铸牢中

华民族共同体意识的决策部署、战略规划和顶层设计，不仅需要地方政府履职尽责、通力合作、有效运行，还需要一支强有力的干部队伍。对此，习近平总书记在中央民族工作会议上也特别指出："以铸牢中华民族共同体意识为主线推进新时代民族工作高质量发展，不仅要形成党委统一领导、政府依法管理、统战部门牵头协调、民族工作部门履职尽责、各部门通力合作、全社会共同参与的民族工作格局，还要努力建设一支维护党的集中统一领导态度特别坚决、明辨大是大非立场特别清醒、铸牢中华民族共同体意识行动特别坚定、热爱各族群众感情特别真挚的民族地区干部队伍。"①

地方政府能力建设既包含政府职能、行政管理方式、行政效率等政府体制机制问题，又包括干部队伍建设问题。因此，加强地方政府能力建设，有利于促进有关铸牢中华民族共同体意识决策部署的有效执行，进而为铸牢中华民族共同体意识提供有效的组织保障。

第一，地方政府的有效运行有助于推动铸牢中华民族共同体意识决策部署和战略规划的全面落实。铸牢中华民族共同体意识的领导和管理体制的核心力量是中国共产党，但这并不意味着党委要包办有关协调、整合族际关系的所有事务，而要在各级党委的领导下，政府各部门与社会各界协调，不同组织之间、部门和单位之间做到人员联系、统筹协调、制度有序，形成党委领导、政府负责、全社会参与的铸牢中华民族共同体意识的机制②。其中，地方政府发挥着其他主体不可替代的作用，可以说，地方政府能否有效履行其铸牢中华民族共同体意识的法定职责，民族工作能否有效运转，关键在于地方政府能否有效运行。制约西部地区地方政府有效运行的因素，除了外部行政环境因素外，更重要的是政府组织自身的职能转变、行政管理方式、政府工作人员素质与能力、体制改革创新、府际关系等因素。而政府能力建设是针对影响和制约政府有效运转的因素以及政府自身存在的问题所采取的各种措施和进行的改革，如

① 习近平在中央民族工作会议上强调　以铸牢中华民族共同体意识为主线　推动新时代党的民族工作高质量发展［EB/OL］,（2021-08-28）［2022-11-06］. http://www.news.cn/politics/leaders/2021-08/28/c_1127804776.htm.

② 陈辉. 新时代铸牢中华民族共同体意识机制构建［J］. 中南民族大学学报（人文社会科学版），2021（10）：26-31.

推进政府职能转变、创新行政管理方式、提高行政效率、促进体制改革创新、理顺府际关系等，其目标是通过充分发挥地方政府作用提升地方政府能力。因此，加强地方政府能力建设，能够消除影响和制约西部地区地方政府有效运行的障碍，能够为党和国家有关铸牢中华民族共同体意识的决策部署和战略规划的有效执行和落地提供组织保障。

第二，干部队伍建设是提高铸牢中华民族共同体意识成效的重要保障。高素质的干部人才是实现中华民族伟大复兴的力量源泉，也是做好新时代民族工作的关键。对此，党和国家几代领导人都非常重视干部尤其是少数民族干部在处理民族事务中的作用。在不同的历史阶段，都把少数民族干部看作落实党和国家民族政策的重要执行主体。新中国成立之初，毛泽东曾指出，要想解决少数民族的一些遗留问题必须依赖少数民族干部①；周恩来也提出，中央在解决民族事务时，积极与地方少数民族干部沟通情况、交换意见是十分必要的②。改革开放后，邓小平指出，少数民族地区的发展离不开当地干部的指引；胡锦涛更明确地指出，培养选拔少数民族干部事关“三个大局”③。进入新时代，习近平总书记曾多次强调少数民族干部的重要作用，在2014年召开的中央民族工作会议上指出，少数民族干部是做好民族工作的重要桥梁和纽带④；2015年在贵州调研时指出，基层干部是加强基层基础工作的关键⑤；在2021年召开的中央民族工作会议上再次强调，培养和利用好少数民族干部，保证党的民族理论和民族政策能够深入基层，且政策有人懂、工作有人抓⑥。由此可见，干部队伍尤其是少数民族干部队伍，既肩负着促进西部地区经济社会发展的重

---

① 十四大以来重要文献选编：上［M］．北京：人民出版社，1996：301.

② 周恩来选集：下［M］．北京：人民出版社，1984：263.

③ 韩玲梅．少数民族基层干部铸牢中华民族共同体意识的作用及实践路径［J］．河北省社会主义学院学报，2022（2）：77-83.

④ 中央民族工作会议暨国务院第六次全国民族团结进步表彰大会举行［EB/OL］，（2014-09-29）［2022-11-10］．http://www.gov.cn/xinwen/2014-09/29/content_2758816.htm.

⑤ 习近平在贵州调研时强调：看清形势适应趋势发挥优势　善于运用辩证思维谋划发展［EB/OL］，（2015-06-19）［2022-11-08］．http://cpc.people.com.cn/n/2015/0619/c64094-27179687.html.

⑥ 习近平在中央民族工作会议上强调　以铸牢中华民族共同体意识为主线　推动新时代党的民族工作高质量发展［EB/OL］，（2021-08-28）［2022-11-08］．http://www.news.cn/politics/leaders/2021-08/28/c_1127804776.htm.

任，又是党和国家贯彻落实民族政策的重要主体。同样，有效贯彻落实党和国家有关铸牢中华民族共同体意识的决策部署和战略规划，需要有一支符合新时代好干部标准——“四个特别”的干部队伍。地方政府能力建设的一个重要任务和内容就是干部队伍建设，因此，可以说，建设一支德才兼备、具有扎实能力以及坚定的政治执行力、判断力、领悟力和执行力的干部人才队伍，是提升铸牢中华民族共同体意识成效和水平的重要保障。

二、地方政府能力建设为铸牢中华民族共同体意识提供治理基础

铸牢中华民族共同体意识是党和国家面对复杂国际国内形势提出的重大任务，是国家治理现代化进程中面临的重大议题。通过地方政府能力的建设和提升，促进西部地区经济高质量发展、公共服务均衡供给、社会治理有效、文化得以发展、生态环境得到改善，既能为铸牢中华民族共同体意识提供现实基础，又是破解治理难题的有效路径。

（一）提升经济发展能力有助于为铸牢中华民族共同体意识奠定物质经济基础

经济发展能力是指地方政府立足资源禀赋、发展条件、比较优势等实际，不断增强资源汲取利用能力、市场创新发展能力，优化营商环境，进而实现经济高质量发展和促进共同富裕的能力，是评价某一地区地方政府能力的重要指标。“经济基础决定上层建筑”这一原理告诉我们，加强和提升西部地区地方政府经济发展能力，加快少数民族发展和民族地区的经济发展，努力缩小各民族之间的经济社会发展差距，实现共同发展、共同富裕，有助于为铸牢中华民族共同体意识提供经济基础，是铸牢中华民族共同体意识的必然要求[①]。也就是说，作为上层建筑范畴的铸牢中华民族共同体意识离不开各民族的共同繁荣发展。因此，西部地区地方政府如不能有效促进西部地区经济发展，不断满足各族民众对美好生活的向往，尽最大努力缩小区域间、民族间的经济社会发展

① 郑长德．西部大开发以来民族地区的经济发展：基于“铸牢中华民族共同体意识”的分析［J］．民族学刊，2021（7）：10-23.

差距，破解发展不平衡不充分难题，实现共同富裕，会直接影响各族民众的凝聚力以及各民族间的信任与合作，进而会给增强“五个认同”、提升中华民族共同体意识带来直接的阻碍；反之，则能够有效弥补利益分化问题、凝聚人心，为铸牢该地区各族群众的中华民族共同体意识提供强大的物质和经济基础[①]。

中华民族发展史也能够说明经济发展对铸牢中华民族共同体意识具有积极作用[②]。马克思主义民族理论认为，民族关系往往是由一个民族的生产力、分工和内部交往的发展程度决定的[③]。梁启超曾指出：“华夏民族，非一族所成。太古以来，诸族错居，接触交通，各去小异而存大同，逐渐化合以成一族之形，后世所谓诸夏是也。”[④] 著名经济学家金碚（2020）也指出，不同经济类型民族间的有机联系是不可抗拒的历史趋势，是任何力量无法破坏的[⑤]。民族间的交流交往交融以及经济上的联系起到了决定性的作用，同时这充分说明，经济活动是增强各民族间关系、加强交流交往交融的重要基础。从古至今，我国各区域、各民族之间的经济联系十分紧密且表现形态多样，既有贸易互市，也有财富掠夺和大规模人口迁徙[⑥]。长期的、频繁的经济交往和活动，逐渐把农区、牧区、内地、边疆等不同区域、不同经济类型的民族在经济上连为一体，形成利益共同体。类似的现象在中华民族发展进程中数不胜数。例如，《汉书·匈奴传》中记载有“匈奴自单于以下皆亲汉，往来于长城之下”；同一时期的《后汉书·应邵传》中记载有鲜卑“数犯障塞，且无宁岁。唯至互市，乃来靡服”；唐代的《大唐西域记》中记载有西域引进中原桑蚕技术的历史故事；宋代与同时代地方政权辽国设有“茶马互市”；到了元明清时期，各区域、各民族间交往频繁，经济联系越来越紧密。经济交流促使各民族在文化、生活习俗、生产方式等方面互相学习、互相借鉴，为中华民族的形成以及中华民族

① 邹丽娟，赵玲．边疆民族地区实现高质量发展与铸牢中华民族共同体意识的辩证逻辑［J］．云南民族大学学报（哲学社会科学版），2020（6）：12-17.

② 李曦晖．铸牢中华民族共同体意识经济视角研究［J］．区域经济评论，2021（3）：27-34.

③ 马克思恩格斯选集（第一卷）［M］．北京：人民出版社，1972：25.

④ 李曦晖．铸牢中华民族共同体意识经济视角研究［J］．区域经济评论，2021（3）：27-34.

⑤ 金碚．思想流动、域观常态与治理体系现代化［J］．北京工业大学学报，2020（1）：1-8.

⑥ 王希恩．再倡“多元一体主义”［J］．学术界，2018（8）：86-93.

共同体的认同奠定了坚实的基础。自近代以来，随着生产力的进步和经济社会的发展，在政治方面，民族国家逐渐形成；在经济方面，各民族之间的联系呈现出统一化、规则化、体系化的特征，统一的国内市场逐步建立，在此基础上建立起了共同经济生活，为现代民族国家提供了经济基础[①]。尤其是鸦片战争后，中国陷入半殖民地半封建社会，各族人民在反帝反封建斗争中深刻认识到中华民族的成员是利益共享与风险共担的利益共同体和命运共同体。新中国成立以来，在党和政府的大力帮扶和支持下，少数民族和西部地区发生了翻天覆地的变化，在“全国一盘棋”思想指导下，资源、资金、技术、人才在区域间、民族间的流动更加频繁，极大地促进了西部地区交通通信技术、基础设施和基本公共服务水平的提高，增强了各地区经济上的互补性和一体性，中华民族大家庭和各民族作为家庭成员的角色越来越显著。总之，经济活动的互相依存和联系，为各民族形成利益共同体和命运共同体提供了坚实的物质基础。国家完整的经济体系和巨大市场，为区域间、民族间的相互协作和共同发展提供了客观条件[②]。

（二）提升公共服务供给能力有助于为铸牢中华民族共同体意识提供坚实民生基础

公共服务关乎民生，是连接民心的重要纽带，其保障水平已成为各族群众获得感、幸福感、安全感的重要影响因素。习近平总书记于 2022 年 7 月在新疆考察时强调，要深刻认识发展和稳定、发展和民生、发展和人心的紧密联系，推动发展成果惠及民生、凝聚人心[③]。公共服务供给能力的核心就是实现公共服务均等化供给及社会成员受益的均等化。作为一项关系民生和民心的重大公共政策，基本公共服务均等化的政策目标就要让社会成员共享改革发展成

① 王延中，宁亚芳，章昌平，等．中华民族多元一体格局形成的经济、文化、心理因素论析［J］．西南民族大学学报（人文社会科学版），2021（9）：1-9.

② 王延中，宁亚芳，章昌平，等．中华民族多元一体格局形成的经济、文化、心理因素论析［J］．西南民族大学学报（人文社会科学版），2021（9）：1-9.

③ 习近平在新疆考察时强调　完整准确贯彻新时代党的治疆方略　建设团结和谐繁荣富裕文明进步安居乐业生态良好的美好新疆［EB/OL］．新华网，（2022-07-15）［2023-01-16］．http//jhsjk.people.cn/article/32476939.

果，解决社会不公、不均等因区域发展差距所导致的现实问题[①]。因此，有效提升西部地区地方政府公共服务供给能力、实现社会成员受益程度大致均等，能够提供坚实民生基础，进而助力铸牢中华民族共同体意识。

首先，提升公共服务供给能力、推进基本公共服务均等化有助于增强铸牢中华民族共同体意识的政治认同。习近平总书记曾指出，只有把物质和精神这两个方面的问题都解决好了，才能有效化解民族问题，二者缺一不可；争取人心和搞好民族团结是新时代做好民族工作的关键[②]。而“人心”问题的实质就是政治认同，提升政治认同，是凝聚人心、获得社会广泛支持的可行且有效的路径。蕴含有公平、正义属性的公共服务均等化，就是通过公共财政的投入及合理的公共服务制度安排，让不同地区、民族、身份的社会成员均能够从政府提供的基本公共服务中受益，且受益程度大致相等[③]。不论是从机会来讲还是从结果来看，社会成员都能够享有大致均等的基本公共服务，既体现了一个国家内社会成员的政治平等，也有助于提升社会成员的政治认同[④]。一个国家的稳定及政治统治的合法性往往需要获得社会成员不同层面的认同和支持，既需要观念、文化层面的认同和支持，更需要社会成员对政府治理、公共政策、公共服务、行政效率、公共利益及个体利益的感知和认同[⑤]。

基于上述分析可以看到，社会成员的政治认同和社会支持源于其对国家权威、制度优势、治理绩效等方面的深刻感知和认可。第一，国家权威的彰显。公共服务不仅具有保障社会成员基本民生福祉的兜底作用，还具有强化国家与社会成员关联的作用——以公共服务为纽带让社会成员在公共服务中感知国家的权威。党和国家历来十分重视西部地区的发展及公共服务问题，并为此

---

① 邱霈恩．基本公共服务均等化的实质与预期［J］．人民论坛，2010（26）：8-10.

② 国家民族事务委员会．中央民族工作会议精神学习辅导读本［M］．北京：民族出版社，2015：249，104.

③ 丁元竹．准确理解和把握基本公共服务均等化［J］．行政管理改革，2009（3）：39-43.

④ 常士訚．超越多元文化主义——对加拿大多元文化主义政治思想的反思［J］．世界民族，2008（4）：1-8.

⑤ 龙太江，王邦佐．经济增长与合法性的“政绩困局”——兼论中国政治的合法性基础［J］．复旦学报（社会科学版），2005（3）：169-175.

出台了诸多政策，如区域协调发展战略、西部大开发、兴边富民、对口支援等，极大地促进了西部地区的发展并提升了公共服务均等化水平。西部地区公共服务水平提升及公共服务体系不断完善的过程，既是国家满足和回应社会成员基本需求的过程，也是国家公共服务制度构建在西部地区的体现，其本质就是国家权威的下沉，进而通过公共服务这一政治纽带让社会成员感知国家权威。第二，制度优势的体现。作为落实共享发展重要举措的基本公共服务均等化，其核心理念是公平正义，其目标就是满足各族社会成员对美好生活的基本需求。为了实现此目标，党和国家基于“幼有育、学有上、劳有得、病有医、老有养、住有房、弱有扶”等基本公共服务内容及生产供给、资源配置机制、标准体系等进行了顶层设计和制度规划，并动员中央各部门、东中部地区支援西部地区。这集中体现了党和国家以人民为中心和改善民生、增进福祉、共同富裕的治国理政理念以及中国特色社会主义国家集中力量办大事的制度优势。第三，治理绩效的感知。从客观绩效来看，随着公共服务体系的不断完善，西部地区实现了公共服务的普遍受益、多层分类以及多元供给，取得的成效显著（详见第四章第二节相关内容），无论是公共服务的财政投入还是供给数量及社会成员受益程度均得到了大幅提升。从公共服务的主观感知来看，社会成员对公共服务的主观感知其实是对政府履行公共服务职能效果的评价。公众在公共服务中感受到政府公共服务的效果以及均等化公共服务产生的正外部性，这一过程也是社会成员获得感、幸福感、安全感形成的过程。在这一双向互动过程中，公共服务作为中间纽带，有助于将社会成员对党和国家治理绩效的良好评价和对获得感的体验转化为政治认同和社会支持，并能在公共服务中增进信任进而强化中华民族共同体意识。

其次，提升公共服务供给能力有助于为铸牢中华民族共同体意识提供民生保障。对于处于相对欠发达状态的西部地区而言，物质的力量显得尤为重要。意识是由物质决定的，有什么样的物质基础就会有什么样的意识形态，经济基础决定上层建筑，这是马克思主义历史唯物主义的基本观点，是认识和分析复杂事务应遵循的世界观和方法论。这一原理表明，无论何种社会改革、社会建设和社会融合均需要特定的经济和物质条件作为基础，否则其目标就难以实现[①]。随着我国经济社会的快速发展，我国的社会主要矛盾已发生了转变，“人民日益增长的美好生活需要和不平衡不充分的发展之间的矛盾”已成为国家治理现代化进程中亟待着力解决的主要问题和矛盾。由于主客观因素的制约，西部地区仍处于相对欠发达状态，发展的区域差距显著，是国家区域协调发展战略中重点关注和扶持的区域[②]。这种差距不仅体现为经济发展方面的差距，还体现为公共服务供给的不平衡。经济发展的区域差距以及公共服务供给的不平衡势必会造成区域空间的社会不公，如果无法有效控制区域间的发展差距以及公共服务供给的不均衡，社会成员的心理状态就会发生变化，由心态失衡引发的民族关系失衡甚至区域间关系失衡必然会出现[③]。这样的失衡心态和失衡关系一旦弥漫开来，就会滋生不利于形成共识的社会心理，进而直接影响到精神层面的“认同”，不利于以公共服务为纽带提升西部地区铸牢中华民族共同体意识的成效。

推进基本公共服务的均等化是区域协调发展战略的核心内容，也是实现区域间协调发展和实现社会公平正义的有效路径和治理之策[④]。基于此，随着国家区域协调发展战略实施及均等化公共服务在各地区推进，区域空间的发展差距及发展的不平衡不充分问题会逐步消解，在这一过程中各民族社会成员必然能深刻感受、体验和共享到发展成果。这种感知和体验能有效提升社会成员的认同，进而有助于消除社会张力、凝心聚力[⑤]。

此外，公共服务均等化带来的民生改善和福祉增进，既能拓展“经济绩效”的合法性基础，也能夯实政治合法性基础[⑥]。对于相对不发达的西部地区

① 徐俊六．铸牢中华民族共同体意识与边疆民族地区社会治理关系研究［J］．宁夏社会科学，2018（6）：188-194.

② 郑长德．新时代民族地区区域协调发展研究［J］．西南民族大学学报（人文社会科学版），2018（4）：92-100.

③ 国家民族事务委员会．中央民族工作会议精神学习辅导读本［M］．北京：民族出版社，2015：139.

④ 梅正午，孙玉栋，刘文璋．公共服务均等化水平与公民社会公平感——基于 CGSS 2013 的分析［J］．财贸研究，2020（4）：63-74.

⑤ 项中新．均等化：基础、理念与制度安排［M］．北京：中国经济出版社，2000：66-67.

⑥ 虞崇胜，张星．民生与民主——转变经济发展方式条件下党的合法性基础转型［J］．探索与争鸣，2011（5）：37-40.

来说，基本公共服务均等化不仅可以保障和改善民生，还可以促进各民族共同繁荣发展和社会成员平等、可及地共享社会发展成果；更重要的是，它还可以调整社会利益结构，消除区域发展差距及公共服务供给不均衡导致的社会“裂痕”，进而为铸牢中华民族共同体意识提供坚实的民生保障。

（三）提升社会治理能力有助于为铸牢中华民族共同体意识夯实社会基础

社会治理是国家治理的重要组成部分①。进入新时代，在推进国家治理体系和治理能力现代化的进程中，在党中央的集中统一领导和统筹安排下，在中央和东中部地区的支持和帮扶下，西部地区走上了快速发展轨道，经济、社会、文化、生态等各项事业取得了巨大成就。同时，我们也应看到，西部地区由于特殊的地理位置，民族、宗教、发展、社会、边境等问题交织存在，在中国特色社会主义现代化进程中仍面临诸多不容忽视的社会治理问题，影响着西部地区各族群众的生产生活，也给社会治理带来诸多困难，甚至会危及和损害铸牢中华民族共同体意识和中华民族共同体建设的社会基础。可以说，西部地区社会治理是否有效直接关系到中华民族共同体意识的强弱。有效的社会治理往往代表着地方政府在社会领域的治理能力较强，而较强的社会治理能力有助于为西部地区铸牢中华民族共同体意识夯实广泛的社会基础。

首先，多元共治的社会治理体系有助于营造各民族共居共学共事共乐的社会条件。“坚持和完善共建共治共享的社会治理制度，建设人人有责尽责享有的社会治理共同体，确保人民安居乐业、社会安定有序”②是党的十九届四中全会提出的关于社会治理的重要论述。这就要求在党的统一领导下，充分发挥政府部门、市场组织和社会等多元主体的协同治理作用，激发各族人民共同参与的活力和积极性，引导各族民众树立中华民族共同体理念、将中华民族利益放在首位、处理好中华民族共同体层面的整体利益同各民族局部利益间的关系。这既是铸牢中华民族共同体意识的基本要求，也是化解社会治理中各种问题的有效路径，只有这样才能够营造各民族共居共学共事共乐的社会环境。我

① 陈家刚．从社会管理走向社会治理［N］．学习时报，2012-10-22（6）．

② 党的十九届四中全会《决定》［EB/OL］，（2019-11-05）［2022-11-10］．https://china.huanqiu.com/article/9CaKrnKnC4J.

们也应看到，中华民族共同体意识培育和铸牢的过程，也是各族社会成员积极贡献智慧、协调关系的过程。作为社会治理共同体的成员，大家只有以主人翁的姿态充分参与到社会治理的各个环节中，才能在参与、互动中增进了解、达成共识；只有在参与互动中实现社会稳定和民族团结的社会治理目标，才能为中华民族共同体意识的培育和铸牢创造良好的社会环境[①]。

其次，族际政治整合的深度发展有助于推进中华民族共同体建设。所谓族际政治整合，是指多民族国家运用多种方式，积极推动民族与国家、民族与民族之间互动交流，持续不断地将各民族有机融合成一个统一的国家政治共同体的过程[②]。对于统一的多民族国家而言，能否把多个民族利用族际政治整合的方式整合在统一的国家政治共同体中，不仅影响重大且须长期面对[③]。族际政治整合能否取得成效和成功，往往决定着多民族国家能否维持统一和稳定，能否防止民族分裂甚至多民族国家的解体。其逻辑起点在于多民族国家内部各民族间的异质性特征。尤其是我国西部地区，因经济发展不平衡不充分、社会资本累积式微、沟通网络异质多元以及自然生态脆弱易损等，呈现出更复杂、敏感和特殊的特征。因此，族际政治整合的现实目标和核心在于中华民族共同体的构建。通过提升国家政治共同体的凝聚力、认同度，为其主体——中华民族提供坚实的政治保障及物理空间[④]。结合当前我国西部地区治理面临的突出问题和特殊性，族际政治整合的着力点和主导方向是坚持和不断推进“五个认同”。“五个认同”是铸牢中华民族共同体意识的思想根基，没有“五个认同”，中华民族就是无源之水、无本之木[⑤]。中国共产党在建设以中华民族为政治共同体的进程中，立足我国多民族国家的实际，先后采取了制度整合、政策整合、法制整合和中华民族整合策略，形成了一个兼顾国家整合表层逻辑与底层逻辑的整合

① 刘永刚．铸牢中华民族共同体意识与国家治理现代化的互构逻辑［J］．西南民族大学学报（人文社会科学版），2019（10）：17-23.

② 朱碧波．论中国族际政治整合能力的帕累托改进［J］．西北民族大学学报（哲学社会科学版），2017（3）：83-89.

③ 周平，贺琳凯．论多民族国家的族际政治整合［J］．思想战线，2010（4）：1-9.

④ 朱碧波．论中华民族共同体的多维构建［J］．青海民族大学学报，2016（1）：26-32.

⑤ 马虎成．不断增强“五个认同”，铸牢中华民族共同体意识［N］．中国民族报，2018-04-06（5）.

体系及实践，并达成了族际政治整合的目标，有效维护了国家的统一和稳定①。

最后，依法治理民族事务从法治角度为铸牢中华民族共同体意识提供保障。加强民族工作法治建设和依法治理民族事务对于化解民族矛盾、协调民族关系及夯实整个中华民族共同体具有十分重要的作用②。习近平总书记在党的十九大报告中指出，全面依法治国是中国特色社会主义的本质要求和重要保障③。“提高依法管理民族事务的能力，要依法妥善处理涉及民族因素的问题”④是加强我国民族工作法治化建设的基本要求。

在多民族国家中，宪法中确立的国家结构形式为维护民族共同体和国家统一提供了根本法律遵循。多民族国家的文化多元性与现代社会价值之间存在冲突甚至碰撞，导致民族文化、民族意识、民族认同已无法承担稳定国家民族共同体的基础⑤。哈贝马斯的宪法爱国主义理论认为，在多元文化的国度中，宪法及其宪法秩序是解决共同体所面临的问题的一种制度结构形式⑥。在中国这样一个幅员辽阔、人口众多的统一多民族国家中，宪法所确立的宪政体制和国家结构形式为各民族成员平等地参与管理事务和本民族事务提供了制度化的渠道和条件，有利于协调各民族在国家政权中的关系。从 1949 年《中国人民政治协商会议共同纲领》到 1954 年第一部宪法、到 1982 年宪法再到现行宪法，都对我国统一多民族国家的历史传统和单一制的国家结构形式作出了明确规定。党的十九大将“铸牢中华民族共同体意识”写入党章，确立了其最高党内法规地位；2018 年将“中华民族”写进宪法，确立了其宪法地位。在坚持依法治国和依法执政相统一的实践中，确立了中华民族共同体意识在党内法规和国家法律中的最高地位，规定了公民对党、国家、中华民族认同的宪法义

---

① 周平. 中国共产党的族际政治整合策略［J］. 理论与改革，2021（4）：1-13.

② 韩克芳. 中华民族共同体法治建设：价值、基础与路径［J］. 统一战线学研究，2020（5）：25-29.

③ 习近平在中国共产党第十九次全国代表大会上的报告［EB/OL］，（2017-10-28）［2022-11-11］. http://cpc.people.com.cn/n1/2017/1028/c64094-29613660-5.html.

④ 中共中央、国务院印发《关于加强和改进新形势下民族工作的意见》［EB/OL］，（2014-12-22）［2022-11-10］. http://www.gov.cn/zhengce/2014-12/22/content_2795307.htm.

⑤ 宋婧，张立辉. 铸牢中华民族共同体意识的法治保障研究［J］. 贵州民族研究，2020（8）：17-23.

⑥（德）哈贝马斯. 在事实与规范之间［M］. 童世骏，译. 上海：三联书店，2002：65.

务，在法治维度上为中华民族共同体的认同和遵从提供了制度结构形式和政治公共空间。

民族区域自治制度的贯彻落实为铸牢中华民族共同体意识奠定了法治基础。作为我国基本政治制度之一的民族区域自治制度，是经过实践证明能够有效解决中国民族问题的制度，具有明显的制度优势。在新中国成立时，党和国家采纳了由李维汉提出的“结合中国国情和多民族实际，用民族区域自治取代民族自决来解决中国的民族问题”的建议，将其作为基本国策写入具有临时宪法性质的《中国人民政治协商会议共同纲领》。改革开放后，邓小平针对当时的社会舆论，重申“中国仍要坚持和完善民族区域自治制度用以解决中国的民族问题，这是我们社会制度的优势，不能放弃”[①]；1981 年在听取新疆维吾尔自治区党委同志汇报工作时，邓小平进一步强调，“用法律的形式将我国的民族区域自治制度规定下来，要有民族区域自治法”[②]。1984 年召开的全国人大六届二次会议审议通过了民族区域自治法，2001 年，新修订的民族区域自治法又进一步明确了民族区域自治制度这一基本政治制度在国家治理中的重要地位和作用。习近平总书记更是旗帜鲜明地指出，民族区域自治是党的民族政策的源头[③]。为了落实民族区域自治法，国务院于 2005 年颁布了《实施〈中华人民共和国民族区域自治法〉若干规定》，标志着我国民族法律法规体系日趋完善。不断推进我国民族区域自治制度的创新和发展，加强民族区域自治法的有效实施，维护平等团结和谐互助的民族关系，为中华民族共同体意识的形成提供了制度保障和制度载体，是新时代民族法治工作的重要任务和目标。经过几十年的探索与实践，我国的民族区域自治制度已建构了包括宪法、民族区域自治法、自治条例和单行条例等在内的具有中国特色的法律体系，不仅形塑着民族与国家、民族与民族、民族与公民之间的关系，保障了各民族的权利，还为增

① 国家民族事务委员会. 中央民族工作会议精神学习辅导读本［M］. 北京：民族出版社，2015：72.

② 国家民族事务委员会. 铸牢中华民族共同体意识——全面民族团结进步表彰大会精神辅导读本［M］. 北京：民族出版社，2021：29.

③ 国家民族事务委员会. 铸牢中华民族共同体意识——全面民族团结进步表彰大会精神辅导读本［M］. 北京：民族出版社，2021：30.

强中华民族共同体凝聚力提供了法治支撑[①]。

（四）提升文化建设能力有助于为铸牢中华民族共同体意识创造思想文化基础

文化建设能力是指地方政府推进文化体制改革、增强文化创造活力、大力发展中国特色社会主义优秀文化、增强文化自信，不断满足人民群众日益增长的精神文化方面需求的能力。习近平总书记在新疆考察时指出，文化认同是最深层次的认同[②]。文化建设能力的不断提升有助于为铸牢中华民族共同体意识创造思想文化基础。

首先，中华优秀传统文化的保护与传承，增强了民族凝聚力与自豪感。中国共产党历来既高度关注西部地区及少数民族地区文化教育落后问题，又注重保护和传承各少数民族优秀传统文化[③]。改革开放以来，党和国家提出要继承和发展各民族的优秀文化[④]，认为少数民族文化是中华民族文化宝库的重要组成部分[⑤]。进入新时代，习近平总书记提出了“我们的灿烂文化是各民族共同创造的，中华文化是各民族文化的集大成”[⑥]的论断，并进一步指出了中华民族传统文化对于中华民族精神命脉和社会主义核心价值观的重要作用[⑦]。在党和国家的大力扶持和支持下，西部地区地方政府文化建设能力不断得到加强，文化建设取得了巨大成就。为保护和传承少数民族优秀文化，采取了一系

① 毛公宁，董武．习近平关于民族法治的重要论述及其意义初探［J］．广西民族研究，2019（1）：16-21.

② 习近平在新疆考察时强调　完整准确贯彻新时代党的治疆方略　建设团结和谐繁荣富裕文明进步安居乐业生态良好的美好新疆［EB/OL］．新华网，（2022-07-15）［2023-01-16］．http//jhsjk.people.cn/article/32476939.

③ 郝时远．文化自信、文化认同与铸牢中华民族共同体意识［J］．中南民族大学学报（人文社会科学版），2020（6）：1-10.

④ 李鹏．做好民族工作　为实现各民族共同繁荣而努力奋斗［M］// 国家民族事务委员会，中共中央文献研究室．新时期民族工作文献选编．北京：中央文献出版社，1990：445.

⑤ 李鹏．在建设有中国特色社会主义的伟大事业中不断促进民族团结和进步［M］// 国家民族事务委员会，中共中央文献研究室．民族工作文献选编（1990—2002）．北京：中央文献出版社，2003：131.

⑥ 国家民族事务委员会．铸牢中华民族共同体意识——全面民族团结进步表彰大会精神辅导读本［M］．北京：民族出版社，2021：30.

⑦ 习近平．在文艺工作座谈会上的讲话［N］．人民日报，2015-10-15（1）.

列政策措施：帮助少数民族创建了文字，尊重各民族的宗教信仰和风俗习惯等；帮助少数民族开展古籍文献的搜集、整理和出版工作；通过加强考古和历史研究，明晰了中华民族、中华文明的多元一体、家国一体的历史形成过程；实现了少数民族传统文化保护与传承中旅游、教育与文化的有效互动。在民族文化传承与保护中，通过构建文化建设的参与机制，激发了各族群众参与的热情和积极性以及保护与传承民族文化的自觉性；学校、家庭和社会共同参与的“多元一体”教育模式，促进了对中华文化的学习与传承，有助于激发各族群众的文化自信与家国情怀，进而增强民族凝聚力和自豪感。

其次，国家通用语言文字的推广普及在铸牢中华民族共同体意识中起着文化纽带作用。语言是人类表达思想、获取知识、沟通交流的基本工具，在生活中发挥着重要的桥梁和纽带作用。所谓国家通用语言文字，是指《中华人民共和国国家通用语言文字法》中规定的普通话和规范汉字。从理论上讲，对于中国这样的统一多民族国家，国家通用语言文字在铸牢中华民族共同体意识中起着基础性作用。基于此，学者们对国家通用语言文字的推广普及在维护民族团结、中华民族共同体建设中的作用和功能进行了研究，代表性观点有：作为中华民族显著特征的国家通用语言文字在中华民族共同体建设中起着其他要素无法取代的纽带作用①；国家通用语言文字是中国各民族沟通与团结的重要纽带与桥梁②；国家通用语言文字是民族认同的基石③；无论从历史来看，还是从当前现实需要来看，国家通用语言文字的推广都有助于维护民族团结和提升国家认同④；发挥国家通用语言文字的信息沟通功能、文化认同功能、经济资源价值、社会服务价值，能够为铸牢中华民族共同体意识赋能增效、培元强基、助力添翼、拓局谋远⑤。

---

① 徐黎丽，许浩东．论国家通用语言文字在中华民族共同体建设中的文化作用［J］．西北师大学报（社会科学版），2021（6）：22-28.

② 钱伟．国家通用语言文字是民族团结的重要纽带［N］．语言文字报，2021-05-12（1）.

③ 青觉，吴鹏．国家通用语言文字教育：多民族国家认同建构的基础性工程［J］．贵州民族研究，2020（9）：173-181.

④ 王启涛．中国历史上的通用语言文字推广经验及其对铸牢中华民族共同体意识的重要意义［J］．西南民族大学学报（人文社会科学版），2020（11）：1-7.

⑤ 石琳．民族地区推广国家通用语言文字与铸牢中华民族共同体意识的协同共进路径［J］．民族学刊，2021（8）：52-60.

从国家通用语言文字推广普及的实践来看，党和国家十分关注西部地区国家通用语言文字教育工作，积累了一定经验，并取得了明显成效。1956年，国务院颁布了《关于推广普通话的指示》，确立了普通话在我国语言文字领域的主体地位。2012年和2016年，教育部、国家语委分别发布了《国家中长期语言文字事业改革和发展规划纲要（2012—2020年）》和《国家语言文字事业"十三五"发展规划》，以政策文件的形式明确了我国语言文字工作的发展规划，指出了推广普通话和推行规范汉字是我国基本的语言文字政策。习近平总书记曾多次指出国家通用语言文字的推广普及尤其在西部地区的推广普及具有重要政治意义，并提出战略要求。"十三五"期间，随着三科统编教材在西部地区的推广使用、学前学会普通话的大力实施，以及《推普脱贫攻坚行动计划（2018—2020年）》《国家通用语言文字普及攻坚工程实施方案》等政策的落地，国家通用语言文字推广普及成效显著，不通国家通用语言文字人群的存量得到了有效消化，国家通用语言文字教育发展较快，会用国家通用语言文字的人数在增加，普通话普及率也在提高，如"三区三州"的普通话普及率达到了61.56%。国家通用语言文字的普及和广泛使用有助于推动各族群众、各区域间的经常性交往和交流，进而为协调、整合族际关系和中华民族共同体意识的形成铸牢创造了良好的语言条件①。

（五）加强生态环境保护能力建设有助于为铸牢中华民族共同体意识打造宜居生态基础

地方政府生态环境保护能力是指地方政府通过各种手段动员、协调相关主体参与环境保护、解决生态环境问题、实现人与自然和谐共生的能力。2013年，党的十八届三中全会首次将环境保护职能确定为地方政府的基本职责之一。政府生态职能的确定既是党和国家对地方政府职能的深化和拓展，也是对人民群众对美丽中国向往的积极回应，更是可持续发展的必然选择②。自生态

① 袁伟．"十四五"时期加强民族地区国家通用语言文字教育的政策思考［J］．中国民族教育，2021（8）：60-64.

② 敖祖辉，任建华．破解地方政府的生态责任与生态职能困境路径研究［J］．边疆经济与文化，2020（10）：42-44.

职能被确立为地方政府职能，特别是生态文明建设被纳入国家“五位一体”的总体布局以来，地方政府生态环境保护能力也得到不断加强。

我国西部地区资源丰富，被称为“资源富集区”“水系源头区”“生态屏障区”，发挥着“战略资源储备”“水土涵养”“生态安全屏障”等功能和作用。新中国成立70多年来尤其是党的十八大以来，随着党和国家不断完善有关生态环境保护的顶层设计和制度构建，西部地区各地方政府依据经济条件、资源禀赋、生态环境状况、文化传统等实际纷纷颁布了地方环境保护的政策性文件，探索适合的生态环境治理体系。经过几十年的探索与实践，我国西部地区已构建起一套相对完善的生态环境保护体系，结合本地自然资源禀赋和生态环境特点，构建起自然资源资产产权制度、生态环境效益和损害补偿政策、涉生态环境公益诉讼制度、生态环保督察制度等一系列法规制度体系，涵盖土地、河流、草原、森林和生物多样性等的保护与规制，生态文明建设逐渐步入制度化、法治化轨道，并取得了显著成绩①。

大自然是人类赖以生存发展的基本条件，“生态环境没有替代品，用之不觉，失之难存”②。西部地区拥有的生态环境和自然资源，不仅是各民族社会成员赖以生存和延续的环境基础和保障，也是西部地区实现现代化、共同繁荣发展和维护民族团结进步的前提条件。我们应清醒地看到，我国西部地区仍然存在诸如生态环境脆弱、生态问题复杂多样、环保意识差、生态效益补偿制度有待完善、生态问题造成的深度贫困等环境问题。因此，中华民族共同体意识的培育和铸牢不能不重视生态环境保护和生态文明建设，高度关注和重视生态环境保护和建设，为构筑各民族成员美好精神家园提供环境保障，在实现绿色可持续发展、人与自然和谐共生的基础上，强化各族社会成员的生态共同体意识，动员社会力量形成合力，进而构筑中华民族生态共同体③。因此，不断加强西部地区地方政府生态环境保护能力建设，提供作为最公平的公共物品和最

① 杨春蓉．建国70年来我国民族地区生态环境保护政策分析［J］．西南民族大学学报（人文社会科学版），2019（9）：26-33.

② 习近平．习近平谈治国理政（第三卷）［M］．北京：外文出版社，2020：360.

③ 李娜．中华民族共同体意识研究［D］．泰安：山东农业大学，2021：81.

具普惠性的民生福祉的良好生态环境，有效解决生态问题和促进人与自然和谐共生，有助于为进一步铸牢中华民族共同体意识打造宜居生态基础、夯实绿色根基。

第三节　铸牢中华民族共同体意识支撑并助推地方政府能力建设

铸牢中华民族共同体意识作为马克思主义民族理论中国化的最新成果和新时代党的民族工作的根本遵循，不仅为西部地区地方政府建设提出新要求、提供新动力，还为西部地区地方政府能力建设提供了重要资源，可以说，铸牢中华民族共同体意识支撑并助推了西部地区地方政府能力建设。

一、铸牢中华民族共同体意识为地方政府能力建设提出新要求、提供新动力

铸牢中华民族共同体意识既是关于我国如何把握民族问题的经验总结，也为做好民族工作、处理民族问题提供了指导思想、明确了战略目标、指明了前进方向。同样，铸牢中华民族共同体意识也对西部地区地方政府能力建设提出新要求、提供新动力。

首先，铸牢中华民族共同体意识的战略目标对地方政府能力建设提出新要求。铸牢中华民族共同体意识作为马克思主义民族理论中国化的最新成果，经历了 2013 年萌芽、2014 年发展、2015 年完善、2017 年成熟、2018 年形成政策、2019 年形成体系、2020 年全面实践等阶段，从理论到实践均得到不断深化。这一阶段探索与实践的重心是铸牢中华民族共同体意识话语体系的构建和实践工作思路的调整[①]。2021 年召开的中央民族工作会议系统阐释了新时代铸牢中华民族共同体意识鲜明的政治导向、丰富的理论内涵和明确的实践要

① 郝亚明．从五个时间节点来深刻把握中央民族工作会议精神［J］．西北民族研究，2021（4）：39-45.

求，标志着铸牢中华民族共同体意识在理论和实践层面进入深入推进阶段。此次中央民族工作会议提出“要把铸牢中华民族共同体意识作为党的民族工作的主线”“要赋予所有改革发展以彰显中华民族共同体意识的意义”“铸牢中华民族共同体意识是新时代党的民族工作的‘纲’，所有工作要向此聚焦”① 等具有鲜明导向的论断和要求。此外，还从理论上回答了如何处理“共同性和差异性”“中华民族共同体意识和各民族意识”“中华文化和各民族文化”“物质和精神”等事关中华民族共同体建设的四组关系。这些重要论述不仅体现了新时代党的民族工作的方向和根本遵循，还为西部地区地方政府能力建设提供了新导向。这就要求西部地区地方政府在推进经济发展、基本公共服务均等化、社会治理、文化建设和生态环境保护中自觉聚焦主线，坚持“四个必然”的原则和方向，坚持正确的、调整过时的，不断加强和提升其能力。

其次，铸牢中华民族共同体意识的重点任务为地方政府能力建设提供新动力。历次中央民族工作会议均为当时和一段时期的民族工作指明了发展方向、提出了主要任务②。自 1992 年党中央、国务院召开第一次中央民族工作会议以来，分别于 1999 年、2005 年、2014 年、2021 年在北京召开了第二次、第三次、第四次、第五次中央民族工作会议。有学者指出，中央民族工作会议成为党和国家在一段时期对民族工作的总结会、新的理论和政策的发布推广会、下一步重点工作的部署会③。2021 年召开的中央民族工作会议也不例外。2021 年中央民族工作会议是在“中国共产党成立一百周年之际”“中华民族伟大复兴的关键时期”“‘两个一百年’奋斗目标的历史交汇期”“世界百年未有之大变局的风险挑战期”以及“铸牢中华民族共同体意识的深入推进期”这五个重要时间节点召开的一次非常重要的会议，在全面分析和系统总结经验和历史成就的基础上，明确了新时代党的民族工作的重点任务。此次中央民族工作

① 习近平在中央民族工作会议上强调 以铸牢中华民族共同体意识为主线 推动新时代党的民族工作高质量发展［EB/OL］,（2021-08-28）［2022-11-03］. http://www.news.cn/politics/leaders/2021-08/28/c_1127804776.htm.

② 乔智敏，杨旭，林艳．中央民族工作会议与民族区域自治理论、政策、制度发展［J］．中南民族大学学报（人文社会科学版），2018（1）：32-36.

③ 丁龙召．中央民族工作会议：党对民族工作加强领导的创新成果［J］．内蒙古师范大学学报（哲学社会科学版），2019（4）：17-22.

会议明确指出了未来一段时期民族工作的重点任务和政策举措，即推动各民族共同走向现代化，提升民族地区自我发展能力，促进各民族交往交流交融，逐步实现各民族在空间、文化、经济、社会、心理等方面的全方位嵌入，提升民族事务治理体系和治理能力现代化水平，坚决防范民族领域重大风险隐患，不断提高政治判断力、政治领悟力、政治执行力，加强民族工作机构建设和民族工作力量[①]等，涉及经济、公共服务、社会、文化等方面。铸牢中华民族共同体意识的深入推进以及上述重点任务的落实，为西部地区地方政府能力建设和提升提供了新动力和突破口。也就是说，西部地区地方政府应围绕中央民族工作会议提出的重点任务，借助国家战略以及中央与东中部的支持加强能力建设，促进边疆地区发展、稳定与安全。

二、铸牢中华民族共同体意识为地方政府能力建设提供重要资源

首先，铸牢以社会主义核心价值观为引领的中华民族共同体意识具有形塑契合地方政府能力建设要求的行为规范的作用。地方政府能力建设不仅需要政府自身的变革，还需要全社会的共同努力和稳定的行为模式。价值观是政治共同体内国家意识和民族精神的集中表现，是一个国家和民族文化的灵魂。社会主义核心价值观集中体现了中华民族共同的价值追求和中华民族共同精神家园的主要内容，在个人、社会、国家互动中发挥着精神纽带和精神动力的作用[②]。社会主义核心价值观为我国各族人民群众的社会生活确立了一整套价值观念和行为准则，对各民族优秀传统文化具有统领和整合作用，为铸牢中华民族共同体意识提供了最为根本和关键的价值观念体系。此外，社会主义核心价值观在铸牢中华民族共同体意识中能够产生和发挥政治引领力、思想感召力、价值引导力、先进示范力、人格培育力、文明塑造力、社会动员力、矛盾调试

① 习近平在中央民族工作会议上强调　以铸牢中华民族共同体意识为主线　推动新时代党的民族工作高质量发展［EB/OL］，（2021-08-28）［2022-10-20］. http://www.news.cn/politics/leaders/2021-08/28/c_1127804776.htm.

② 陈立鹏，汪颖．习近平关于铸牢中华民族共同体意识重要论述的理论要点［J］．中南民族大学学报（人文社会科学版），2021（10）：16-25.

力、和谐维系力等影响深远的功能和作用[①]。因此，从根本上说，在西部地区弘扬社会主义核心价值观，就是要在全社会形成“凝聚共识、塑造国民、树立自信、生成规范、营造信用”的社会氛围，不断引导各阶层、各民族社会成员的思想认识、目标定位、行动选择和政治情感更趋理性并符合社会主义核心价值观的要求。社会主义核心价值观一旦成为社会成员的思想自觉和行动自觉，全社会成员必定能正确认识各种思想观点和行动选择的本质，必定能够坚定正确的政治立场、舆论方向和价值取向，进而演化为有利于地方政府能力建设的行为规范[②]。

其次，铸牢中华民族共同体意识为地方政府能力建设提供社会资本。中华民族经历了“自在”“自觉”再到“自为”的发展阶段，体现了共同体意识从萌芽到不断发展凝聚再到铸牢的历史逻辑[③]。从社会资本理论视角来看，这一历史发展过程的实质就是提升和改造西部地区传统社会资本的过程，不断将民族内部有限的理解、信任和支持拓展为全社会普遍的、广泛的理解、信任和支持，形成有利于民族团结和谐的内生性秩序[④]。针对集体行动困境的社会资本理论将社会成员间的互相理解、信任、支持看作社会稳定团结的重要资源和条件。集体行动的困境源于人们之间缺乏合作和信任，社会信任水平较高的国家，政治信心的水平也比较高[⑤]。自社会资本理论产生以来，学者们对社会资本的内涵进行了不同视角的阐释。林南（2005）认为，社会资本是由信息、影响、社会信用和强制 4 种要素构成的社会成员间的信任规范，这种信任规范具备公共产品的属性[⑥]；皮埃尔·布迪厄认为，社会资本是各种资源的集合，这

---

① 吕朝辉. 同频共振：铸牢中华民族共同体意识与国家治理现代化的互构理路［J］. 湖南社会科学，2021（5）：44-51.

② 吕朝辉. 同频共振：铸牢中华民族共同体意识与国家治理现代化的互构理路［J］. 湖南社会科学，2021（5）：44-51.

③ 李静，高恩召. 从自在、自觉到自为：中华民族发展的历史逻辑［J］. 中央民族大学学报（哲学社会科学版），2021（4）：38-47.

④ 吕永红，马丽. 理解、信任与支持：社会资本视角下的民族团结路径分析［J］. 新疆大学学报（哲学·人文社会科学版），2021（5）：63-70.

⑤（美）纽顿，于宝英，索娟娟. 信任、社会资本、公民社会与民主［J］. 国外理论动态，2012（12）：58-66.

⑥（美）林南. 社会资本——关于社会结构与行动的理论［M］. 张磊，译. 上海：上海人民出版社，2005：22.

些资源可能是现实也可能是潜在的，并与相互默认或承认的制度化关系组成的持久网络有关[①]；普特南（2001）认为，社会资本是指社会成员在相互联系中形成的信任、规范和网络，有助于达成共识、协调行动、提高社会效率[②]。由此可见，作为社会资本基本构成要素的理解、信任、支持是社会成员认同和互惠的前提和基础，有助于社会运行中信任和规范的生成。因此，铸牢中华民族共同体意识就是投资并不断累积社会资本的过程。

就西部地区而言，不断累积的社会资本能够为地方政府能力建设提供重要条件。一是有助于降低交易成本、形成稳定预期。良好制度的形成及风险共担有利于创新和提高全要素生产率，进而促进经济增长、人力资本和物质资本的积累。不断的经济增长、丰富的物质资本和良好的人力资本等是提升西部地区地方政府能力必不可少的资源和条件。二是有利于促进西部地区政治系统的稳定。支持是基于共识和信任形成的一种认同，没有系统成员的支持，至少没有与政治相关的成员的支持，权威当局在处理需求并将其转变为输出或在实施决策的过程中就会遇到严重困难[③]。伊斯顿（2012）将支持分为显性支持和隐性支持：显性支持是以行动来支持，隐性支持是以一种态度或情绪来支持；隐性支持显得更重要[④]。铸牢中华民族共同体意识的过程也是凝聚人心的过程，在这个过程中能有效增强各族人民的国家归属感、民族自豪感以及民族团结的自觉性，涵养主人翁意识、爱国主义精神和国家意识，能够使党和国家获得各民族社会成员的普遍支持和情感认同。普遍的支持和情感认同有助于消除民族间的隔阂、增强民族间的文化认同，进而维持政治系统的稳定和促进民族团结，为西部地区地方政府能力建设营造良好的政治环境和发展空间。

---

① 曹荣湘．走出囚徒困境——社会资本与制度分析［M］．上海：三联书店，2001：45.
② （美）普特南．使民主运转起来［M］．王列，赖海榕，译．南昌：江西人民出版社，2001：125.
③ （美）伊斯顿．政治生活的系统分析［M］．王浦劬，译．北京：人民出版社，2012：142.
④ （美）伊斯顿．政治生活的系统分析［M］．王浦劬，译．北京：人民出版社，2012：146-148.

| CHAPTER 4 | 第四章

现状与问题：西部地区地方政府能力审视

随着经济社会的发展，西部地区地方政府能力虽然得到了提升，取得了明显成效，但还存在诸多问题：将西部地区地方政府能力与东部地区地方政府能力相比来看，会发现东部地区地方政府能力要强劲得多。总体来看，通过认真分析和审视，在深入推进铸牢中华民族共同体意识进程中，西部地区地方政府在经济发展、公共服务、社会治理、文化建设和生态环境保护等能力方面还面临诸多挑战，能力不足是普遍存在的现象。本章依据围绕铸牢中华民族共同体意识构建的地方政府能力评价维度和评价指标体系，运用定性分析和定量分析相结合的方法，对西部地区地方政府能力的现状及问题进行了比较分析。

第一节　围绕铸牢中华民族共同体意识构建地方政府能力指标体系

地方政府能力指标的选取涉及两个层面的问题，一是评价维度的问题，二是具体评价指标的问题。无论是评价维度的确定还是具体评价指标的选取，均要围绕“铸牢中华民族共同体意识”这一主线。因此，对西部地区地方政府能力的评价不仅要建立在对地方政府能力一般性评价标准的基础上，更要体现铸牢中华民族共同体意识对地方政府能力提出的新要求。基于此，本节主要围绕铸牢中华民族共同体意识来构建地方政府能力评价维度和指标体系。

一、构建地方政府能力评价指标体系的原则

在构建地方政府能力评价指标体系时，需坚持以下基本原则。

第一，有利于铸牢中华民族共同体意识原则。我国通过宪法、党章和党的会议等形式将铸牢中华民族共同体意识上升为党和国家的意志，并通过修订地方组织法让铸牢中华民族共同体意识成为我国地方政府的基本职责，意味着我国地方政府在履行经济发展、公共服务、社会治理、文化建设和生态环境保护等法定职责时，必须将党和国家关于铸牢中华民族共同体意识的战略规划和顶层设计贯穿于全过程。也就是说，应赋予地方政府经济发展、公共服务、社会治理、文化建设、生态环境保护等职责以彰显铸牢中华民族共同体意识的意义，并将是否有利于铸牢中华民族共同体意识作为判断地方政府职责履行情况的标准。这是依法治国和依法行政的基本要求，也是“法定职责必须为”基本原则的具体体现和要求。因此，在西部地区地方政府能力评价维度的确定和评价指标的选取上，应坚持有利于铸牢中华民族共同体意识这一主线和原则。

第二，客观性原则。客观性原则是构建地方政府能力评价指标体系的前提，其实质就是指标的选取坚持以客观事实为基础。脱离客观事实的指标往往是不合理的。因此，无论是评价指标的选取，还是评价指标体系的建立，都要从中国的基本国情出发，要综合考察地方政府在落实“五位一体”总体布局以及铸牢中华民族共同体意识中的实际能力和作用，关注效率与效益，实现两者的有机统一；要注重“以人民为中心”的理念，把人民群众对美好生活的向往作为地方政府的第一追求；要注重“客观评价”，实现从经验式的主观评判向客观评价体系建立的转变，使地方政府能力评价体系客观化、科学化。

第三，系统性原则。系统性原则是构建地方政府能力评价指标体系的重点。坚持系统性原则，必须立足于对地方政府职能、角色的合理定位，立足于经济发展、公共服务、社会治理、文化建设、生态环境保护与铸牢中华民族共

同体意识间的内在逻辑关系。要根据地方政府“经济发展推动者、公共服务提供者、社会治理者、文化建设者、生态环境保护者”的职能和角色，设定能力评价指标及其体系。要正确处理经济、公共服务、社会、文化和生态的近期效益和长期效益的关系。

第四，可行性原则。地方政府能力评价指标体系是否可行非常关键，因而在遴选指标时须考虑指标的可计算性、可比性和可操作性。每一项指标，凡是能量化的尽可能量化。此外，还需考虑每一项指标是否能够从横、纵两个维度进行比较。

第五，突出重点与全面系统相结合的原则。地方政府职能具有多重性和复杂性的特点，决定了地方政府能力评价指标体系必须是一个既突出重点又全面开放的系统。一方面，地方政府能力评价指标体系要突出地方政府当前阶段重点领域和关键性工作，要设计一些关键性指标；另一方面，地方政府能力评价指标体系还需全面反映地方政府的工作，真正做到总结经验、肯定成绩、找出差距，以不断提高地方政府能力。因此，在确定地方政府能力评价指标体系时，既要突出重点又要全面概括，系统地反映出地方政府的实际工作内容。

二、地方政府能力评价维度的确定

从评价维度来看，之所以选择从经济发展、公共服务、社会治理、文化建设和生态环境保护 5 个维度来分析和审视西部地区地方政府能力，有两个方面的依据：一是从政府职责与政府能力的关系出发，经济发展、公共服务、社会治理、文化建设、生态环境保护是我国地方政府的职责，决定了地方政府能力的范围应涵盖上述 5 个方面，具体论述见第二章第一节有关内容。二是地方政府积极履行经济发展、公共服务、社会治理、文化建设和生态环境保护等职责及相应能力的提升，不仅有助于党和国家关于铸牢中华民族共同体意识的战略规划和顶层设计落地生根，还有助于地方政府铸牢中华民族共同体意识这一法定职责的有效履行。提升地方政府经济发展、公共服务、社会治理、文化建设和生态环境保护等能力，实现西部地区经济、公共服务、社会治理、文化、生态环境保护等高质量发展，既是新时代铸牢中华民族共同体意识的现实基础，也是有效破解铸牢中华民族共同体意识中治理难题的可行路径，具体论述见第三章第二节相关内容。

三、地方政府能力评价指标的选取

从评价地方政府能力的具体指标来看，除了定性分析外，还必须通过量化分析来实现评价的标准化和可比性，在测量指标的选择和指标体系的建设上需要注意全面性、可操作性、指标的可获得性，以得到更加全面客观的测量结果。这里的指标是指衡量评价对象的单位或方法，通过对地方政府能力指标的具体评价来审视和衡量地方政府能力的现实状况或强弱程度。基于此，我们在借鉴学术界已有研究成果的基础上，围绕铸牢中华民族共同体意识这一主线，从评价地方政府能力的 5 个维度——经济发展能力、公共服务供给能力、社会治理能力、文化建设能力和生态环境保护能力分别选取评价指标。

近年来，学术界围绕上述 5 个方面的地方政府能力进行了大量学术研究，从不同视角分别构建了相应的评价指标体系。

经济发展能力方面。学者从不同视角构建评价指标对地方政府经济发展能力进行审视和评价。代表性观点有：田发、周武星（2016）基于公共财政视角构建了包含经济治理的稳定性、效益性、创新性、可持续性、基础建设、成果分配与福利变化 7 个二级指标，22 个三级产出指标的地方政府经济发展能力指标体系①；张云云等（2019）从经济效益、创新发展、人民生活、可持续发展 4 个维度 17 个指标构建了衡量经济发展质量水平的指标体系②；宋明顺、范馨怡（2019）选取市场质量、民生质量、共享质量、环境质量 4 个一级指标，16 个二级指标作为经济发展质量评价指标③；王小鲁等（2019）构建了包

① 田发，周武星．经济治理能力指标体系的构建及测算——基于公共财政的视角［J］．西安财经学院学报，2016（3）：11-17.

② 张云云，张新华，李雪辉．经济发展质量指标体系构建和综合评价［J］．调研世界，2019（4）：11-18.

③ 宋明顺，范馨怡．经济发展质量评价指标体系的探索与试验［J］．改革与战略，2019（4）：23-31.

含政府与市场关系、非国有经济发展、产品市场的发育程度、要素市场发育程度、市场中介组织的发育和法治环境5个方面的经济市场化评价指标体系①；李华等（2019）基于辽宁省的数据，从人均国民生产总值、城镇居民恩格尔系数、居民消费水平、城镇居民人均可支配收入、外商投资企业进出口总额、主要能源产品生产数量、地方财政税收收入、第一产业占地区生产总值比重、地区工业化程度、第三产业占地区生产总值比重等11项指标对地方政府经济治理能力进行了评价②；孙警（2013）以粤东四市为例，构建了由经济发展因素、社会发展因素、政府管理因素、对外开放因素和区域创新因素5个大类25项具体指标构成的区域经济发展水平评价指标体系并进行了实证分析③；王秀艳（2019）基于区域自我发展能力理论构建了包含居民素质技能、企业创新能力、产业竞争能力、政府调控能力4个二级指标，65个三级指标的民族地区自我发展能力评价指标体系④；张阿兰、张承成（2021）从经济效益、经济发展、人民生活3个维度构建了涵盖13个二级指标的少数民族地区政府经济治理能力的评价指标体系，并选取5个自治区进行了测度⑤。上述研究成果极具借鉴意义和参考价值，为我们审视和评价西部地区地方政府经济发展能力提供了理论基础。基于此，借鉴学术界已有成果及2021年中央民族工作会议提出的“加大对民族地区基础设施建设、产业结构调整支持力度，优化经济社会发展和生态文明建设整体布局，不断增强各族群众获得感、幸福感、安全感”的要求，在充分考虑指标的科学性、可比性、可获得性等因素的基础上，本书选取资源汲取利用能力、市场创新发展能力、优化营商环境能力3个方面来考察西部地区地方政府的经济发展能力。

---

① 王小鲁，樊纲，胡李鹏．中国分省份市场化指数报告［M］．北京：社会科学文献出版社，2019：2.

② 李华，王银，孙秋柏．地方政府经济治理能力评价：基于辽宁省的实证［J］．统计与决策，2019（10）：94-97.

③ 孙警．关于构建区域经济发展水平评价指标体系的思考——以粤东四市2011年数据为例［J］．顺德职业技术学院学报，2013（1）：26-31.

④ 王秀艳．区域自我发展能力理论分析框架下民族地区自我发展能力评价［J］．中央民族大学学报（哲学社会科学版），2019（3）：84-92.

⑤ 张阿兰，张承成．中国少数民族地区政府经济治理能力综合评价研究［J］．西藏发展论坛，2021（2）：16-24.

公共服务供给能力方面。公共服务供给能力评价是一个系统性的指标体系，既要考察政府公共服务财力状况，又要考察政府提供基本公共服务结果分配的均等化及社会成员受益程度的均等化[①]。基于此，我们从公共服务财政供给和基本公共服务均等化实现程度这两个维度来审视和评价西部地区地方政府的公共服务供给能力。

社会治理能力方面。近年来，研究者从不同视角提出了社会治理水平和能力的评价指标，用于评价社会治理绩效。国际上具有代表性的用于评价治理水平的指标体系有联合国构建的以贫困和性别为维度的民主治理指标框架、世界银行提出的“世界治理指标”、联合国人类发展中心构建的“人文治理指标”、联合国奥斯陆治理研究中心研制的“民主治理测评体系”、哥德堡大学提出的“治理质量观察”以及经济合作与发展组织（OECD）提出的“人权与民主治理测评指标体系”等[②]。但受到各国政治制度、历史文化、经济发展等因素影响和制约，国际上没有形成一套公认的社会治理评价指标体系。在国内，随着地方社会治理实践的不断推进和深化，学者们就如何评价社会治理水平和能力进行了研究，取得了一系列成果。其中，黄强等（2009）基于网络治理的理论设计了分别以政府、非政府组织（NGO）和居民为目标群体的两套地方政府社会管理能力评价指标体系[③]；张书林（2012）从能否处理好社会管理与社会民生、社会稳定、社会组织、社会参与、社会发展、虚拟社会、价值构建等之间的关系角度，构建了一套科学社会管理的重大效能指标体系[④]；由俞可平为总课题负责人的中央编译局“中国社会管理评价体系”课题组（2012）在界定中国社会治理内涵与外延的基础上，提出了一个包含 6 个二级指标、35 个三级指标，且能够体现民主、法治、公平、正义、稳定、参与、透明、自治等价值和理念的中

---

① 任维德，李杰．西部边疆民族地区民众政治认同的生成逻辑与路径选择——基于基本公共服务均等化［J］．内蒙古大学学报（哲学社会科学版），2020（1）：41-49.

② 俞可平．关于国家治理评估的若干思考［J］．华中科技大学（社会科学版），2014（3）：1-2.

③ 黄强，程旭宇，刘祺．地方政府社会管理能力绩效评价指标体系建构——基于网络治理的局限性［J］．福建论坛（人文社会科学版），2009（8）：136-139.

④ 张书林．社会管理科学化水平之效能指标体系与测评［J］．中共四川省委党校学报，2012（2）：92-97.

国社会治理评价指标体系[①]；张欢、胡静（2014）则建构了一套以公众为中心，包含社会治理的公平感、社会服务的满意度、社会幸福感3个一级指标和12个二级指标的社会治理绩效评估主观指标体系[②]；徐汉明、张新平（2016）从法治建设的视角构建了由6个一级指标、28个二级指标、138个三级指标构成的社会治理法治建设指标体系[③]；田发、周琛影（2016）提出了由9个二级指标和21个三级指标构成的反映社会治理水平的指标体系[④]。借鉴学术界已有成果，结合西部地区面临的突出问题，我们从社会治理结构、民族事务治理法治化、维护公共安全能力等方面审视和评价西部地区地方政府的社会治理能力。

文化建设能力方面。近年来，学者们就如何评价地方政府文化建设能力进行了探索性研究，形成了一些研究成果。颜佳华、欧叶荣（2015）认为应将文化善治作为提升地方政府文化治理能力的根本价值目标，将民主治理、法治治理、科学治理、合作治理与文明治理作为提升地方政府文化治理能力的基本价值目标[⑤]。黄昌勇、解学芳（2017）在遵循文化生产、文化生活与文化生态之间内在逻辑的基础上，构建了包括文化生产、文化生活、文化生态3个一级指标，文化投入、文化产出、文化产品与服务、文化生活消费、文化参与、文化资源、文化环境、文化多样性8个二级指标及108个三级指标在内的中国城市文化指标体系[⑥]。王桃（2018）则基于因果分析法构建了包含经济、政治、人口、文化、资源和公共文化服务6个子系统和51个指标层的群众文

① “中国社会管理评价体系”课题组．中国社会治理评价指标体系［J］．中国治理评论，2012（2）：2-29.

② 张欢，胡静．社会治理绩效评估的公众主观指标体系探讨［J］．四川大学学报（哲学社会科学版），2014（2）：120-126.

③ 徐汉明，张新平．社会治理法治建设指标体系的设计、内容及其评估［J］．法学杂志，2016（6）：31-43.

④ 田发，周琛影．社会治理水平：指数测算、收敛性及影响因素［J］．财政研究，2016（8）：54-65.

⑤ 颜佳华，欧叶荣．提升地方政府文化治理能力的价值目标［J］．邵阳学院学报（社会科学版），2015（5）：63-68.

⑥ 黄昌勇，解学芳．中国城市文化指标体系的构建与实践［J］．学术月刊，2017（5）：102-115.

化可持续发展能力指标体系[①]。向勇等（2018）提出包括文化基因、文化活力、文化渗透、文化支撑、文化交流5个一级指标，12个二级指标，24个三级指标的城市文化力发展指数指标体系[②]。陆伟、王玉琦（2020）以波特的“钻石模型”作为基本理论框架，构建了包含市场需求、生产要素、政府行为、产业水平4个一级指标，12个二级指标，33个三级指标的文化产业发展指标体系[③]。郑伟、卢擎华（2020）提出了包括传统文化、文学艺术、体育健身、基础公共教育、风景旅游5个一级要素和19个二级要素的地方政府文化治理能力建设评估体系[④]。陈波、李晶晶（2021）设计了包含物理文化空间、精神文化空间、虚拟文化空间3个一级指标和7个二级指标的乡村公共文化空间指标体系[⑤]。借鉴学术界已有成果，我们从文化投入、文化产出、文化产品（服务）与资源供给、文化产业发展等方面评价和审视西部地区地方政府的文化建设能力。

生态环境保护能力方面。近年来，学者们不断探索地方政府环境保护能力评价指标，形成了一些研究成果。曹颖（2006）在P-S-R模型基础上提出了包含土地退化、生物多样性、森林资源、内陆水污染、废弃物管理、水资源、自然灾害7个一级指标和47个二级指标的环境绩效评估指标体系[⑥]。王婷、袁增伟（2017）依据“压力—状态—响应”模型和主题框架构建了包含环境效率、环境质量、环境治理3个二级指标，15个三级指标的环境绩效评估指标体系[⑦]。郝春旭等（2015）运用聚类分析法以2006—2011年6年的环境绩效指

---

① 王桃．基于因果分析法的我国群众文化事业可持续发展能力指标体系构建［A］// 增强活力 提升效能：2018年中国文化馆年会征文获奖作品集，2018：140-149.

② 向勇，白晓晴，李尽沙．中国城市文化力发展评价指标体系研究［J］．福建论坛（人文社会科学版），2018（4）：49-58.

③ 陆伟，王玉琦．西藏文化产业指标体系构建研究——基于层次分析法和熵权法的对比实证分析［J］．西藏民族大学学报（哲学社会科学版），2020（1）：81-86.

④ 郑伟，卢擎华．地方政府文化治理能力建设评估体系构建研究［J］．西部学刊，2020（11）：39-41.

⑤ 陈波，李晶晶．文化高质量发展视域下乡村公共文化空间指标体系研究［J］．湖北社会科学，2021（8）：34-40.

⑥ 曹颖．环境绩效评估指标体系研究——以云南省为例［J］．生态经济学，2006（1）：330-332.

⑦ 王婷，袁增伟．基于“压力—状态—响应”模型的江苏省环境绩效评估研究［J］．中国环境管理，2017（3）：59-65.

数作为变量，从环境健康、生态保护、资源可持续利用以及环境治理4个维度，对全国30个省份（除西藏外）的环境指数进行分析评估①。Cao等（2020）运用主成分分析法以13个生态环境相关指标数据为依据，对湖南省14个地级市的生态环境竞争力及其优劣势进行了分析评估②。李创等（2021）运用生态足迹理论，选取了6类生态生产性土地上的主要产品及产量数据，分析了我国30个省份2000—2015年的生态环境状况③。借鉴学术界已有研究成果，我们从生态环境保护的财政供给、环境污染治理状况方面来评价和审视西部地区地方政府的生态环境保护能力。

借鉴上述学术界已有研究成果，围绕铸牢中华民族共同体意识这一主线，依据有利于铸牢中华民族共同体意识、客观性、系统性、可行性、突出重点与全面系统相结合的原则，本书选取能够反映地方政府能力本质、特征的具体指标（见表4.1），对西部地区地方政府能力进行测度与评价。

表4.1　地方政府能力评价指标体系

维度	一级指标	二级指标
经济发展能力	资源汲取利用能力	财政汲取能力
		利用国内外资金能力
	市场创新发展能力	市场化程度
		技术进步和创新情况
	优化营商环境能力	营商环境
		政务环境
		法律政策环境

① 郝春旭，董战峰，葛察忠，等．基于聚类分析法的省级环境绩效动态评估与分析［J］．生态经济，2015（1）：154-157.

② Cao J，Liu W X，Yang W L，et al．Evaluation of ecological environment competitiveness of Hunan Province based on prefecture level cities［J］．Agricultural Science & Technology，2020（3）：45-52.

③ 李创，夏文静，王丽萍．中国省域生态环境风险评估与污染产业布局优化［J］．经济地理，2021（7）：183-192.

续表

维度	一级指标	二级指标
公共服务供给能力	公共服务财政供给	一般公共服务支出
		教育支出
		文化体育支出
		社会保障和就业支出
		卫生健康支出
		住房保障支出
		城乡社区服务支出
	基本公共服务均等化实现程度	基本公共教育
		基本劳动就业创业
		基本社会保险
		基本医疗卫生
		基本社会服务
		基本公共文化
社会治理能力	社会治理结构	—
	民族事务治理法治化	—
	维护公共安全能力	公共安全支出
		国防支出
		灾害防治与应急管理支出
		每十万人口交通事故死亡率
		每十万人口火灾发生率
文化建设能力	文化投入	文化事业费占财政支出比重
		文化领域固定资产投资同比增长情况
	文化产出	文化及相关产业增加值
		文化及相关产业增加值占地区生产总值比重
		文化及相关产业单位从业人员占总人口比重

续表

维度	一级指标	二级指标
文化建设能力	文化产品（服务）与资源供给	本地报纸种数
		出版图书种数
		少年儿童读物和课本出版种数
		人均拥有公共图书馆藏量
		艺术表演团体演出场次
		公共博物馆举办展览数
	文化产业发展	综合指数
		表征指数
		内涵指数
生态环境保护能力	生态环境保护的财政投入	节能环保支出
		工业污染治理完成投资
	环境污染治理状况	一般工业固体废物综合利用率
		城市生活垃圾无害化处理率
		农村无害化卫生厕所普及率
		建成区绿化覆盖率

需要特别说明的是，为了尽量客观、真实地反映西部地区地方政府的能力水平，本书测度和评价地方政府能力的数据均来源于我国正式出版的各类年鉴和报告。包括相关年份的《中国统计年鉴》《中国社会统计年鉴》《中国文化及相关产业统计年鉴》《中国教育统计年鉴》《中国民政统计年鉴》《中国民族统计年鉴》等，省（区、市）统计局、财政局出版的相关年份的地方统计年鉴、财政年鉴，省（区、市）经济与社会发展规划、产业政策，中国经济改革研究基金会国民经济研究所樊纲、王小鲁主编的相关年份的《中国市场化指数》，钟君等主编的《中国城市基本公共服务力评价》，张三保、张志学发布的《中国省份营商环境研究报告》，胡惠林、王婧主编的《中国文化产业

发展报告指数（CCIDI）》等，还包括实地调研和访谈中获取的资料。指标名称和原始值有些直接来自上述年鉴和报告，有些则是笔者对上述年鉴和报告相关指标值进行转换得出的，但绝大多数为硬指标。另外，所有指标都是以省（区、市）为单位进行计算的，基本能够反映我国省级地方政府能力的实际水平。

第二节　西部地区地方政府能力现状及其成效

西部地区地方政府能力现状及其成效主要表现为经济发展能力提升较快、公共服务供给能力得以强化、社会治理能力有所改善、文化建设能力不断增强、生态环境保护能力有效提升 5 个方面。

一、经济发展能力提升较快

经济发展能力体现着地方政府对所辖行政区域经济与社会发展及其现代化进行引导、推动、组织与协调的水平和程度。进入新时代，西部地区地方政府经济发展能力提升较快。

（一）资源汲取利用能力不断增强

资源汲取利用能力主要反映某一地区地方政府获取并利用可流动资源的程度，具体体现为某一地区地方政府对资金的吸纳能力及对可支配财政资金的运用能力，既能够反映出政府间竞争的状况，又能够反映出地方政府能力的强弱。本书用地方一般预算收入、全社会固定资产投资等指标来反映地方政府的资源汲取利用能力。

由表 4.2 可以看出，随着经济社会的发展，西部地区地方政府的一般公共预算收入、支出呈快速增长趋势。2019 年一般公共预算收入均值为 1277.26 亿元，是 2015 年（1112.47 亿元）的 1.15 倍、2012 年（814.62 亿元）的 1.57 倍；一般公共预算支出均值为 4309.49 亿元，是 2015 年（3101.35 亿元）的 1.39 倍、2012 年（2298.55 亿元）的 1.87 倍。

表 4.2　西部地区和东部地区地方政府一般公共预算收入、支出情况

单位：亿元

地区	一般公共预算收入			一般公共预算支出		
	2012 年	2015 年	2019 年	2012 年	2015 年	2019 年
内蒙古	1552.75	1964.48	2059.69	3425.99	4252.96	5100.91
宁夏	263.96	373.45	423.58	864.36	1138.49	1438.29
新疆	908.97	1330.85	1577.63	2720.07	3804.87	5315.49
西藏	86.58	137.13	221.99	905.34	1381.46	2187.75
青海	186.42	267.13	282.25	1159.05	1515.16	1863.67
云南	1338.15	1808.15	2073.56	3572.66	4712.83	6770.09
广西	1166.06	1515.16	1811.89	2985.23	4065.51	5850.96
贵州	1014.05	1503.38	1767.47	2755.68	3939.50	5948.74
西部地区平均值	814.62	1112.47	1277.26	2298.55	3101.35	4309.49
北京	3314.93	4723.86	5817.10	3685.31	5737.70	7408.19
天津	1760.02	2667.11	2410.41	2143.21	3232.35	3555.71
河北	2084.28	2649.18	3738.99	4079.44	5632.19	8309.04
上海	3743.71	5519.50	7165.10	4184.02	6191.56	8179.28
江苏	5860.69	8028.59	8802.36	7027.67	9687.58	12573.55
浙江	3441.23	4809.94	7048.58	4161.88	6645.98	10053.03
福建	1776.17	2544.24	3052.93	2607.50	4001.58	5077.93
山东	4059.43	5529.33	6526.71	5904.52	8250.01	10739.76
广东	6229.18	9366.78	12654.53	7387.86	8250.01	17297.85
海南	409.44	627.70	814.14	911.67	1239.43	1858.60
东部地区平均值	3811.68	4646.62	5803.09	4209.31	5886.84	8505.29

资料来源：依据《中国统计年鉴》(2013、2016、2020）相关统计数据计算而得。

随着国家区域协调发展、西部大开发、对口支援等战略的深入实施和推进，西部地区地方政府利用国内外资金的能力不断增强。固定资产投资增长速度相比固定资产实际到位资金数，能更好地反映地方经济结构和质量的变化、投资对优化供给结构的关键性作用以及固定资产投资形势和政策效应。

从2018—2020年全社会固定资产投资实际到位资金同比增长情况来看（见表4.3），西部地区年度实际到位资金增长率平均值：2018年为−2.20%，2019年为7.13%，2020年为5.80%，年平均增长率为3.58%，比东部地区这3年的年平均增长率（3.31%）高出0.27个百分点。国家预算资金增长率平均值：2018年为−15.93%，2019年为−5.78%，2020年为49.70%，年平均增长率为9.33%，增长较快。国内贷款增长率平均值：2018年为−7.97%，2019年为24.42%，2020年为−3.60%，总体呈增长趋势。利用外资增长率平均值：2018年为31.65%，2019年为97.66%，2020年受新冠肺炎疫情影响仅为8.40%，但总体也在不断增长，且年平均增长率为45.90%，比东部地区（13.40%）高出32.50个百分点。自筹资金增长率平均值：2018年为3.40%，2019年为5.25%，2020年为5.70%，呈增长态势，且年平均增长率为4.78%，比东部地区（4.16%）高出0.62个百分点。2018—2020年3年间其他资金平均增长率为15.12%，比东部地区（4.05%）高出11.07个百分点。外商投资增长率平均值：2018年为−2.76%，2019年为102.98%，2020年受新冠肺炎疫情影响下降为76.90%，年平均增长率为59.04%，比东部地区（4.48%）高出54.56个百分点。

表4.3　西部地区和东部地区全社会固定资产投资实际到位资金同比增长率

（%）

地区	年份	本年实际到位资金	国家预算资金	国内贷款	利用外资	自筹资金	其他资金	外商投资
西部地区平均值	2018	−2.20	−15.93	−7.97	31.65	3.40	20.25	−2.76
	2019	7.13	−5.78	24.42	97.66	5.25	14.2	102.98
	2020	5.80	49.70	−3.60	8.40	5.70	10.90	76.90
东部地区平均值	2018	−1.63	5.94	−7.23	−2.5	3.18	−4.27	−6.57
	2019	2.75	6.74	−0.29	43.51	0.59	9.11	2.72
	2020	8.80	56.90	2.40	−0.80	8.70	7.30	17.30

资料来源：依据《中国统计年鉴》（2019、2020、2021）相关统计数据计算而得。

（二）市场创新发展能力有所提升

市场是资源配置的有效手段，也是激发创新的动力，而经济的稳定增长和高质量发展离不开科技创新的强力支持[①]。技术创新和进步不仅能够直接提高企业生产率，还能够持续推动经济增长[②]。地方政府在所辖行政区域内能否有效改革不合理的制度、推进市场化进程、鼓励科技创新从而推动地区经济发展是衡量其经济发展能力的重要标准。我们从市场化程度、技术市场交易额、R&D 经费、三种专利授权数等方面来考察西部地区地方政府的市场创新发展能力。

首先，西部地区市场化改革成效明显。樊纲等（2011）指出，市场化改革进程的推进改善了资源配置效率和微观经济效率，市场化在促进经济快速增长、提高全要素生产率的贡献因素中位居第一[③]；对于我国而言，市场化改革是在政府主导下进行的，因此，市场化程度在某种程度上能够反映出某一区域地方政府促进经济发展的能力。进入新时代，党和国家非常重视市场经济体制改革，党的十八届三中全会决定和十九大报告中均指出，要全面深化改革，使市场在资源配置中起决定性作用。在此背景下，西部地区的市场化改革取得了巨大的成就。从表 4.4 中可以看出，2012 年，西部地区市场化指数均值为 3.73，2014 年为 4.11，2016 年为 4.28，总体呈上升趋势，表明西部地区市场化改革的进程不断加快，经济发展中的非市场化因素逐渐减少，市场化因素逐渐增多。其中，广西壮族自治区是民族八省区中市场化指数得分最高的，其市场化排名也较靠前。从广西的市场化各方面指数来看，2016 年，政府与市场关系指数得分为 6.34，排全国第 12 名；非国有经济发展指数得分为 8.16，排全国第 16 名；产品市场的发育程度指数得分为 9.13，排全国第 4 名[④]。

---

① 张云云，张新华，李雪辉．经济发展质量指标体系构建和综合评价［J］．调研世界，2019（4）：11-18.

② 樊纲，王小鲁，马光荣．中国市场化进程对经济增长的贡献［J］．经济研究，2011（9）：4-16.

③ 樊纲，王小鲁，马光荣．中国市场化进程对经济增长的贡献［J］．经济研究，2011（9）：4-16.

④ 王小鲁，樊纲，胡李鹏．中国分省份市场化指数报告（2018）［M］．北京：社会科学文献出版社，2019：156.

表 4.4　西部地区和东部地区市场化指数和排名

地区	2012 年		2014 年		2016 年	
	总指数	排名	总指数	排名	总指数	排名
内蒙古	5.19	22	4.96	25	4.80	26
宁夏	4.28	27	5.15	24	5.14	24
新疆	2.87	29	3.45	29	4.10	29
西藏	0.02	31	0.71	31	1.02	31
青海	2.55	30	2.53	30	3.37	30
云南	4.39	25	4.81	26	4.55	27
广西	6.19	14	6.48	17	6.43	19
贵州	4.33	26	4.81	27	4.85	25
西部地区平均值	3.73	—	4.11	—	4.28	—
北京	8.75	4	9.37	4	9.14	7
天津	9.02	3	9.29	6	9.78	4
河北	5.44	21	6.03	21	6.42	20
上海	8.70	5	9.77	1	9.93	2
江苏	9.94	1	9.64	3	9.26	5
浙江	9.28	2	9.73	2	9.97	1
福建	7.33	7	8.09	7	9.15	6
山东	7.24	8	7.76	9	7.94	9
广东	8.33	6	9.30	5	9.86	3
海南	5.46	20	5.87	22	5.28	23
东部地区平均值	7.95	—	8.49	—	8.68	—

资料来源：依据王小鲁等（2019：5）相关数据计算而得。

其次，西部地区地方政府推动技术创新和进步的能力不断增强。技术市场交易额、R&D 经费支出占地区生产总值比重和三种专利授权数均呈现上升趋势。从表 4.5 中可以看出，2019 年，西部地区技术市场交易额、R&D 经费和三种专利授权数平均值分别为 553369.5 万元、675335.0 万元和 12384.0 件，分别是 2015 年（192420.9 万元、458349.5 万元、7113.6 件）的 2.88 倍、1.47 倍、1.74 倍，2012 年（239212.4 万元、345855.1 万元、3229.9 件）的 2.31 倍、1.95 倍、3.83 倍。

表 4.5　西部地区和东部地区技术进步和创新情况

地区	技术市场交易额 / 万元			R&D 经费 / 万元			三种专利授权数 / 件		
	2012 年	2015 年	2019 年	2012 年	2015 年	2019 年	2012 年	2015 年	2019 年
内蒙古	1060962	153872	224793	858477	1186261	1183625	3084	5522	11059
宁夏	29135	35202	149033	143696	200453	425733	844	1865	5555
新疆	53853	30322	78214	273425	366180	441347	3439	8761	8652
西藏	0	0	9577	5312	2602	5574	133	198	1020
青海	192989	468849	90969	84197	65019	93712	527	1217	3046
云南	454779	518364	827040	384430	619588	1297741	5853	11658	22324
广西	25238	73132	775572	702225	769190	1044742	5900	13573	22687
贵州	96743	259626	2271758	315079	457503	910206	6059	14115	24729
西部地区平均值	239212.4	192420.9	553369.5	345855.1	458349.5	675335.0	3229.9	7113.6	12384.0
北京	24585034	34538855	56952843	1973442	2440875	2851859	50511	94031	131716
天津	2323275	5034369	9092549	2558685	3526665	2134320	19782	37342	57799
河北	378178	395438	3811904	1980850	2858051	4385826	15315	30130	57809
上海	5187473	6637838	14223539	3715075	4742443	5906504	51508	60623	100587
江苏	4009141	5729178	14715193	10803107	15065065	22061581	269944	250290	314395
浙江	813079	980966	8880078	5886071	8535689	12742260	188463	234983	285432
福建	500920	521448	1395883	2381656	3469810	5985139	30497	61621	98955
山东	1400153	3075545	11100178	9056007	12917718	12109485	75496	98101	146481
广东	3649384	6625775	22230844	10778634	15205497	23148566	153598	241176	527390
海南	5666	21861	91077	78093	111841	108154	1093	2061	4423
东部地区平均值	4285230.3	6356127.3	14249408.8	4921162.0	6887365.4	9143369.4	85620.7	111035.8	172498.7

资料来源：依据《中国统计年鉴》(2013、2016、2020) 相关数据计算而得。

二、公共服务供给能力得以强化

地方政府能否运用公共权力和公共资源有效推进所管辖区域内基本公共服务均等化是衡量地方政府公共服务能力的重要指标。“十三五”期间，随着国家顺利完成脱贫攻坚、全面建成小康社会等重大任务，西部地区地方政府公共服务供给能力得以强化，公共服务供给水平、社会成员受益程度等均取得了明显成效，不仅为社会公平正义、人民群众获得感及民族团结进步奠定了基础，还为铸牢中华民族共同体意识提供了民生保障和认同基础[①]。

第一，随着地方政府财政汲取能力不断提升，西部各省（区）用于基本公共服务领域的财政支出不断增长。公共服务是政府的职责所在和内在属性，推进基本公共服务均等化是各级地方政府义不容辞的责任，而政府的公共服务职责主要是通过财政支出来实现的。经验表明，实现基本公共服务均等化的基础和政策工具是财政能力均等化[②]，这就涉及地方政府公共服务供给的财政支付能力。公共服务供给能力的核心就是推进基本公共服务均等化，我国要想真正实现基本公共服务均等化，必须满足的第一个条件就是保障每一个公民都能享受法定基本公共服务的财政支出能力，而这种财政支出能力需要各级政府予以保障[③]。因此，各级地方政府应积极统筹运用各领域各层级公共财政资源，加大对公共服务领域的财政投入力度，推动基本公共服务均等化水平不断提升。公共服务供给水平是公共政策系统产出的主要内容，反映了地方政府在公共服务领域的治理效能和治理能力。

财政汲取能力是地方政府经济发展能力的重要组成部分，而公共服务领域的财政支出情况则能够反映地方政府将汲取的财政资金投入公共服务领域进而推进基本公共服务均等化的状况。如表 4.6 所示，从一般公共服务支出来看，西部地区平均值：2012 年为 291.65 亿元，2015 年为 321.22 亿元，2019 年为 457.46 亿元，2019 年分别是 2015 年的 1.42 倍、2012 年的 1.59 倍，呈逐年增长态势。从教育支出来看，西部地区平均值：2012 年为 440.05 亿元，

---

① 郝时远．进一步增强中华民族凝聚力的新发展阶段［J］．民族研究，2020（6）：1-5.
② 丁元竹．准确理解和把握基本公共服务均等化［J］．行政管理改革，2009（3）：39-43.
③ 丁元竹．准确理解和把握基本公共服务均等化［J］．行政管理改革，2009（3）：39-43.

2015 年为 567.89 亿元，2019 年为 742.79 亿元，2019 年分别是 2015 年、2012 年的 1.31 倍、1.69 倍。从文化体育支出来看，西部地区平均值：2012 年为 56.18 亿元，2015 年为 68.82 元，2015 年是 2012 年的 1.22 倍。从社会保障和就业支出来看，西部地区平均值：2012 年为 290.80 亿元，2015 年为 435.12 亿元，2015 年是 2012 年的 1.5 倍。需要说明的是，2015 年之后社会保障和就业支出减少是由于我国社会保障制度改革的深入推进，尤其是 2015 年国务院印发的《关于机关事业单位工作人员养老保险制度改革的决定》将机关事业单位职工纳入基本养老保险制度体系，按照“社会统筹与个人账户相结合”的方式进行统筹。从卫生健康支出来看，西部地区平均值：2012 年为 171.37 元，2015 年为 275.10 亿元，2019 年为 624.99 亿元，2019 年分别是 2015 年、2012 年的 2.27 倍、3.65 倍。从住房保障支出来看，西部地区平均值：2012 年为 145.57 亿元，2015 年为 161.14 亿元，2019 年为 374.63 亿元，2019 年分别是 2015 年、2012 年的 2.32 倍、2.57 倍。从城乡社区服务支出来看，西部地区平均值：2012 年为 161.62 亿元，2015 年为 266.56 亿元，2019 年为 429.67 亿元，2019 年分别是 2015 年、2012 年的 1.61 倍、2.74 倍。

表 4.6　西部地区和东部地区公共服务财政支出情况

单位：亿元

地区	年份	一般公共服务支出	教育支出	文化体育支出	社会保障和就业支出	卫生健康支出	住房保障支出	城乡社区服务支出
西部地区平均值	2012	291.65	440.05	56.18	290.80	171.37	145.57	161.62
	2015	321.22	567.89	68.82	435.12	275.10	161.14	266.56
	2019	457.46	742.79	39.55	84.69	624.99	374.63	429.67
东部地区平均值	2012	447.04	828.45	87.19	396.09	278.04	90.36	442.04
	2015	385.01	1087.84	124.04	618.80	461.04	151.53	820.13
	2019	762.87	1472.48	374.97	183.16	1011.95	669.16	1173.61

资料来源：依据《中国统计年鉴》（2013、2016、2020）相关数据计算而得。

在调研和访谈中，我们也确实感受到了地方政府积极运用财政手段，着力提高民生保障精准化程度和基本公共服务均等化水平。正如访谈对象 I 所言：

“财政政策的着力点就是全力做好普惠性、基础性、兜底性民生保障，让人民群众有更多的获得感、幸福感和安全感。这几年我区在社会保障和就业、医疗健康、教育事业、基本住房保障等民生领域加大了财政投入。例如，2021 年，就业方面落实中央财政就业补助资金和本级就业补助资金共计 19.65 亿元；城乡居民基本养老保险补助标准由每人每月 133 元提高至每人每月 140 元；城市低保保障标准提高至月人均 772 元，比上年提高 40 元，增幅为 5.4%；农村牧区低保保障标准提高至年人均 6731 元，比上年提高 424 元，增幅为 6.7%；城市特困人员基本生活供养标准提高至月人均 1308 元，比上年提高 62 元，增幅为 5%；农村牧区特困人员基本生活供养标准提高至年人均 10533 元，比上年提高 490 元，增幅为 4.9%；城乡居民医疗保险财政补助标准由每人每年 550 元提高至每人每年 580 元；基本公共卫生服务人均经费标准由每人每年 79 元提高至每人每年 84 元；2021 年下达自治区本级预算资金 95.8 亿元，持续保持教育投入稳定增长，自治区直属高校在职人员经费生均拨款标准达到 15662 元，比 2020 年生均标准增加 617 元，当量学生生均定额标准 11300 元，比 2020 年增加 200 元；自治区本级财政下达专项资金共 8.7 亿元用于支持城镇老旧小区改造和棚户区改造。”①

第二，基本公共服务均等化实现程度不断提高。基本公共服务均等化作为党和国家在民生领域和共享发展中的关键举措和重要战略，核心理念是保证社会的公平正义和社会成员的基本权利，政策目标是使各民族社会成员获得大致相等的公共服务。因此，基本公共服务均等化中的“均等化”不仅包含居民享受公共服务的机会均等的含义，还包括居民享受公共服务的结果均等的含义，且相比之下结果均等更重要②。这里讲的“结果均等”实质上就是指社会成员实际享受到大致均等的基本公共服务，也体现了基本公共服务均等化的目标达成度。由此可见，不能仅从供给状况评价和审视公共服务供给能力、水平，还应从基本公共服务均等化实现程度即基本公共服务社会成员受益程度来

① 访谈地点：N 自治区财政厅。访谈时间：2021 年 12 月。

② 安体富，任强. 公共服务均等化：理论、问题与对策［J］. 第一资源，2009（2）：28-41.

评价和审视。基本公共服务均等化实现程度评价不仅是贯彻落实“以人民为中心”发展理念的重要举措，还回应了坚持和完善我国民生保障制度的国家政策需要，也兼顾了结果导向和过程控制的双重特性①。

本书根据《“十三五”推进基本公共服务均等化规划》对基本公共服务领域的划分，借鉴姜晓萍、康健（2020）构建的基本公共服务均等化实现程度评价指标体系和任维德等（2005、2016、2020）运用的评价指标，遵循绩效管理中的SMART原则［即绩效评估指标是具体明确的（specific）、可衡量的（measurable）、有行为导向的（action-oriented）、切实可行的（realistic）、受时间和资源限制的（time and resource constrained）］，从教育、就业创业、社会保险、医疗卫生、社会服务、公共文化6个方面12个指标来审视和评价西部地区基本公共服务均等化实现程度。从纵向发展来看，西部地区基本公共服务均等化实现程度不断提高。自2013年党和国家第一次将“公共服务”界定为地方政府的首要职能，在中央和东部地区的支持下，西部各省（区）加快政府职能转变、强化公共服务责任、加大财政投入、合理划分政府财政事权和支出责任、创新供给方式、消除体制机制障碍，基本公共服务社会成员受益程度逐步提高，如表4.7所示。

从基本公共教育来看，一是西部各省（区）生师比逐年降低。生师比是衡量办学质量的重要指标，合理的生师比是确保人才培养质量和效果的前提和基础，生师比过高则难以有效保障教学质量和效果。西部地区初中学校生师比平均值：2012年为14.07，2015年为12.69，2019年为12.33，2019年分别比2015年、2012年降低了0.36、1.74，呈现逐年降低的趋势，为提升教学效果、保证人才培养质量提供了一定的基础。二是西部各省（区）用于改善小学办学条件的生均经费不断增加。生均经费能够直接体现基本公共服务社会成员受益程度，生均经费越高则受益程度越高。以小学在校生生均教学仪器设备资产值为例，西部地区平均值：2013年为0.06万元，2015年为0.11万元，2019年为0.19万元，2019年分别是2015年、2013年的1.73倍、3.17倍。

① 姜晓萍，康健．实现程度：基本公共服务均等化评价的新视角与指标构建［J］．中国行政管理，2020（10）：73-79.

表 4.7 西部地区和东部地区基本公共服务均等化实现程度

地区	年份	基本公共教育		基本劳动就业创业		基本社会保险			基本医疗卫生		基本社会服务		基本公共文化	
		初中学校生师比	小学在校生生均教学仪器设备资产值/万元	城镇失业率/%	个体和私营企业就业人数占总人口数的比重/%	基本养老保险覆盖率/%	失业保险覆盖率/%	生育保险覆盖率/%	每千人卫生技术人员数/人	基层医疗卫生机构床位数/万张	每千老年人口养老床位数/张	农村特困人员集中供养人数/万人	公共图书馆年流通人次/万人次	有线广播电视实际用户数占家庭总户数的比重/%
西部地区平均值	2012	14.07	0.06*	3.3	11.95	37.09	6.90	10.25	4.57	2.10	13.27	1.0	677	31.18
	2015	12.69	0.11	3.0	16.16	38.74	7.12	8.08	5.55	2.09	37.14	1.9	851	34.96
	2019	12.33	0.19	2.9	14.36	41.37	8.22	8.22	6.95	3.91	28.10	1.9	1117	35.94
东部地区平均值	2012	12.31	0.17	2.9	19.09	25.37	19.41	25.55	5.66	2.95	24.14	4.8	2393	75.18
	2015	11.52	0.21	3.0	28.18	25.71	21.54	21.18	6.52	3.00	31.31	3.5	3478	83.47
	2019	12.06	0.31	2.8	24.89	25.87	22.49	23.07	7.97	4.75	30.70	1.8	5303	68.89

资料来源：依据《中国统计年鉴》(2013、2016、2020)、《中国教育统计年鉴》(2013、2015、2019)相关数据计算而得。

注：* 由于《中国教育统计年鉴》从 2013 年开始统计小学教学仪器设备资产值，因此此处该指标采用 2013 年的数据。

从基本劳动就业创业来看，西部各省（区）失业率逐年降低，就业率逐年升高。保证充分就业是政府的职责和基本目标，就业率、失业率则是衡量地方政府能力的重要指标。从表 4.7 中可以看出，西部地区城镇失业率：2012 年为 3.3%，2015 年为 3.0%，2019 年为 2.9%，呈现逐年降低的趋势。个体和私营企业就业人数占总人口数的比重：2012 年为 11.95%，2015 年为 16.16%，2019 年为 14.36%，总体呈增长趋势。

从基本社会保险来看，覆盖率均呈现出逐年上升的趋势。基本社会保险公共服务具有兜底的功能和作用，其目的是确保处于年老、疾病、工伤、失业、生育等情况下的公民得到保障。以基本养老保险和失业保险为例，从表 4.7 中可以看出，西部地区基本养老保险覆盖率：2012 年为 37.09%，2015 年为 38.74%，2019 年为 41.37%，2019 年分别比 2015 年、2012 年增加了 2.63 个百分点和 4.28 个百分点。失业保险覆盖率：2012 年为 6.90%，2015 年为 7.12%，2019 年为 8.22%，2019 年分别比 2015 年、2012 年增加了 1.10 个百分点和 1.32 个百分点。

从基本医疗卫生来看，西部各省（区）医疗卫生资源配置日趋合理，基层医疗卫生服务能力不断提高。属于公共物品范畴的公共卫生，具有正外部性、供给中的信息不对称、受益的公平性等特征，决定了只能由政府直接干预或供给[①]。《"十三五" 推进基本公共服务均等化规划》指出，基层医疗卫生服务以基层为重点，着力健全覆盖城乡居民的基本医疗卫生制度，不断提升人民健康水平。从表 4.7 中可以看出，西部地区每千人卫生技术人员数平均值：2012 年为 4.57 人，2015 年为 5.55 人，2019 年为 6.95 人，2019 年分别是 2015 年的 1.25 倍、2012 年的 1.52 倍。基层医疗卫生机构床位数平均值：2012 年为 2.10 万张，2015 年为 2.09 万张，2019 年为 3.91 万张，2019 年分别是 2015 年的 1.87 倍、2012 年的 1.86 倍。

从基本社会服务来看，西部地区不断加强基本社会服务建设。以每千老年人口养老床位数和农村特困人员集中供养人数为例，从表 4.7 中可以看出，

---

① 陈昌盛，蔡跃洲．中国政府公共服务：体制变迁与地区综合评估［M］．北京：中国社会科学出版社，2007：108．

西部地区每千老年人口养老床位数平均值：2012年为13.27张，2015年为37.14张，2019年为28.10张。农村特困人员集中供养人数：2012年为1.0万人，2015年和2019年均为1.9万人，在一定程度上反映了西部地区地方政府对特困人员的救助供养投入不断加大。

此外，西部地区地方政府大力推动养老服务体系建设，着力于养老服务战略规划、体制机制、政策工具、供给方式等方面的改革和创新，以提升老年群体获得感、幸福感、安全感为落脚点，以满足老年群体多元化、差异性养老服务需求为目标，加快构建与居家社区机构相协调，医养、康养相结合的养老服务体系，并取得了较为显著的成效。笔者在N自治区民政厅养老服务处访谈时，访谈对象Ⅱ对养老服务取得的成绩如数家珍：

“这几年养老服务取得的成效非常明显：一是居家社区养老服务设施建设。目前全区已建成街道级综合养老服务中心151个、社区养老服务站315个、社区老年人日间照料中心855个，实施困难老年人居家适老化改造5000余户。二是持续推进养老机构提质增效。目前全区共有各类养老机构726所，总床位数为8.68万张，连续4年开展养老院服务质量提升行动，实施敬老院旱厕、火炉取暖‘清零行动’，加强养老机构消防设施改造，积极鼓励养老机构通过内设医疗机构、增加护理型床位、建立绿色通道、与医疗机构合作等方式推进医养结合，全区医养结合型养老机构数量达到127个，公办养老机构护理型床位有1.6万张，占比为50%。三是大力发展农村牧区养老服务。共建成农村互助养老幸福院1609所，入住老年人12万余人。四是持续推进基本养老服务。实现高龄津贴和老年人意外伤害保险全覆盖，为53.7万80岁以上高龄老年人每年发放高龄津贴6.48亿元，为475万老年人提供意外伤害保险保障；为7.1万城乡特困老年人提供生活保障和护理保障，并将符合条件的老年人全部纳入城乡低保、临时救助、医疗救助和残疾人两项补贴范围。”①

从公共文化服务来看，西部各省（区）公共文化服务的受益面不断扩大。公共文化服务是维护人民群众基本文化权益的主要途径。党和国家十分重视有

① 访谈地点：N自治区民政厅养老服务处。访谈时间：2021年11月。

关公共文化服务的制度规范及体系的建设，先后颁布了《关于加快构建现代公共文化服务体系的意见》《关于做好政府向社会力量购买公共文化服务工作的意见》《公共文化服务法》等政策文件和法律法规，公共文化服务体系的制度框架初步形成。依据上述文件和法规，西部地区地方政府不断推进公共文化服务均等化，公共文化服务的覆盖面不断拓宽。从表 4.7 中可以看出，西部地区公共图书馆年流通人次平均值：2012 年为 677 万人次，2015 年为 851 万人次，2019 年为 1117 万人次，2019 年分别是 2015 年、2012 年的 1.31 倍、1.65 倍。有线广播电视实际用户数占家庭总户数的比重平均值：2012 年为 31.18%，2015 年为 34.96%，2019 年为 35.94%，2019 年分别比 2015 年、2012 年增长了 0.98 个百分点和 4.76 个百分点。可见，基本公共文化服务社会成员受益程度越来越高。

我们通过问卷的方式对基本公共服务均等化主观满意度进行了调查。从社会成员主观满意度来看，在 399 名被调查对象中，对总体公共服务持比较满意以上态度的占 54%，其中，对公共教育服务持基本满意以上态度的占 64%，对劳动就业创业服务持基本满意以上态度的占 52%，对医疗卫生服务持比较满意以上态度的占 58%，对基本社会服务持基本满意以上态度的占 63%。此外，对当前基本公共服务全国均等化持非常认可态度的占 38.58%，持比较认可态度的占 53.38%；对政府服务持较好以上态度的占 61.15%。基本公共服务主观满意度整体较好，说明基本公共服务均等化社会成员受益程度不断提升。

三、社会治理能力有所改善

社会治理是我国“五位一体”总体布局中社会建设的重要方面。自 2003 年党的十六届三中全会将“社会建设和管理”列入“五个统筹”、2013 年党的十八届三中全会提出“创新社会治理体制”并将“社会管理”上升为“社会治理”以来，我国发展环境面临深刻复杂变化、社会主要矛盾发生变化，工业化和城市化进程加快，新的社会问题大量出现，社会领域治理危机凸显，加强和创新社会治理、提升社会治理能力已成为各级地方政府的必然选择。

一是社会治理结构中市场组织和社会力量逐渐发展壮大。一方面，市场力量作用明显提升。随着经济的发展，西部地区市场力量在社会治理中的作用越来越明显。从企业单位数来看，西部地区企业法人数总值：2012 年为 626269 个，2015 年为 1148896 个，2020 年为 2397525 个，2020 年分别是 2015 年的 2.09 倍、2012 年的 3.83 倍，增长速度较快。从吸纳就业来看，随着企业法人数量逐年增加，市场组织吸纳的就业人数越来越多。以私营企业和个体就业人数为例，2019 年西部地区私营企业和个体就业人数为 4237.7 万人，是 2012 年（1437.8 万人）的 2.95 倍。此外，在市场组织中就业人员的平均工资也在不断增长，2020 年西部地区有限责任公司和股份有限公司就业人员年平均工资为 92793.3 元，是 2012 年（43445.2 元）的 2.14 倍。从市场化进程来看，随着市场经济的不断完善和政府体制改革的不断推进，西部各省（区）的市场化均取得了一定程度的进展。2016—2019 年，西部地区市场化指数分别为 4.24、4.39、4.38、4.41①，虽增幅不大，但总体呈上升趋势，也从一个侧面说明市场力量的作用在不断增强。另一方面，社会组织不断发展壮大。从表 4.8 中可以看出，西部地区社会组织的数量逐年增加，2019 年每万人社会组织数平均值为 6.00 个，分别是 2018 年（5.41 个）的 1.11 倍、2017 年（5.33 个）的 1.13 倍。西部地区社会组织在社会治理中发挥的作用越来越明显，以其吸纳的就业人数来看，2017—2019 年，西部地区社会组织就业人数平均值分别为 15529.17 人、210506.17 人、208167.00 人，总体就业人数呈逐年增加趋势。此外，社会组织在教育、生态环保、扶贫、妇女儿童、医疗卫生等领域积极开展活动，在西部地区社会治理中发挥着越来越重要的作用。

表 4.8　西部地区和东部地区社会组织及吸纳就业情况

地区	每万人社会组织数 / 个			社会组织就业人数 / 人		
	2017 年	2018 年	2019 年	2017 年	2018 年	2019 年
西部地区平均值	5.33	5.41	6.00	15529.17	210506.17	208167.00
东部地区平均值	6.3	6.69	7.24	32040.80	379904.10	440080.90

资料来源：依据《中国民政统计年鉴》（2017、2018、2019）、《中国统计年鉴》（2018、2019、2020）相关数据计算而得。

① 依据王小鲁、胡李鹏、樊纲（2021：15-20）相关数据计算而得。

二是民族事务法治体系基本形成。依法治理公共事务是当今世界各国普遍采用的模式，且依法处理多民族国家框架内各类民族事务和解决民族问题已被实践证明是基本趋势和可取之道。对于我国这样幅员辽阔、人口众多的统一多民族国家，经过不断的法治实践和探索，有关民族工作及民族事务治理的法律法规基本成形，包括宪法、民族区域自治法及相关法律法规在内的符合中国国情、具有中国特色的民族事务法制体系业已形成；建立了党委领导下的民族事务治理组织体系、政策执行机制、民族事务协调机制。此外，西部地区各级干部法治意识不断增强，在处理涉民族、宗教事务时能够有效运用法律武器①。

三是西部地区地方政府维护公共安全能力不断提升。维护区域公共安全是地方政府的一项重要职责。党的十九届五中全会通过的《中共中央关于制定国民经济和社会发展第十四个五年规划和二〇三五年远景目标的建议》多次提到公共安全问题，"安全""灾害""风险""应急"等有关公共安全的词汇在建议中出现 95 次之多，明确提出建设更高水平的平安中国，将维护公共安全确立为未来一段时间的重要工作和任务。因此，能否有效化解各种社会矛盾和问题、维护公共安全是衡量地方政府社会治理能力的重要方面。我们从公共安全支出、国防支出、灾害防治与应急管理支出、交通事故、火灾等维度审视和评价西部地区地方政府的公共安全能力。

从公共安全支出来看，随着我国公共安全领域的风险和挑战越来越严峻复杂，呈现出传统安全和非传统安全风险高度聚集、相互交织的态势，西部各省（区）不断加大公共安全财政投入（见表 4.9），以提升其维护公共安全能力。西部地区公共安全支出平均值：2012 年为 122.28 亿元，2015 年为 166.61 亿元，2019 年为 260.14 亿元，2019 年分别是 2012 年、2015 年的 2.13 倍、1.56 倍，总体呈增长趋势。从国防支出来看，西部地区平均值：2012 年为 4.62 亿元，2015 年为 4.61 亿元，2019 年为 3.68 亿元，2020 年为 4.66 亿元，各省（区）对国防的投入越来越多。从灾害防治与应急管理支出来看，西部地区平均值：2019 年为 22.13 亿元，2020 年为 31.17 亿元，地方政府用于灾害与应急管理的财政支出同样呈增长趋势。

---

① 刘振宇．中国民族事务管理法治化的历程、依据和创新［J］．满族研究，2012（2）：9-14.

表 4.9 西部地区和东部地区公共安全相关财政支出情况

单位：亿元

地区	公共安全支出				国防支出				灾害防治与应急管理支出	
	2012 年	2015 年	2019 年	2020 年	2012 年	2015 年	2019 年	2020 年	2019 年	2020 年
内蒙古	173.36	188.37	249.06	254.13	6.19	5.40	3.95	4.13	22.76	30.15
宁夏	40.97	51.23	66.74	68.19	1.41	1.25	0.74	0.68	7.03	9.36
新疆	177.37	251.95	567.23	474.39	5.53	4.98	4.20	7.51	18.66	21.47
西藏	61.77	103.23	133.43	132.07	3.43	2.26	1.93	2.11	9.17	21.58
青海	40.31	59.02	89.57	85.28	0.99	1.00	1.07	0.92	10.45	14.82
云南	185.88	242.54	382.83	388.91	7.17	7.06	5.23	7.59	43.52	54.06
广西	152.39	220.55	312.18	314.87	7.66	9.87	9.08	10.41	26.17	41.69
贵州	146.21	215.95	280.06	273.71	4.58	5.09	3.25	3.89	39.24	56.22
西部地区平均值	122.28	166.61	260.14	248.94	4.62	4.61	3.68	4.66	22.13	31.17
北京	236.87	319.75	540.62	505.98	7.87	7.81	9.74	8.87	40.47	48.04
天津	111.92	157.87	213.26	206.27	1.60	1.02	1.95	1.30	20.69	16.58
河北	227.17	287.08	432.48	428.51	10.48	10.31	12.63	14.25	46.89	52.93
上海	221.08	269.20	413.34	440.82	6.88	6.73	11.27	8.36	26.77	27.94
江苏	407.78	519.92	853.13	884.45	17.58	18.10	18.62	21.23	43.71	64.68
浙江	319.03	423.55	662.70	691.96	7.67	9.20	9.37	9.32	54.04	65.06
福建	162.39	225.24	332.86	343.55	5.51	6.85	6.09	5.62	30.97	36.15
山东	317.38	425.75	633.21	631.66	12.68	14.96	19.42	15.67	63.46	74.49
广东	621.39	834.54	1426.89	1428.11	14.70	16.48	11.22	16.81	105.73	123.92
海南	57.11	77.14	105.32	105.21	3.89	6.59	8.61	12.97	7.21	10.43
东部地区平均值	268.21	354.00	561.38	566.65	8.89	9.81	10.89	11.44	43.99	52.02

资料来源：依据《中国统计年鉴》（2013、2016、2020、2021）相关数据计算而得。

注：灾害防治与应急管理支出数据从 2019 年开始统计。

从主要城市公共安全的公众满意度来看，钟君等（2018）采用网络大数据分析方法，通过879.3万条有效评论样本对全国38个城市公共安全的公众满意度进行了大数据评价[①]，结果如表4.10所示。2012年，西部地区主要城市公共安全公众满意得分平均值为53.50分，比东部地区（56.87分）低3.37分。但随着社会治理的深入推进，西部地区主要城市公共安全公众满意度逐渐提升，2018年的平均值为66.37分，比2012年高出12.87分，比东部地区（62.89分）高3.48分；其中，新疆维吾尔自治区首府乌鲁木齐的公共安全公众满意度2012年在全国38个被调查城市中排第37名，到了2018年，跃升为第2名。

表4.10　西部地区主要城市公共安全公众满意度

主要城市	2012年		2018年	
	得分	排名	得分	排名
呼和浩特	52.01	31	58.69	37
银川	52.72	27	67.75	10
乌鲁木齐	50.55	37	73.78	2
拉萨	66.81	1	77.38	1
西宁	50.65	36	65.69	12
昆明	52.60	29	60.81	32
南宁	51.99	32	63.47	21
贵阳	50.70	35	63.38	23
西部地区平均值	53.50	—	66.37	—
东部地区平均值	56.87	—	62.89	—

资料来源：钟君、刘志昌、陈勇等（2018）。

从交通事故死亡率来看，西部地区每十万人口交通事故死亡率总体呈下降趋势，2017年平均值为7.96%，2018年为6.13%，2019年为6.38%。从火

① 钟君，刘志昌，陈勇，等．中国城市基本公共服务力评价（2018）［M］．北京：社会科学文献出版社，2018：3.

灾情况来看，西部地区火灾发生率也在逐年下降，2017 年每十万人口火灾发生率为 25.15%，2018 年为 22.98%，2019 年为 22.23%。这也从一个侧面表明地方政府维护公共安全能力不断提升（见表 4.11）。

表 4.11　西部地区和东部地区交通事故和火灾情况　　（%）

地区	每十万人口交通事故死亡率			每十万人口火灾发生率		
	2017 年	2018 年	2019 年	2017 年	2018 年	2019 年
内蒙古	4.01	3.96	3.86	31.80	28.10	21.30
宁夏	5.51	5.93	5.86	48.30	42.30	50.90
新疆	6.79	5.89	6.20	52.10	34.10	34.30
西藏	4.90	3.60	3.90	3.40	13.90	4.20
青海	22.07	8.42	8.72	28.20	27.00	25.60
云南	6.08	5.70	5.59	14.70	12.90	15.40
广西	4.66	9.05	8.83	11.50	12.60	10.70
贵州	9.69	6.46	8.06	11.20	12.90	15.40
西部地区平均值	7.96	6.13	6.38	25.15	22.98	22.23
北京	6.35	5.98	5.84	18.10	15.30	14.10
天津	5.22	4.81	4.71	10.80	11.90	10.10
河北	3.32	3.30	3.29	7.20	5.30	5.30
上海	2.80	2.67	4.65	17.40	15.90	16.40
江苏	5.69	5.58	5.29	23.20	18.20	15.90
浙江	6.78	6.21	5.53	36.70	24.50	18.00
福建	4.80	4.59	4.58	21.00	19.10	17.90
山东	3.66	3.58	3.53	21.50	17.90	18.90
广东	4.79	4.33	4.28	11.50	11.60	21.70
海南	7.28	8.98	8.16	11.00	12.50	16.80
东部地区平均值	5.07	5.00	4.99	18.84	15.22	15.51

资料来源：依据《中国社会统计年鉴》（2013、2016、2020）相关数据计算而得。

四、文化建设能力不断增强

文化是人类文明发展的两大支柱之一，主要涉及精神文明的进步和发展，且文化建设职能是在地方政府职能中比重日益增加的重要部分①。文化和文化建设能力是国家整体性治理能力体系的重要组成部分，为其他方面的治理体系和治理能力建设提供深厚支撑②。文化建设一直是党和政府高度重视的领域，早在改革开放初期就形成了物质文明与精神文明、经济发展与文化建设两手抓两手都要硬的“两位一体”发展理念；党的十二届六中全会提出了以经济建设为中心，经济体制改革、政治体制改革和精神文明建设协同推进的“三位一体”的社会主义现代化建设总体布局；党的十六届六中全会形成了包含经济、政治、文化、社会在内的“四位一体”总体布局；党的十八大提出“五位一体”总体布局，文化建设是其灵魂。进入新时代，在“五位一体”中国特色社会主义事业总体布局的指引下以及在中央和东部地区的帮扶下，西部地区地方政府文化建设能力不断提升。

一是地方政府文化事业财政投入不断增加。文化投入不仅影响文化生产的效益与效率，还是地方政府文化建设能力提升的前提和基础③。随着“五位一体”总体布局的深入推进以及经济的快速发展，西部各省（区）不断加大文化事业领域的财政投入。如表 4.12 所示，以文化事业费占财政支出比重和文化领域固定资产投资同比增长情况为例，西部地区文化事业费占财政支出比重平均值：2015 年为 0.43%，2017 年为 0.47%，2019 年为 0.51%，2019 年分别比 2017 年、2015 年高出 0.04 个百分点和 0.08 个百分点；文化领域固定资产投资同比增长率平均值：2018 年为 −0.17%，2019 年为 0.71%，2020 年为 0.56%，总体来看，西部各省（区）文化领域固定资产投资额呈增加态势。

① 黎民，倪星. 公共管理学（第三版）[M]. 北京：高等教育出版社，2020：102.
② 胡惠林. 论国家文化治理能力优势建设 [J]. 中国高校社会科学，2020（2）：19-33.
③ 黄昌勇，解学芳. 中国城市文化指标体系的构建与实践 [J]. 学术月刊，2017（5）：102-115.

表 4.12　西部地区和东部地区文化投入情况　　　　(%)

地区	文化事业费占财政支出比重			文化领域固定资产投资同比增长情况		
	2015 年	2017 年	2019 年	2018	2019 年	2020 年
内蒙古	0.54	0.61	0.56	−52.70	−15.40	−16.40
宁夏	0.51	0.46	0.57	−14.40	−52.40	−12.70
新疆	0.42	0.36	0.37	−45.50	43.80	53.30
西藏	0.42	0.50	0.47	20.50	16.30	−1.10
青海	0.43	0.58	0.68	29.70	66.50	−43.30
云南	0.41	0.42	0.67	28.10	−23.50	43.80
广西	0.42	0.40	0.43	19.30	−14.70	−7.30
贵州	0.30	0.42	0.31	13.70	−4.90	−11.80
西部地区平均值	0.43	0.47	0.51	−0.17	0.71	0.56
北京	0.48	0.53	0.64	9.10	77.00	1.10
天津	0.48	0.57	0.49	−49.0	−45.60	85.80
河北	0.33	0.38	0.36	11.90	16.20	27.60
上海	0.59	0.58	0.77	6.00	32.50	28.90
江苏	0.42	0.54	0.57	8.50	13.90	−21.90
浙江	0.73	0.79	0.79	−17.70	11.70	−14.50
福建	0.47	0.52	0.60	75.30	5.10	4.10
山东	0.36	0.42	0.42	5.70	−13.60	12.10
广东	0.42	0.54	0.59	19.70	−0.90	36.00
海南	0.46	0.63	0.45	−27.5	22.20	−13.70
东部地区平均值	0.48	0.55	0.57	4.20	11.90	14.55

资料来源：依据《中国社会统计年鉴》（2016、2018、2019、2020）、《中国统计年鉴》（2019、2020、2021）相关数据计算而得。

二是文化产出综合效益明显。文化产出是一个地区文化生产综合效益最重要的体现，全面反映出文化发展对地区经济和社会发展的贡献，包括物质财富的经济产出和吸纳就业的社会产出。如表4.13所示，从文化及相关产业增加值来看，西部地区平均值：2015年为239.30亿元，2016年为260.50亿元，2017年为287.48亿元，2017年分别是2016年的1.11倍、2015年的1.21倍。从文化及相关产业增加值占地区生产总值比重来看，西部地区平均值：2015年为2.18%，2016年为2.33%，2017年为2.43%，呈逐渐增加趋势，由此可见，文化及相关产业创造的物质财富不断增加，文化产出的经济效益明显。此外，文化及相关产业单位吸纳了一定数量的从业人员，社会效益逐步凸显。从文化及相关产业单位从业人员占总人口比重来看，西部地区平均值：2013年为0.53%，2018年为0.61%，2018年较2013年提升了0.08个百分点。

表4.13　西部地区和东部地区文化产出情况

地区	文化及相关产业增加值/亿元			文化及相关产业增加值占地区生产总值比重/%			文化及相关产业单位从业人员占总人口比重/%	
	2015年	2016年	2017年	2015年	2016年	2017年	2013年	2018年
西部地区平均值	239.30	260.50	287.48	2.18	2.33	2.43	0.53	0.61
东部地区平均值	1868.42	2086.79	2296.89	4.94	4.99	5.06	2.26	2.39

资料来源：依据《中国文化及相关产业统计年鉴》(2016、2017、2018、2019)、《中国统计年鉴》(2019)相关数据计算而得。

三是地方政府文化产品（服务）与资源供给逐年增加。文化产品（服务）与资源包含有形产品和无形服务两种形态。进入新时代，西部各省（区）无论是有形文化产品还是无形文化服务均呈逐年增长态势，如表4.14所示。从本地报纸种数来看，西部地区平均值：2012年为54.5种，2015年为55.5种，增加了1.0种，2020年略有降低；从出版图书种数来看，2012年为5214种，2015年为5743种，增幅较大；从人均拥有公共图书馆藏量来看，2012年为0.44册，2015年为0.52册，2020年为0.66册，增幅较大；从艺术表演团体演出场次来看，2012 年为 1.80 万场次，2015 年为 2.42 万场次，2020 年为 7.22 万场次，2020 年分别是 2015 年的 2.98 倍、2012 年的 4.01 倍；从公共博物馆举办展览数来看，2012 年平均值为 231.83 个，2015 年为 1250 个，总体呈增长趋势，由于受新冠肺炎疫情的影响，2020 年为 587 个。

表 4.14　西部地区和东部地区文化产品（服务）与资源供给情况

地区	年份	本地报纸种数 / 种	出版图书种数 / 种	少年儿童读物和课本出版种数 / 种	人均拥有公共图书馆藏量 / 册	艺术表演团体演出场次 / 万场次	公共博物馆举办展览数 / 个
西部地区平均值	2012	54.5	5214	1013.67	0.44	1.80	231.83
	2015	55.5	5743	952.67	0.52	2.42	1250.00
	2020	53.0	3987	886.83	0.66	7.22	587.00
东部地区平均值	2012	59.7	10262	2482.30	1.00	5.79	547.20
	2015	59.5	12679	2941.40	1.00	6.66	3052.00
	2020	56.0	13430	2899.70	1.29	6.76	1337.00

资料来源：依据《中国统计年鉴》（2013、2016、2021）相关数据计算而得。

五、生态环境保护能力有效提升

随着生态环境问题日益凸显，加强政府生态环境保护能力建设、科学治理生态环境问题已成为世界各国政府的必然选择。生态文明建设被纳入“五位一体”总体布局以来，党和国家在生态文明顶层设计和制度建设方面先后颁布实施了《关于加快推进生态文明建设的意见》《生态文明体制改革总体方案》等改革方案，构建了生态文明制度的“四梁八柱”。党的十八届三中全会首次明确将环境保护界定为我国地方政府基本职责之一后，党的十九届四中全会更是将生态文明制度建设看作中国特色社会主义制度以及国家治理体系和治理能力现代化总体框架中不可分割的重要有机组成部分①。政府的生态环

① 蒋洪强，程曦. 生态文明治体系和治理能力现代化的几个核心问题研究［J］. 中国环境管理，2020（5）：36-41.

境保护能力不仅是我国生态文明制度建设的关键所在，也是我国社会主义现代化建设进程中实现国家治理体系和治理能力现代化的重要内容。从纵向来看，随着环境问题日益凸显以及生态文明建设深入推进，西部地区地方政府加大生态环境保护领域的财政投入，生态环境保护能力得到有效提升，如表 4.15 所示。

表 4.15　西部地区和东部地区地方政府生态环境保护能力比较

地区	年份	节能环保支出 / 亿元	工业污染治理完成投资 / 万元	一般工业固体废物综合利用率 /%	城市生活垃圾无害化处理率 /%	农村无害化卫生厕所普及率 /%	建成区绿化覆盖率 /%
西部地区平均值	2015	105.28	183950.00	45.47	86.30	44.60	37.40
	2018	113.18	127850.17	37.77	97.50	49.70	38.45
	2020	147.55	72157.83	40.00	99.77	—	39.08
东部地区平均值	2015	190.63	405422.00	84.81	95.70	83.39	41.23
	2018	268.55	357587.30	78.07	99.40	87.52	41.92
	2020	256.98	226731.10	77.99	100.00	—	42.13

资料来源：依据《中国统计年鉴》（2016、2019、2021）、《中国社会统计年鉴》（2016、2019、2020）相关数据计算而得。

从节能环保支出来看，西部地区平均值：2015 年为 105.28 亿元，2018 年为 113.18 元，2020 年为 147.55 亿元，2020 年分别是 2018 年的 1.3 倍、2015 年的 1.4 倍，用于节能环保的财政投入呈不断增长趋势。

从城市生活垃圾无害化处理率来看，西部地区平均值：2015 年为 86.30%，2018 年为 97.50%，2020 年为 99.77%，2020 年比 2018 年和 2015 年分别高出 2.27 个百分点和 13.47 个百分点，生活垃圾无害化处理能力不断提升。

从农村无害化卫生厕所普及率来看，西部地区平均值：2015 年为 44.6%，2018 年为 49.7%，2018 年比 2015 年提高 5.1 个百分点，农村无害化卫生厕所普及程度逐年提升。

从建成区绿化覆盖率来看，西部地区平均值：2015 年为 37.40%，2018 年为 38.45%，2020 年为 39.08%，2020 年比 2018 年和 2015 年分别提高了 0.63 个百分点和 1.68 个百分点，建成区绿化覆盖面不断扩大。

第三节　比较视域下西部地区地方政府能力存在的问题

地方政府能力不足是西部地区地方政府面临的突出问题。受经济发展、社会、文化、自然生态状况等外部行政环境，政府职能转变、行政管理方式、公职人员能力、体制改革创新、府际关系等政府自身因素以及其他因素的影响和制约，西部地区地方政府的经济发展、公共服务、社会治理、文化建设、生态环境保护等能力不足，仍然面临诸多问题和挑战。

一、经济发展能力相对偏低

西部地区地方政府经济发展能力相对偏低主要体现为资源汲取利用能力有限、市场创新发展能力不足、优化营商环境能力不足 3 个方面。

（一）资源汲取利用能力有限

受自然条件、资源禀赋、经济发展等因素的限制，与东部地区相比，西部地区地方政府的资源汲取利用能力差距明显。

1. 财政汲取能力有限

财政是政府活动的基础，决定了各级政府实现法定职权的能力和水平。财政汲取能力是地方政府经济发展能力的重要组成部分，是指地方政府以公共权力为基础而筹集财力、提供公共物品以满足公共需要、稳定公共经济、促进社会经济发展、合理进行再分配的能力的总和。我们从地方一般公共预算收入、支出以及二者的增长率等方面，通过与东部地区的比较，对西部地区地方政府的财政能力进行分析。

与东部地区相比，西部地区地方政府的财政汲取能力差距较大。如表 4.2 所示，从地方一般公共预算收入来看，西部地区 2012 年均值为 814.62 亿元，而东部地区10省（市）均值为3811.68亿元，二者相差2997.06亿元，前者只相当于后者的21.37%；2015年，西部地区均值为1112.47亿元，东部地区均值为4646.62亿元，二者相差3534.15亿元，前者只相当于后者的23.94%；2019年，西部地区均值为1277.26亿元，东部地区均值为5803.09亿元，二者相差4525.83亿元，前者只相当于后者的22.01%。从地方一般公共预算支出来看，西部地区2012年均值为2298.55亿元，东部地区均值为4209.31亿元，二者相差1910.76亿元，前者只相当于后者的54.61%；2015年，西部地区均值为3101.35亿元，东部地区均值为5886.84亿元，二者相差2785.49亿元，前者只相当于后者的52.69%；2019年，西部地区均值为4309.49亿元，东部地区均值为8505.29亿元，二者相差4195.80亿元，前者只相当于后者的50.67%。从增长率来看，进入新时代，西部地区一般公共预算收入增长率为13.21%，东部地区为22.83%；西部地区一般公共预算支出增长率为21.90%，东部地区为26.24%。由此可见，西部地区地方政府一般公共预算收入和支出与东部地区的差距不仅没有缩小，反而在不断扩大。

2. 利用国内外资金能力有限

固定资产投资是一项能够综合反映地方固定资产规模、结构和发展速度的经济指标，能否有效利用国内外各种资金用于固定资产投资以促进本地区经济发展是衡量地方政府经济能力的重要指标。

从利用国内外资金用于固定资产投资以促进本地区经济发展能力来看，西部地区还存在较大差距。从统计数据可以看到（见表4.16），2017年，东部地区全社会固定资产投资实际到位资金平均值为28438.18亿元，是西部地区（9891.09亿元）的2.88倍；东部地区利用国内贷款平均值为3475.51亿元，是西部地区（1494.44亿元）的2.33倍；东部地区利用外资平均值为120.59亿元，是西部地区（11.63亿元）的10.37倍，东部地区利用外资最多的是江苏省，达到了376.10亿元，是西部地区利用外资最多的贵州省（29.50亿元）的12.75倍；东部地区自筹资金平均值为17874.40亿元，是西部地区（5735.84亿元）的2.83倍；东部地区利用其他资金平均值为5664.18元，是西部地区（1430.90亿元）的3.96倍；从外商投资情况来看，东部地区外商投资平均值为802.71亿元，是西部地区（52.94亿元）的15.16倍，东部地区外商投资最多和最少的省份分别是江苏省和海南省，分别为2234.10亿元、104.90亿元，分别是西部地区外商投资最多和最少的广西（233.50亿元）和西藏（0.20亿元）的9.57倍和524.5倍。

表4.16　2017年西部地区和东部地区全社会固定资产投资实际到位资金情况

单位：亿元

地区	本年实际到位资金	国内贷款	利用外资	自筹资金	其他资金	外商投资
内蒙古	12887.50	1399.00	3.50	9830.30	477.80	59.30
宁夏	2914.80	601.20	4.60	1514.50	539.80	10.30
新疆	10606.60	1769.70	21.70	5455.70	1527.60	18.20
西藏	1599.00	80.60	3.50	371.00	106.70	0.20
青海	3410.10	903.50	4.00	1597.40	265.50	14.70
云南	13940.40	2185.30	8.70	7025.80	2938.50	61.00
广西	20315.20	2675.60	17.50	12484.20	3183.30	233.50
贵州	13455.10	2324.60	29.50	7607.80	2408.00	26.30
西部地区平均值	9891.09	1494.44	11.63	5735.84	1430.90	52.94
北京	10918.50	2595.40	21.50	3600.90	3608.50	258.60
天津	12826.10	2016.70	32.00	7803.20	2786.70	448.40
河北	31947.20	1951.80	74.70	25815.20	2920.50	431.80
上海	8182.30	2013.00	18.80	2834.90	2504.10	388.20
江苏	57282.80	6397.80	376.10	37932.40	11532.00	2234.10
浙江	34737.50	4173.70	73.80	19180.40	8573.40	603.90
福建	25790.60	2370.10	71.50	17013.70	4516.30	488.40
山东	54944.80	5658.60	274.30	40696.30	6998.60	1422.40
广东	42836.90	6832.70	259.70	22038.10	11224.40	1646.40
海南	4915.10	745.30	3.50	1828.90	1977.30	104.90
东部地区平均值	28438.18	3475.51	120.59	17874.40	5664.18	802.71

资料来源：依据《中国统计年鉴》(2018）相关统计数据计算而得。

（二）市场创新发展能力不足

从市场化程度来看，西部地区的市场化程度明显落后于东部地区。比较来看，市场化改革进程存在着巨大的区域差距。由表 4.4 可以看出，东部地区 2012 年、2014 年、2016 年的市场化指数平均值分别为 7.95、8.49、8.68，分别是西部地区这 3 年市场化指数平均值（3.73、4.11、4.28）的 2.13 倍、2.07 倍、2.03 倍。由此可见，西部地区市场化改革进程较为缓慢，市场化程度较低，区域间的差距十分明显。从全国市场化排名来看，自 2012 年以来，西部各省（区）中，内蒙古、宁夏、新疆、青海、西藏、云南、贵州的排名均在最后，而排在前 10 名的绝大部分是东部各省（市），其中浙江、江苏、广东、福建、北京、天津、上海等省（市）更是遥遥领先。

从创新发展来看，西部地区地方政府推动技术创新和进步的能力不足。比较而言，我国地方政府创新发展能力仍然存在较大的地区差距，西部地区创新发展能力不足是客观存在的事实。由表 4.5 可以看出，2012 年，东部地区各省（市）技术市场交易额、R&D 经费、三种专利授权数平均值分别为 4285230.3 万元、4921162.0 万元、85620.7 件，分别是西部地区各省（区）平均值（239212.4 万元、345855.1 万元、3229.9 件）的 17.91 倍、14.23 倍、26.51 倍，其中西藏自治区 2012—2016 年 5 年间的技术市场交易额均为 0 元。2015 年，东部地区各省（市）技术市场交易额、R&D 经费、三种专利授权数平均值分别为 6356127.3 万元、6887365.4 万元、111035.8 件，分别是西部地区平均值（192420.9 万元、458349.5 万元、7113.6 件）的 33.03 倍、15.03 倍、15.61 倍。2019 年，东部地区各省（市）技术市场交易额、R&D 经费、三种专利授权数平均值分别为 14249408.8 万元、9143369.4 万元、172498.7 件，分别是西部地区平均值（553369.5 万元、675335.0 万元、12384.0 件）的 25.75 倍、13.54 倍、13.93 倍。从上面的分析我们可以看到，西部地区地方的创新发展能力仍存在较大的差距。

（三）优化营商环境能力不足

营商环境是一个经济体内的企业主体在企业开办、金融信贷、投资、纳税等环节投入的时间和成本等的总称，包括企业主体面临的政治环境、经济环境、文化环境、制度环境和自然环境等。良好的营商环境有助于降低市场交易中的成本和促进生产要素的公平分配，因而持续优化营商环境是构建现代化经济体系、实现经济高质量发展的基础①。2019 年 10 月国务院颁布了《优化营商环境调条例》，党和政府出台的关于优化营商环境的政策措施和法规条例，为各级政府优化营商环境实践提供了指导方向与制度保障②。因此，地方政府能否采取各种措施优化本行政区域内营商环境是新时代衡量地方政府经济发展能力的又一重要指标。

总体来看，西部地区地方政府优化营商环境能力相较东部地区还有差距。首先，从营商环境总体情况来看，如表 4.17 所示，东部地区 10 省（市）营商环境总分平均值为 62.23 分，是西部地区平均值（46.11 分）的 1.35 倍；从排名情况来看，西部地区中的 6 省（区）大都排名靠后，其中西藏、广西、青海、新疆、内蒙古分别排第 31 名、第 30 名、第 28 名、第 27 名、第 25 名，而东部地区 10 省（市）普遍排名靠前，其中，北京、上海、广东、江苏、浙江、山东名列前 10，分别排第 1 名、第 2 名、第 3 名、第 5 名、第 7 名、第 9 名。其次，从指标来看，在 4 个一级指标中，政务环境、法律政策环境是我国营商环境评价的重点，这两个一级指标是最能体现政府在经济发展中的重要性的指标。根据政务环境的评价结果，东部地区 10 省（市）政务环境得分平均值为 58.42 分，比西部各省（区）政务环境得分平均值（48.36 分）高出 10.06 分，其中，西藏、广西、宁夏、新疆的政务环境最差，分别排第 31 名、第 30 名、第 29 名、第 28 名；从法律政策环境评价结果来看，东部地区 10 省（市）法律政策环境得分平均值为 78.60 分，高出西部各省（区）得分平均值（60.58 分）18.02 分，其中，广西、西藏、内蒙古、新疆、青海的法律政策环境较差，分别排第 29 名、第 28 名、第 26 名、第 23 名、第 21 名。

① “中国城市营商环境评价研究”课题组．中国城市营商环境评价的理论逻辑、比较分析及对策建议［J］．管理世界，2021（5）：98-112.

② 张三保，康璧成，张志学．中国省份营商环境评价：指标体系与量化分析［J］．经济管理，2020（4）：5-14.

表 4.17 西部地区和东部地区营商环境得分和排名

地区	营商环境		政务环境		法律政策环境	
	总分	排名	得分	排名	得分	排名
内蒙古	44.97	25	51.56	19	51.14	26
宁夏	51.73	19	40.80	29	83.22	6
新疆	43.19	27	42.04	28	57.80	23
西藏	35.78	31	32.63	31	41.07	28
青海	43.05	28	52.92	16	57.86	21
云南	54.13	15	50.13	20	85.35	5
广西	37.92	30	46.54	30	38.78	29
贵州	58.11	10	70.30	2	69.38	15
西部地区平均值	46.11	—	48.36	—	60.58	—
北京	78.23	1	66.92	3	89.68	3
天津	51.76	18	44.62	25	78.51	11
河北	53.93	16	56.88	11	67.44	17
上海	76.95	2	77.22	1	95.90	1
江苏	63.20	5	53.62	13	81.89	8
浙江	60.68	7	61.84	6	66.49	18
福建	54.36	14	51.68	18	69.37	16
山东	59.26	9	53.47	14	79.29	10
广东	68.69	3	64.63	5	82.99	7
海南	55.27	12	53.28	15	74.45	13
东部地区平均值	62.23	—	58.42	—	78.60	—

资料来源：依据张三保、张志学（2020）相关数据计算而得。

我们在对负责优化营商环境的部门和有关人员进行调研、访谈时，他们列举的一些典型案例让我们切实感受到西部地区地方政府优化营商环境仍面临诸多困境。访谈对象Ⅲ结合曝光的破坏营商环境典型案例，这样说道：

“一些干部习惯于限制管制、干涉干预，习惯于计划指令、行政指令，‘管罚卡’积极主动，‘放管服’消极被动；习惯让企业和群众求着办、围着转，不习惯主动去服务，‘卷帘门’‘玻璃门’‘弹簧门’‘旋转门’大量存在，门槛多、关卡多、路障多问题依然突出，‘店小二’精神和‘保姆式’服务严重缺失；脑子里就没有按制度规矩行事、按法规政策办事这根弦，只认关系不认法理、只讲歪理不讲法理，决策无依、施策无据和监管不当、执法不公问题十分突出，决策随性、施策随意和人情执法问题也不鲜见，这也是一些企业信权信官不信法和一些群众信访不信法的主要诱因。还有一些干部为了快出成绩、多出显功，招商引资开‘空头支票’、随意承诺，优惠政策兑付周期长，发展建设搞‘超额透支’，项目规划建设落地少，签署的协议不履行、谈好的项目不落实、作出的承诺不兑现、该付的账款不偿还。不作为、慢作为、乱作为现象泛滥成灾，该办的事要么不给办、要么拖着办、要么胡乱办，不该办的事见利就能走、遇熟就能过，随意裁量，那么多的政策、制度、规定、清单常常形同虚设，因人而异、因事而变，庸政懒政怠政乱政问题极为普遍。这些问题的存在会严重破坏营商环境，成为制约经济发展的重要因素。”①

二、公共服务供给能力不充分

我们应清醒地认识到，公共服务资源区域间配置不均衡、服务水平差异大，特别是西部地区地方政府公共服务供给能力不充分仍是客观现实。

（一）公共服务财政供给不足

虽然西部各省（区）基本公共服务供给的财政支出逐年增加且增长速度较

① 访谈地点：N自治区党委办公厅。访谈时间：2021年11月。

快，但与东部地区相比，西部地区基本公共服务供给的财政支出差距仍然较大，如表 4.6 所示。

从一般公共服务支出来看，2012 年，东部地区平均值为 447.04 亿元，是西部地区（291.65 亿元）的 1.53 倍；2015 年，东部地区平均值为 385.01 亿元，是西部地区（321.22 亿元）的 1.2 倍；2019 年，东部地区平均值为 762.87 亿元，是西部地区（457.46 亿元）的 1.67 倍。可见，两大地区在一般公共服务领域的供给差距不仅没有缩小，反而呈扩大趋势。

从教育支出来看，2012 年，东部地区平均值为 828.45 亿元，是西部地区（440.05 亿元）的 1.88 倍；2015 年，东部地区平均值为 1087.84 亿元，是西部地区（567.89 亿元）的 1.92 倍；2019 年，东部地区平均值为 1472.48 亿元，是西部地区（742.79 亿元）的 1.98 倍。两大地区间的差距从 2012 年的 1.88 倍扩大到了 2019 年的 1.98 倍。

从文化体育支出来看，2012 年，东部地区平均值为 87.19 亿元，是西部地区（56.18 亿元）的 1.55 倍；2015 年，东部地区平均值为 124.04 亿元，是西部地区（68.82 亿元）的 1.8 倍；2019 年，东部地区平均值为 374.97 亿元，是西部地区（39.55 亿元）的 9.48 倍。两大地区的文化体育支出差距非常显著。

从社会保障和就业支出来看，2012 年，东部地区平均值为 396.09 亿元，是西部地区（290.80 亿元）的 1.36 倍；2015 年，东部地区平均值为 618.80 亿元，是西部地区（435.12 亿元）的 1.42 倍；2019 年，东部地区平均值为 183.16 亿元，是西部地区（84.69 亿元）的 2.16 倍。区域间的差距同样在不断扩大。

从卫生健康支出来看，2012 年，东部地区平均值为 278.04 亿元，是西部地区（171.37 亿元）的 1.62 倍；2015 年，东部地区平均值为 461.04 亿元，是西部地区（275.10 亿元）的 1.67 倍；2019 年，东部地区平均值为 1011.95 亿元，是西部地区（624.99 亿元）的 1.62 倍。

从住房保障支出来看，2019 年，东部地区平均值为 669.16 亿元，是西部地区（374.63 亿元）的 1.79 倍。

从城乡社区服务支出来看，2012 年，东部地区平均值为 442.04 亿元，是西部地区（161.62 亿元）的 2.74 倍；2015 年，东部地区平均值为 820.13 亿元，是西部地区（266.56 亿元）的 3.08 倍；2019 年，东部地区平均值为 1173.61 亿元，是西部地区（429.67 亿元）的 2.73 倍。

从上面的分析可以看出，受经济发展水平及财政收入的制约和影响，西部各省（区）用于基本服务的财政支出相对较低，进而会影响基本公共服务均等化的深入推进。

（二）基本公共服务均等化实现程度较低

西部地区基本公共服务均等化实现程度较低，与东部地区相比，区域差距较大（见表 4.7），总体上处于一种欠发达状态。

从基本公共教育服务来看，西部地区基本公共教育服务均等化实现程度低于东部地区。西部各省（区）初中学校生师比平均值：2012 年为 14.07，2015 年为 12.69，2019 年为 12.33，比东部地区（12.31、11.52、12.06）分别高 1.76、1.17、0.27；西部各省（区）小学在校生生均教学仪器设备资产值：2013 年为 0.06 万元，2015 年为 0.11 万元，2019 年为 0.19 万元，东部地区平均值分别为 0.17 万元、0.21 万元、0.31 万元，分别是西部地区的 2.83 倍、1.91 倍、1.63 倍。

从基本劳动就业创业服务来看，均等化呈现明显的区域差距。一是西部地区城镇失业率高于东部地区，2012 年，东部 10 省（市）城镇失业率平均值为 2.9%，比西部地区（3.3%）低 0.4 个百分点；2015 年两大地区城镇失业率均为 3.0%；2019 年东部地区平均值为 2.8%，比西部地区（2.9%）低 0.1 个百分点。二是西部地区个体和私营企业就业人数占总人口数的比重低于东部地区，2012 年，东部地区个体和私营企业就业人数占总人口数的比重为 19.09%，是西部地区（11.95%）的 1.61 倍；2015 年东部地区平均值为 28.18%，是西部地区（16.16%）的 1.74 倍；2019 年东部地区平均值为 24.89%，是西部地区（14.36%）的 1.73 倍。从以上分析可以看出，个体和私营企业就业人数及占总人口数比重的东西部差距不仅没有缩小，反而在不断拉大。

从基本社会保险服务来看，在基本社会保险服务领域的7项内容中，西部地区仅基本养老服务，即基本养老保险覆盖率高于东部地区，其他6项均低于东部地区。以失业保险覆盖率、生育保险覆盖率为例，西部地区失业保险覆盖率平均值：2012年为6.90%，2015年为7.12%，2019年为8.22%，东部地区分别为19.41%、21.54%、22.49%，分别比西部地区高出12.51个百分点、14.42个百分点、14.27个百分点；西部地区生育保险覆盖率平均值：2012年为10.25%，2015年为8.08%，2019年为8.22%，东部地区分别为25.55%、21.18%、23.07%，分别是西部地区的2.49倍、2.62倍、2.81倍，地区间的差距呈扩大趋势。

从基本医疗卫生服务来看，西部地区基本医疗卫生服务社会成员受益程度同样低于东部地区。一是西部各省（区）卫生技术人员数总体比东部地区少，且差距不断拉大。2012年，东部地区每千人卫生技术人员数平均值为5.66人，是西部地区（4.57人）的1.24倍；2015年，东部地区为6.52人，是西部地区（5.55人）的1.17倍；2019年，东部地区为7.97人，是西部地区（6.95人）的1.15倍。二是西部地区基层医疗卫生机构床位数少于东部地区。2012年，东部地区基层医疗卫生机构床位数平均值为2.95万张，是西部地区（2.10万张）的1.4倍；2015年，东部地区为3.00万张，是西部地区（2.09万张）的1.44倍；2019年，东部地区为4.75万张，是西部地区（3.91万张）的1.21倍。

从基本社会服务来看，西部地区基本社会服务均等化实现程度仍然较低。以每千老年人口养老床位数为例，东部地区均值：2012年为24.14张，2015年为31.31张，2019年为30.70张，西部地区分别为13.27张、37.14张、28.10张，2012年和2019年东部地区分别是西部地区的1.82倍、2.31倍。从农村特困人员集中供养人数来看，2012年，东部地区平均值为4.8万人，是西部地区（1.0万人）的4.8倍；2015年，东部地区平均值为3.5万人，是西部地区（1.9万人）的1.84倍；2019年，东部地区和西部地区基本持平。

从基本公共文化服务来看，西部地区基本公共文化服务受益人数低于东部地区。以公共图书馆年流通人次为例，2012年，东部地区公共图书馆年流通人次均值为 2393 万人次，是西部地区（677 万人次）的 3.53 倍；2015 年，东部地区均值为 3478 万人次，是西部地区（851 万人次）的 4.09 倍；2019 年，东部地区均值为 5303 万人次，是西部地区（1117 万人次）的 4.75 倍，差距十分明显且呈扩大趋势。有线广播电视是各族群众享受基本公共文化服务最便利、最直接的途径和方式。西部地区有线广播电视实际用户数占家庭总户数的比重明显低于东部地区。2012 年，东部地区平均值为 75.18%，是西部地区（31.18%）的 2.41 倍；2015 年，东部地区平均值为 83.47%，是西部地区（34.96%）的 2.39 倍；2019 年，东部地区平均值为 68.89%，是西部地区（35.94%）的 1.92 倍。

从基本公共服务主观满意度来看，虽然社会成员基本公共服务主观满意度整体较好，但仍有近 16% 的被调查对象对总体公共服务持不满意态度，对基本公共教育服务持不满意态度的占 14%，对基本劳动就业创业服务持不满意态度的占 7.32%，对基本医疗卫生服务持不满意态度的占 20%，对基本社会服务持不满意态度的占 11.2%。此外，对当前基本公共服务全国均等化持比较不认可态度的占 6.52%，认为政府的服务一般和较差的占 32.08%。

三、社会治理能力有效性不足

进入新时代，西部地区地方政府社会治理能力虽不断提升，但仍面临诸多困境。社会治理能力有效性不足主要体现为以下几个方面：

（一）社会治理结构孱弱

规范市场和成熟社会组织发育不足是西部地区社会治理结构孱弱的主要表现。现代治理理论特别强调政府、市场、社会多元主体的合作治理，因此，要想实现有效的社会治理不仅需要发挥政府的主导和监督作用，还需要积极培育以营利为目标的市场组织和具有非营利性质的社会组织，在多元主体合作与互动中发挥各自优势。但是，从西部地区社会治理的实践来看，其治理结构问题表现为：第一，社会治理结构中市场组织相对较弱。从表 4.18 中可以看出，一方面，市场组织作用发挥有限，东部地区地区生产总值平均值为52575.23亿元，是西部地区（14792.57亿元）的3.55倍；东部地区人均可支配收入平均值为44746.5元，是西部地区（24213.1元）的1.88倍；东部地区税收收入平均值为4557.29亿元，是西部地区（840.90亿元）的5.42倍。另一方面，从西部地区市场发育程度来看，2016年，东部10省（市）市场化指数平均值为8.68，是西部地区（4.26）的2.04倍，而且西部地区市场发育程度低于全国平均水平，其得分比全国（6.56）低2.3[①]；2020年，东部10省（市）企业单位数平均值为1447413家，是西部地区（326672家）的4.43倍。第二，社会治理结构中社会组织发育滞后。治理理论认为公共事务治理中需要充分发挥NGO这一类组织的优势和功能，此类组织凭借其非营利性、民间性和相对独立性的特点和优势，能够弥补政府部门和市场的不足[②]。对于西部地区而言，社会治理结构中社会组织发育滞后问题体现为：一是西部地区社会组织数量不足和作用有限。由表4.8可以看出，西部地区每万人社会组织数平均值：2017年为5.33个，2018年为5.41个，2019年为6个，东部地区分别为6.30个、6.69个、7.24个，分别是西部地区的1.18倍、1.24倍、1.21倍。以2017年为例，全国共有社会组织702405个，西部地区有社会组织100369个，仅占全国的14.29%。此外，社会组织增加值占第三产业增加值比重仅为0.42%[③]。西部地区社会组织吸纳就业人数平均值：2017年为15529.17人，2018年为210506.17人，2019年为208167.00人，东部地区分别为32040.80人、379904.10人、440080.90人，分别是西部地区的2.06倍、1.8倍、2.11倍，两大地区社会组织吸纳就业能力差距仍然较大。二是社会治理中社会组织参与能力不足。总体而言，受制于西部地区经济发展不平衡不充分、体制创新不足和公民社会发育不成熟等，社会组织不受重视、数量少、结构不平衡、规模小、资金来源不足、专业人才短缺、内部治理结构不合理等问

① 王小鲁，樊纲，胡李鹏．中国分省份市场化指数报告（2018）［M］．北京：社会科学文献出版社，2019：5.

② 沈承诚，左兵团．西方治理理论引入的社会条件分析［J］．行政论坛，2005（5）：92-94.

③ 根据中华人民共和国民政部发布的《2017年社会服务发展统计报告》相关数据计算得出。

题依然存在[①]。社会组织面临的上述发展困境及问题如果得不到有效解决，必然会导致社会组织无法发挥其优势，成为其有效参与社会治理的拦路虎和绊脚石。

表 4.18　西部地区和东部地区经济发展及市场发育程度

地区	地区生产总值 / 亿元	人均可支配收入 / 元	税收收入 / 亿元	企业单位数 / 家	2016 年市场化指数
西部地区平均值	14792.57	24213.1	840.90	326672	4.26
东部地区平均值	52575.23	44746.5	4557.29	1447413	8.68

资料来源：依据《中国统计年鉴》(2021）和王小鲁等（2019：5）相关数据计算而得。

社会治理结构面临的困境，在访谈中也得到了验证。正如访谈对象Ⅳ所言：

“说实话，与理想状态相比，社会治理还有短板弱项。一是市场力量和社会力量在社区建设中的作用有限，中央倡导的政府、市场和社会共同参与的社会治理格局仍不完善，在社区层面存在较为严重的行政化倾向，社区的人、财、物以及工作任务、运行方式都要服从于街道的安排，甚至社区需要一包打印纸都需申请并经历一个复杂的审批流程；二是基层群众性自治组织还不完善，其实这类组织应该在基层治理中发挥重要作用，它有它的优势，但实际效果不理想，联系群众、服务群众的能力还得强化；三是基层社会治理人才队伍的问题也挺突出，待遇低、工作环境差、岗位认同感不强，导致这支队伍流动性较大，队伍不稳定就会影响社会治理的效果。”[②]

（二）民族事务治理法治化程度不高

虽然我国民族工作法制体系业已形成，且依法治理和处置民族事务取得了一定成效，但与依法治国和依法行政的要求相比还有差距，民族事务治理法

① 党秀云，谭伟．民族地区社会组织参与基层社会治理的路径选择［J］．新视野，2016（1）：48-53.

② 访谈地点：N 自治区民政厅基层政权建设与社区治理处。访谈时间：2021 年 11 月。

治化程度有待提高。其面临的问题主要表现为：

第一，民族工作法制体系及民族事务法治体系仍不完善。一是民族区域自治条例缺位。自治条例是宪法和民族区域自治法的有效补充，关系着党和国家有关民族政策的战略规划和顶层设计的落地。虽然我国以宪法和民族区域自治法的形式将有关民族政策及解决民族问题的指导思想和价值理念制度化，但在实际操作中，自治条例的缺位致使民族事务治理缺乏精细化和更规范化的法律依据。二是民族立法变通权有限。依据宪法、民族区域自治法、立法法相关规定，民族自治地方自治机关有权结合民族自治地方的实际，因地制宜制定和出台有关规定、措施和条例，这就是所谓的民族立法变通权。虽然相关法律赋予了民族自治地方自治机关相应的立法变通权，但在实际运行中，法律变通需经报批和报备具体变通情况的双重审查程度方可执行，再加上缺乏变通申请被否后的救济制度和复议制度，民族自治地方政府的立法变通权受到诸多限制。

第二，民族事务治理中存在重管理轻法治现象。这一问题主要表现为常采用行政命令手段处理涉民族事务，执法者法治意识不强，存在执法不严、有法不依、违法不究等现象。

第三，民族事务治理中存在民族习惯法与国家法之间的矛盾和冲突。民族习惯法是少数民族聚居区的人们在长期生产、生活和社会交往中形成的一种行为规范体系，民族性和地域性特征较为明显[①]。民族习惯法主要通过传统观念、宗教信仰、风俗习惯、社会舆论等来发挥作用，在一些较为落后的西部地区，在规范行为、引导舆论、调节冲突中发挥着关键作用[②]。在处理具体民族事务的法律适用方面，颇为棘手的问题是选择以国家法为依据还是以习惯法为依据。在处理涉及不同民族间的事务时，各民族的习惯法各不相同，进一步增加了民族事务处理的难度。

---

① 杨鹍飞．论我国民族事务治理法治化：理念转变、现实困境与路径选择［J］．广西民族研究，2015（5）：33-42.

② 李图仁，卢明威．民族习惯法司法适用现状与问题解决［J］．广西社会科学，2018（4）：123-126.

（三）维护公共安全能力不足

横向比较来看，西部地区地方政府在维护公共安全能力方面还存在不足。进入新时代，随着经济社会发展和现代化进程的推进，西部地区地方政府维护公共安全能力得到较大提升，但与东部地区相比，无论是公共安全领域的财政供给还是保护人民群众生命财产安全等能力均存在明显差距，如表 4.9、表 4.11 所示。从公共安全支出来看，东部地区平均值：2012 年为 268.21 亿元，2015 年为 354.00 亿元，2019 年为 561.38 亿元，2020 年为 566.65 亿元，分别是西部地区平均值（122.28 亿元、166.61 亿元、260.14 亿元、248.94 亿元）的 2.19 倍、2.21 倍、2.15 倍、2.27 倍，差距呈扩大趋势。从国防支出来看，东部地区平均值：2012 年为 8.89 亿元，2015 年为 9.81 亿元，2019 年为 10.89 亿元，2020 年为 11.44 亿元，分别是西部地区平均值（4.62 亿元、4.61 亿元、3.68 亿元、4.66 亿元）的 1.92 倍、2.13 倍、2.96 倍、2.45 倍，差距十分明显且不断扩大。从灾害防治与应急管理支出来看，东部地区平均值：2019 年为 43.99 亿元，2020 年为 52.02 亿元，分别是西部地区（22.13 亿元、31.17 亿元）的 1.99 倍、1.67 倍，差距同样较明显。从交通事故情况和火灾情况来看，2017—2019 年，西部地区交通事故和火灾发生率均高于东部地区。西部地区每十万人口交通事故死亡率平均值：2017 年为 7.96%，2018 年为 6.13%，2019 年为 6.38%，分别比东部地区（5.07%、5.00%、4.99%）高 2.89 个百分点、1.13 个百分点和 1.39 个百分点；西部地区每十万人口火灾发生率平均值：2017 年为 25.15%，2018 年为 22.98%，2019 年为 22.23%，分别比东部地区（18.84%、15.22%、15.51%）高 6.31 个百分点、7.76 个百分点、6.72 个百分点。

四、文化建设能力相对偏弱

虽然西部地区地方政府文化建设能力不断增强，但与东部地区相比，西部地区地方政府在文化投入、文化产出、文化产品（服务）与资源供给、文化产业发展等方面差距明显，文化建设能力偏弱，如表 4.12~ 表 4.14、表 4.19 所示。

一是西部各省（区）文化投入较少（见表4.12）。从文化事业费投入来看，东部各省（市）文化事业费占财政支出比重平均值：2015年为0.48%，2017年为0.55%，2019年为0.57%，比西部地区（0.43%、0.47%、0.51%）分别高出0.05个百分点、0.08个百分点、0.06个百分点，差距呈扩大趋势。从文化领域固定资产投资情况来看，东部各省（市）文化领域固定资产投资同比增长率平均值：2018年为4.20%，2019年为11.90%，2020年为14.55%，分别比西部地区（-0.17%、0.71%、0.56%）高出4.37个百分点、11.19个百分点和13.99个百分点，且西部地区2018—2020年文化领域固定资产投资同比增长率远远低于21.2%、13.9%、1%的全国平均水平。

二是西部各省（区）文化产出综合效益的区域差距明显（见表4.13）。从文化及相关产业创造财富来看，2015年，东部各省（市）文化及相关产业增加值平均值为1868.42亿元，是西部地区平均值（239.30亿元）的7.81倍；2016年，东部各省（市）文化及相关产业增加值平均值为2086.79亿元，是西部地区（260.50亿元）的8.01倍；2017年，东部各省（市）文化及相关产业增加值平均值为2296.89亿元，是西部地区（287.48亿元）的7.99倍。2015年，东部地区文化及相关产业增加值占地区生产总值比重平均值为4.94%，是西部地区（2.18%）的2.27倍；2016年，东部地区文化及相关产业增加值占地区生产总值比重平均值为4.99%，是西部地区（2.33%）的2.14倍；2017年，东部地区文化及相关产业增加值占地区生产总值比重平均值为5.06%，是西部地区（2.43%）的2.08倍。可见，两大地区文化及相关产业创造财富的差距较大。从文化及相关产业带来的社会效益来看，差距同样较为明显。以文化及相关产业单位从业人员占总人口比重为例，2013年，东部各省（市）平均值为2.26%，是西部地区（0.53%）的4.26倍；2018年，东部各省（市）平均值为2.39%，是西部地区（0.61%）的3.92倍，差距不仅没有缩小，反而在进一步拉大。

三是西部各省（区）文化产品（服务）与资源供给数量相对较少（见表4.14）。从本地报纸情况来看，2012年，东部各省（市）平均值为59.7种，比西部地区（54.5种）多5.2种；2015年，东部地区为59.5种，比西部地区（55.5 种）多 4 种；2020 年，东部地区为 56.0 种，比西部地区（53.0 种）多 3 种。从图书出版情况来看，2012 年，东部地区各省（市）出版图书种数平均值为 10262 种，是西部地区（5214 种）的 1.97 倍；2015 年，东部地区为 12679 种，是西部地区（5743 种）的 2.21 倍；2020 年，东部地区为 13430 种，是西部地区（3987 种）的 3.37 倍，差距十分明显。从少年儿童读物和课本出版情况来看，2012 年，东部各省（市）少年儿童读物和课本出版种数平均值为 2482.30 种，是西部地区（1013.67 种）的 2.45 倍；2015 年，东部地区为 2941.40 种，是西部地区（952.67 种）的 3.09 倍；2020 年，东部地区为 2899.70 种，是西部地区（886.83 种）的 3.27 倍，同样差距十分明显且呈扩大趋势。从人均拥有公共图书馆藏量来看，2012 年、2015 年、2020 年，东部地区人均拥有公共图书馆藏量平均值分别为 1.00 册、1.00 册、1.29 册，分别比西部地区（0.44 册、0.52 册、0.66 册）多 0.56 册、0.48 册、0.63 册。从艺术表演团体演出情况来看，2012 年，东部地区平均演出 5.79 万场次，是西部地区（1.80 万场次）的 3.22 倍；2015 年，东部各省（市）平均演出 6.66 万场次，是西部地区（2.42 万场次）的 2.75 倍；2020 年两大地区相差无几。从公共博物馆办展情况来看，2012 年，东部各省（市）公共博物馆平均举办展览 547.20 个，是西部地区（231.83 个）的 2.36 倍；2015 年，东部地区为 3052.00 个，是西部地区（1250.00 个）的 2.44 倍；2020 年，东部地区为 1337.00 个，是西部地区（587.00 个）的 2.28 倍。由上述分析可以看出，无论是有形的文化产品还是无形的文化服务，西部地区的供给量均明显少于东部地区。

四是西部地区文化产业发展较慢（见表 4.19）。推动文化产业发展是地方政府的文化职能之一，因而可以将文化产业发展状况作为衡量地方政府文化建设能力的一个重要维度。中国文化产业发展不平衡，呈现出东部地区发展较快、中西部地区偏弱的总体特征。上海交通大学胡惠林教授领衔的课题组历经 3 年半研究，提出了国内第一个文化产业发展评价指标体系，即“中国文化产业发展指数”（CCIDI），并对我国各省（区、市）的文化产业发展状况进行了测评，先后于 2012 年、2013 年、2014 年发布了《中国文化产业发展指数报告》。该课题组提出的中国文化产业发展指标体系由表征指数和内涵指数两个部分组成。表征指数用以度量我国各地区文化产业的外显表象特征，反映文化产业发展的客观水平、度量文化产业的经济贡献、关注文化产业的社会文化影响；内涵指数涉及对文化资源、社会经济基础的考虑，也涵盖了重点文化产业、文化企业、文化市场、文化政策等多种要素[①]。从该课题组发布的中国文化产业发展综合指数来看，西部地区综合指数得分平均值为 11.19，比东部地区综合指数平均值（48.38）低 37.19，差距十分显著。西部各省（区）文化产业发展综合指数在全国均排在 20 名之后，其中，宁夏、贵州、新疆、西藏在全国分别排第 26 名、第 27 名、第 29 名、第 31 名，排在全国前 10 名的绝大部分是东部地区省（市），广东、北京、江苏、上海、浙江、山东、福建分列第 1 名到第 7 名。从表征指数来看，西部地区平均值为 13.25，比东部地区（49.88）低 36.63，西部地区最高的是广西（20.79），东部地区最高的是广东（85.58），二者差距极大。从内涵指数来看，西部地区平均值为 9.70，比东部地区（47.28）低 37.58，东部地区最高的是北京（87.34），西部地区最高的是云南（18.17），二者相差 69.17，差距同样十分明显。由上述分析可以看出，西部地区文化产业发展落后于东部地区，与我国经济发展分布特征基本一致；同时也说明，经济因素是制约西部地区地方政府文化建设能力提升的关键因素。

表 4.19　西部地区和东部地区文化产业发展指数（CCIDI）

地区	综合指数值	排名	表征指数	内涵指数
内蒙古	15.33	23	17.71	13.59
宁夏	12.70	26	18.83	8.23
新疆	7.98	29	6.89	8.78
西藏	4.54	31	0.00	7.84
青海	6.50	30	12.79	1.92
云南	17.04	21	15.48	18.17

① 胡惠林，王婧．2014：中国文化产业发展报告指数（CCIDI）[M]．上海：上海人民出版社，2014：30．

续表

地区	综合指数值	排名	表征指数	内涵指数
广西	15.15	24	20.79	11.04
贵州	10.31	27	13.49	8.00
西部地区平均值	11.19	—	13.25	9.70
北京	80.59	2	71.33	87.34
天津	24.78	14	32.23	19.35
河北	25.58	13	30.12	22.27
上海	57.90	4	61.81	55.05
江苏	60.02	3	49.20	67.90
浙江	55.89	5	53.60	57.55
福建	35.58	7	42.84	30.29
山东	46.24	6	49.97	43.52
广东	83.85	1	85.58	82.58
海南	13.33	25	22.11	6.93
东部地区平均值	48.38	—	49.88	47.28

资料来源：依据胡惠林、王婧（2014）相关数据计算而得。

五、生态环境保护能力差距较大

进入新时代，西部地区地方政府生态环境保护能力虽然得到不断提升，但仍不能满足生态文明建设需求。在访谈中，访谈对象V对地方政府生态环境保护能力作出了这样的评价：

“虽然生态文明建设和绿色发展已成为党的执政治理理念之一和国家公共政策的重要依据，中央生态环境保护督察力度也在不断加大，但地方政府生态环境治理体系和治理能力仍面临诸多挑战，把‘绿水青山’转化为‘金山银山’的能力还不足。像今年（2022年）3月26日到4月18日不到一个月的时间，中央第三生态环境保护督察组交办我区有关环境破坏案件2027件，数量之大令人惊讶，暴露出来的一些典型案例，如棋盘井区域违法取水用水问题、乌拉特草原违法采矿等，充分表明地方政府及相关部门对生态环境保护重要性认识不到位，生态环境保护的领导责任体系、监督体系仍有漏洞。总体可以这样说，地方政府保护和治理生态环境的能力还需进一步提升。”①

在实地调研和访谈中，我们发现如此评价的干部不在少数，一定程度上说明地方政府生态环境保护能力还存在较大差距。

随着经济社会发展和现代化进程的推进，西部地区地方政府生态环境保护能力虽然有所提升，但与东部地区相比，无论是生态环境保护领域的财政投入还是环境污染治理等能力均存在明显差距，如表 4.15 所示。

一方面，西部地区用于生态环境保护的财政投入差距较大。从地方政府节能环保支出来看，2015 年东部地区平均值为 190.63 元，是西部地区（105.28 亿元）的 1.81 倍；2018 年东部地区平均值为 268.55 亿元，是西部地区（113.18 亿元）的 2.37 倍；2020 年东部地区平均值为 256.98 亿元，是西部地区（147.55 亿元）的 1.74 倍，总体来看，两大地区用于节能环保的财政投入差距较为明显。从地方政府工业污染治理完成投资额情况来看，2015 年东部地区平均值为 405422.00 万元，是西部地区（183950.00 万元）的 2.2 倍；2018 年东部地区平均值为 357587.30 万元，是西部地区（127850.17 万元）的 2.28 倍；2020 年东部地区平均值为 226731.10 万元，是西部地区（72157.83 万元）的 3.14 倍，区域差距明显且呈扩大趋势。

另一方面，西部各省（区）环境污染治理能力较弱。从一般工业固体废物综合利用率来看，2015 年东部地区平均值为 84.81%，是西部地区（45.47%）的 1.87 倍；2018 年东部地区平均值为 78.07%，是西部地区（37.77%）的 2.07 倍；2020 年东部地区平均值为 77.99%，是西部地区（40.00%）的 1.95 倍。从城市生活垃圾无害化处理率来看，2015 年东部地区平均值为 95.70%，比西部地区（86.30%）高 9.40 个百分点；2018 年东部地区平均值为 99.40%，比西部地区（97.50%）高 1.90 个百分点；2020 年东部地区平均值为 100.00%，比西部地区（99.77%）高 0.23 个百分点，差距虽然逐渐缩小，但西部各省（区）城

① 访谈地点：N 自治区生态环境厅政策法规处。访谈时间：2022 年 4 月。

市生活垃圾无害化处理能力仍相对较低。从农村无害化卫生厕所普及率来看，2015 年东部地区平均值为 83.39%，是西部地区（44.60%）的 1.87 倍；2018 年东部地区平均值为 87.52%，是西部地区（49.70%）的 1.76 倍。从建成区绿化覆盖率来看，2015 年东部地区平均值为 41.23%，比西部地区（37.40%）高 3.83 个百分点；2018 年东部地区平均值为 41.92%，比西部地区（38.45%）高 3.47 个百分点；2020 年东部地区平均值为 42.13%，比西部地区（39.08%）高 3.05 个百分点。由此可见，与东部地区相比，西部地区地方政府生态环境保护能力差距明显，且呈逐年扩大的趋势。

| CHAPTER 5 | 第五章

原因探究：西部地区地方政府能力建设的制约因素

政府能力是通过政府履行各项具体职能综合表现出来的，是促进社会进步的重要动力①。政治系统论认为，地方政府能力建设是政治系统内部各要素之间以及政治系统与其他社会系统之间相互作用、相互影响、相互制约形成的生态联动过程，地方政府能力作为政治系统的输出受各种因素的影响和制约。地方政府能力作为政治系统输出的产物，其高低取决于政治系统能否为其提供足够且恰当的能量，没有社会资源的输入，政治系统就会失去运转的功能，其产出也会受到影响②。从前文可知，西部地区地方政府能力不足是客观存在的事实，准确分析其制约因素是寻求提升地方政府能力并提出相应对策的基本条件之一。所谓“制约因素”，是指那些对地方政府能力的形成、存在、变化以及发生作用产生不利影响的诸条件的总和，探讨西部地区地方政府能力建设的制约因素，必须关注其所处的行政环境因素、政府自身因素及其他因素，并进行综合分析。

① 张国庆．公共行政学（第三版）[M]．北京：北京大学出版社，2007：496.

② 方雷，鲍芳修．地方治理能力的政治生态构建 [J]．山东大学学报（哲学社会科学版），2017（1）：35-42.

第一节　行政环境因素

经济发展不平衡不充分、社会资本累积式微、沟通网络异质多元、自然生态脆弱易损等外部行政环境是西部地区地方政府能力建设环境约束的构成要素。

一、经济发展不平衡不充分

经济环境是行政系统最基本的外部环境。行政系统活动总是在一定的物质条件的基础上进行的，而物质条件的充分与否直接同行政系统的管理效率高低相关。具体而言，凡生产力较高的国家或地区，国民收入都较高，财政预算就能给行政系统的活动以较充分的支持；反之，就会影响行政系统的正常活动[①]。这一原理告诉我们，一个地区的生产力发展状况或经济发展水平是该地区地方政府有效履行职能、充分发挥作用的前提和基础。这里所讲的"地方政府有效履行职能、充分发挥作用"，实质就是地方政府能力。对于西部地区来讲，经济发展不平衡不充分使得地方政府动员、获得、调配和利用各种经济资源的难度加大，成为制约地方政府能力的根本因素。

发展不平衡不充分是我国西部地区发展中面临的突出问题。改革开放以来，西部地区虽然在经济发展、脱贫攻坚、工业化和城镇化等方面取得了较为可观的成绩，但不可否认的是，经济发展不平衡不充分仍表现得比较明显。

第一，经济发展方面，西部地区经济发展相对落后于东部地区，处于欠发达状态。如表 5.1 所示，从人均生产总值来看，2018 年东部地区平均值为 96332 元，是西部地区（45189 元）的 2.13 倍；2019 年东部地区平均值为 101792 元，是西部地区（49156 元）的 2.07 倍；2020 年东部地区平均值为 101400 元，是西部地区（51713 元）的 1.96 倍，总体来看，两大区域人

① 夏书章．行政管理学（第六版）[M]．广州：中山大学出版社，2018：26-17.

均生产总值差距较大。从一般公共预算收入来看，2018 年东部地区平均值为 5609.33 亿元，是西部地区（1361.05 元）的 4.12 倍；2019 年东部地区平均值为 5803.08 亿元，是西部地区（1432.54 亿元）的 4.05 倍；2020 年东部地区平均值为 5796.59 亿元，是西部地区（1409.60 亿元）的 4.11 倍，两大地区一般公共预算收入差距呈逐年扩大趋势。从居民人均可支配收入来看，2018 年东部地区平均值为 39566.9 元，是西部地区（21036.6 元）的 1.88 倍；2019 年东部地区平均值为 42947.2 元，是西部地区（22951.2 元）的 1.87 倍；2020 年东部地区平均值为 44746.5 元，是西部地区（24213.1 元）的 1.85 倍。

从生活质量来看，东部地区人民群众生活质量平均指数为 70.7，西部地区平均指数为 53，两大地区相差 1.33 倍。此外，西部地区人民群众生活质量指数平均值明显低于全国整体水平（55）[①]。从现代化程度来看，西部地区现代化程度较低。中国科学院中国现代化研究中心何传启教授领衔的“中国现代化战略研究课题组”从知识创新、知识传播、生活质量和经济质量 4 个维度对中国各省（区、市）现代化程度进行了评价，并指出知识创新能够改进经济质量和经济发展[②]。如表 5.2 所示，西部地区知识创新指数平均值为 16.4，比东部地区平均值（62.0）低 45.6；西部地区经济质量指数平均值为 32.9，比东部地区平均值（48.1）低 15.2；西部地区经济发展指数平均值为 38.0，比东部地区平均值（54.4）低 16.4；西部地区现代化指数平均值为 36.5，比东部地区平均值（61.7）低 25.2。

表 5.1　西部地区和东部地区经济发展情况

地区	年份	人均生产总值 / 元	一般公共预算收入 / 亿元	居民人均可支配收入 / 元
西部地区平均值	2018	45189	1361.05	21036.6
	2019	49156	1432.54	22951.2
	2020	51713	1409.60	24213.1

① 何传启. 中国现代化报告 2017［M］. 北京：北京大学出版社，2017：237.
② 何传启. 中国现代化报告 2017［M］. 北京：北京大学出版社，2017：256.

续表

地区	年份	人均生产总值 / 元	一般公共预算收入 / 亿元	居民人均可支配收入 / 元
东部地区平均值	2018	96332	5609.33	39566.9
	2019	101792	5803.08	42947.2
	2020	101400	5796.59	44746.5

资料来源：依据《中国统计年鉴》(2019、2020、2021）相关统计数据计算得出。

表 5.2　西部地区和东部地区现代化指数

地区	知识创新指数	经济质量指数	经济发展指数	现代化指数
内蒙古	17.4	36	52	44
宁夏	22.3	30	39	40
新疆	14.0	31	39	38
西藏	4.8	39	37	32
青海	21.3	30	40	38
云南	12.2	33	33	30
广西	23.2	34	33	38
贵州	16.2	30	31	32
西部地区平均值	16.4	32.9	38.0	36.5
北京	89.4	89	69	87
天津	82.0	51	70	78
河北	17.7	32	40	41
上海	100	60	70	83
江苏	85.8	46	56	68
浙江	67.7	44	53	58
福建	40.7	41	48	50
山东	55.3	39	47	56
广东	70.2	45	51	59
海南	11.0	34	40	37
东部地区平均值	62.0	48.1	54.4	61.7

资料来源：根据何传启（2017）相关数据计算得出。

第二，从工业化和城镇化方面来看，西部地区工业化和城镇化发展相对滞后，区域间差距较大。产业结构层次较低、结构单一是当前西部地区工业化进程面临的主要问题。西部地区的产业结构仍处于低水平状态，从表 5.3 中可以看到，2020 年，西部地区第一产业所占比重平均值为 12.33%，比全国平均水平（7.7%）高出 4.63 个百分点，说明该地区经济发展对农业的依存度仍较高；第三产业所占比重平均值为 50.71%，低于全国平均水平（54.5%）。西部地区城镇化水平相对滞后也是发展不充分的重要表现之一。2021 年《中国统计年鉴》数据显示，2020 年，全国城镇化水平为 63.89%，内蒙古和宁夏的城镇化率分别为 67.48%、64.96%，略高于全国水平，而新疆、西藏、青海、云南、广西、贵州的城镇化水平均低于全国水平，城镇化率分别为 52.23%、56.53%、60.08%、35.73%、50.05%、54.2%、53.15%。

表 5.3　2020 年西部地区三大产业比重

（%）

地区	第一产业	第二产业	第三产业
内蒙古	11.7	39.6	48.8
宁夏	8.6	41.0	50.3
新疆	14.4	34.4	51.3
西藏	7.9	42.0	50.1
青海	11.1	38.0	50.9
云南	14.7	33.8	51.5
广西	16.0	32.1	51.9
贵州	14.2	34.8	50.9
西部地区平均值	12.33	36.96	50.71
全国	7.7	37.8	54.5

资料来源：依据《中国统计年鉴》(2021）相关统计数据计算得出。

二、社会资本累积式微

随着20世纪70年代社会资本理论的兴起，社会资本成为一个跨学科的概念，代表人物有布尔迪厄、科尔曼、帕特南、弗朗西斯·福山等学者。布尔迪厄（1997）认为社会资本作为资源集合体能够为社会行为提供支撑①；福山（1998）指出社会资本包含信任、期望、规范、角色等要素②；科尔曼（1999）认为社会资本能够有效解决集体行动困境的问题③；帕特南（2001）发现信任、规范、网络等社会资本可以协调行为和促使社会效率提高④；格鲁特尔特和范·贝斯特纳尔（2004）认为社会资本可分为结构型和认知型两种类型，前者注重规则、程序和先例的作用，后者侧重主观范畴的价值观、信任、信仰等要素⑤。从上述分析可以看出，社会资本理论关注的是社会关系以及包含信任、规范、网络在内的公共精神⑥。

社会资本在社会发展、国家治理中发挥着非常重要的作用，正如帕特南指出的，社会资本积累程度往往会决定制度运作的绩效。从国家治理的角度来看，要改善国家治理，就要投资社会资本，构建一个良好的社会组织机制，并形成良好的参与网络⑦。社会资本在国家治理中的功能和作用主要有社会价值整合与凝聚、社会结构网络化、社会活动力与自我发展以及推进基层社会民主协商等⑧。从地方政府治理角度来看，优质丰富的社会资本让良性治理成为可能，即社会资本有助于培育信任关系、规范行政行为、优化参与网络⑨。而

① （法）布尔迪厄. 文化资本与社会炼金术［M］. 包亚明，译. 上海：上海人民出版社，1997：202.

② （美）福山. 信任——社会道德与繁荣的创造［M］. 上海：上海远东出版社，1998：35.

③ （美）科尔曼. 社会理论的基础［M］. 邓方，译. 北京：社会科学文献出版社，1999：54.

④ （美）帕特南. 使民主转起来［M］. 王列，赖海榕，译. 南昌：江西人民出版社，2001：195-196.

⑤ （美）格鲁特尔特，范·贝斯特纳尔. 社会资本在发展中的作用［M］. 黄载曦，等，译. 成都：西南财经大学出版社，2004：3-4.

⑥ 张旭. 社会资本视角下的政府治理［J］. 江汉学术，2014（5）：83-91.

⑦ 燕继荣. 社会资本与国家治理［M］. 北京：北京大学出版社，2015：244.

⑧ 赵琼. 社会资本在国家治理现代化中的建设性作用［J］. 治理现代化研究，2018（5）：84-89.

⑨ 张瑶瑶. 社会资本理论视角下的当代中国地方政府治理问题研究［D］. 西安：陕西师范大学，2019.

社会资本比较匮乏的社会被认为是一种“碎片化”社会，人与人之间缺乏联系、自治组织和民间组织不发达。要统治和治理这种社会，政治上可能的选择就是集权，甚至是极权[①]。受主客观因素的影响和制约，西部地区传统社会资本要素较强，现代社会资本要素如信任、关系、制度、价值等则发展相对滞后[②]。社会资本累积式微往往成为制约和影响地方政府能力和治理绩效的重要因素。

首先，社会资本发展滞后制约西部地区地方政府治理绩效。一是西部地区地方政府存在形象危机，不利于社会信任资本要素的培育。具体表现为地方党政部门存在官僚主义、形式主义、腐败问题及部分干部不作为乱作为等现象。在实地调研中我们发现，国家惠民政策执行不到位、大搞形象工程、上有政策下有对策等现象仍然不时出现，对西部地区地方政府的公信力造成了较大冲击，影响了西部地区的凝聚力和向心力，不利于地方政府的有效治理。二是西部地区存在族际关系张力，制约了地方政府治理绩效的社会环境培育。受文化、社会、经济、政治、心理、国际关系等因素的影响，西部地区复杂的家族关系、宗族关系及族际关系仍没有完成现代转型，族际关系存在张力是客观事实，成为各民族交往交流交融的限制性因素，不利于西部地区现代信用和合作关系的建设发展。三是西部地区社会组织发育发展不足，制约了参与网络类社会资本的培育发展。社会组织作为地方治理多元主体之一，承担了重要职责、扮演着重要角色，能够有效弥补地方政府治理能力的不足。但是，西部地区社会组织存在数量少、独立性差、纽带作用不够、参与不足等问题[③]，限制了参与类网络社会资本的发育。

其次，社会资本不足对西部地区地方政府社会治理能力有抑制作用。一是社会资本不足制约着西部地区社会认同的提升，加大了地方政府社会治理的难度。个体或群体间只有进行了充分的社会沟通和社会交往，才能有效促

---

① 燕继荣．社会资本与国家治理［M］．北京：北京大学出版社，2015：245.

② 王砚蒙，朱碧波．论我国边疆的治理体系和治理能力重构［J］．西北民族大学学报（哲学社会科学版），2014（6）：30-35.

③ 颜俊儒，刘畅．提升中国共产党在边疆民族地区治理绩效的社会资本路径［J］．贵州民族研究，2015（1）：25-30.

进社会认同[①]。也就是说，社会成员通过互相间的交往形成了对自己的认识和定位，进而产生了更多的社会认同，而社会认同有助于社会治理效能的提升。但问题是，现实社会发展中制度建设往往滞后于经济发展，进而导致制度性社会资本缺失，若不能通过其他途径弥补，则会制约社会治理体系的有效构建和社会治理能力的提升[②]。近年来，西部地区经济发展较快，社会竞争加剧、生存压力加大，再加上不同民族间语言、文化、宗教信仰的异质性，社会认同分化的风险不断加大，社会治理共同体难以形成，社会治理的难度加大。二是社会资本不足不利于社会资源的聚集，影响了社会治理制度创新。相互信任、合作互利、规范参与、互动协商是多元共治的基本条件，也是社会治理创新的价值取向和必由之路。社会资本具有促进社会资源优化配置、创新社会资源聚集、促进社会可持续发展的功能[③]。反之，社会资本缺失则不利于社会治理中的信息反馈和互动，不利于社会治理创新的动力供给[④]。由此可见，西部地区社会资本的不足会限制社会资源的聚集，制约多元主体参与社会治理格局的形成，不利于社会治理体系的创新发展。三是社会资本不足制约着地方政府社会治理能力的提升。事实证明，社会资本在地方政府社会治理体系和治理能力现代化的进程中，是一个不可忽视的重要因素。社会资本不仅有助于社会民主化和社会参与的推进，还可以提供经验和智力方面的支持，起到监督的作用[⑤]。而较低水平的社会资本则会导致一些政治功能的失调[⑥]。由此可见，西部地区社会资本的不足和缺失制约着社会治理能力的建设和提升。

---

① 刘少杰. 网络化时代社会认同的深刻变迁［J］. 中国人民大学学报，2014（5）：62-70.

② 张勇. 培育社会资本：创新边疆社会治理的路径选择［J］. 领导科学论坛，2021（4）：57-69.

③ 姚志友，张诚. 培植社会资本：乡村环境治理的一个理论视角［J］. 学海，2016（6）：48-53.

④ 张勇. 培育社会资本：创新边疆社会治理的路径选择［J］. 领导科学论坛，2021（4）：57-69.

⑤ 张勇. 培育社会资本：创新边疆社会治理的路径选择［J］. 领导科学论坛，2021（4）：57-69.

⑥ 曹荣湘. 走出囚徒困境：社会资本与制度分析［M］. 上海：上海三联书店，2003：79.

三、沟通网络异质多元

沟通网络是美国行政生态理论代表性人物里格斯提出的一个概念。他指出，沟通网络包括社会的文化水平、适用语言的状况、社会舆论的力量以及通信的状况等使整个社会能“沟通”的重要手段[①]。里格斯依据“动员”和“同化”两个角度进一步将社会分为“一元化社会”和“多元化社会”[②]。一元化社会使用共同的语言和价值系统，政府与社会容易产生信任，政府容易凝聚公众的需求，有助于政府制定政策与执行法令功能的发挥。在多元化社会中，异质性是非常典型的特征。所谓异质性，是指一个社会在同一时间，同时存在不同的制度、观点和价值。多元化和异质性不仅会限制行政机关对公众利益的聚合和表达范围，还会抵消加强政府责任和尊重公众意见的任何努力[③]。这一理论说明，多元化社会的异质多元特征会影响一个社会沟通网络的畅通，进而对行政系统的运行产生直接影响。也就是说，异质多元的沟通网络是制约一个地区地方政府能力形成、存在以及产生作用的不容忽视的重要因素。

受族际差异、宗教信仰、语言文字、经济文化类型等因素的影响，我国西部地区是典型的多元化社会，学术界对此已基本达成共识。概括起来，我国西部地区异质多元的表征可以归纳为民族族源的多源性、民族生存空间的多样性、生计模式的差异性、宗教信仰的多元性、民族语言的复合性、民族认同的多重性、社会发展的不均衡性 7 个方面[④]。这种异质多元的社会特征必然会对地方政府能力的形成、发展提出特殊要求。西部地区沟通网络异质多元尤为显著地表现在民族语言文化、宗教信仰和跨界民族问题上。

使用语言状况是影响沟通网络的关键因素。我国是一个多民族、多语种、多文种的国家，有百种以上语言和 30 多种文字，语言文字不仅种类多，而且特点相当复杂[⑤]。每一种语言均独特地反映了人们对世界的认识和体验，反映

① 肖军勇，漆晓春．公民政治参与的行政生态解读与思考［J］．甘肃农业，2006（11）：39-40.

② 丁煌．西方行政学说史［M］．武汉：武汉大学出版社，2008：294.

③ 梁源．里格斯行政生态学理论研究［D］．长沙：湖南师范大学，2011：14-25.

④ 周平．中国边疆治理研究［M］．北京：经济科学出版社，2011：231-235.

⑤ 戴庆厦．中国少数民族语言使用现状及其演变研究［M］．北京：民族出版社，2010：1.

了使用者的价值观和世界观。从实际情况来看，西部地区各民族社会成员的语言使用呈现出较为明显的多样性和差异化特征，少数民族中使用本民族语言的人口占 80% 以上。民族语言的差异，往往会对经济发展和政治稳定产生一定影响。语言文化的差异，从以下几个方面影响着西部地区地方政府能力的形成以及作用的有效发挥：一是给各民族间的经济文化交往造成一定程度的障碍。这对于经济欠发达的西部地区来说，无疑会加大政府能力有效发挥的难度。语言文化的差异，既影响了西部地区部分民众与中部地区、东部地区的经济文化交往，又影响了西部地区各民族之间的经济文化交往。消除这些影响，要求西部地区地方政府具有区别于其他地区地方政府的能力构成、要素及必要的素质。二是民族文化的多元性、差异性及相互间的互动必然会对西部地区地方政府能力的形成和发展提出诸多挑战。西部地区的一个显著特征就是民族文化的多元性、差异性及相互间的互动性，具体体现为各民族间不同的文化样态及不同文化样态导致的民族关系的复杂性和竞争性。这种文化的多元性、差异性及互动性容易导致文化冲突和竞争，如果处理不好，将成为重要的社会不稳定因素①。基于此，西部地区地方政府在制定、执行区域治理政策，尤其是贯彻落实公共服务、社会治理、文化建设、生态环境保护等方面的具体政策内容时，应充分考虑各民族的历史传统、文化特点等因素，一旦处理不当，就容易伤害民族情感、破坏民族关系，不利于地方政府能力的提升和建设。三是民族语言文化还会影响到国家认同。我们之所以分析西部地区各民族的认同关系和认同问题，是因为这一问题不仅客观存在，而且影响深远。正如阿尔蒙德和鲍威尔指出的，“人们的态度类型对其政治行为发挥着强制作用，即政治生活中的各种活动受人们的态度类型的影响和制约”②。语言种类的异质多元，往往会造成信息沟通障碍，进而影响民族认同、国家认同③。问卷调查显示，调查对象中对我国未来发展趋势持非常乐观态度的占 78.95%，持不太乐观态度

---

① 周平. 中国边疆治理研究［M］. 北京：经济科学出版社，2011：225.

② （美）阿尔蒙德，鲍威尔. 比较政治学：体系、过程和功能［M］. 曹沛林，译. 上海：上海译文出版社，1987：29.

③ 周平. 民族政治学导论［M］. 北京：中国社会科学出版社，2001：146.

的占7.2%；认为当前我国总的政治制度较好但仍需完善的占39.09%；对中国共产党领导我们实现中华民族伟大复兴很有信心的占84%，比较有信心的占15.33%。

宗教因素是我国西部地区地方政府不得不面对的因素。宗教赋予的价值观念、道德意识、行为偏好、选择方式等，往往成为民族特定的文化价值标准并对其经济生活起到极其重要的影响作用。政治经济发展常常受到穿透制度层面的文化（宗教）的影响和制约。正如马克斯·韦伯所说，经济与伦理道德相一致则会促进经济的发展；反之，则会成为阻碍因素①。对于西部地区而言，各民族的宗教信仰具有普遍性和广泛性。一方面，生活在西部地区的少数民族大多信仰宗教，一个民族信仰同一宗教、同一民族信仰不同宗教、不同民族信仰同一宗教多种情况并存。另一方面，近年来我国西部地区宗教问题呈现出一些新情况和新特点，即信教群众增多，宗教的影响更加广泛；宗教的世俗化倾向有所加强；宗教问题与民族问题的结合更加紧密②。客观存在的多元宗教文化及其差异，必然成为影响和制约西部地区地方政府能力的重要因素③。

首先，地方政府需要回应多元宗教文化及其差异的客观现实需求。宗教不仅是一种信仰，更重要的是它反映了特殊群体的理想、愿望和追求。因此，西部地区地方政府在制定经济社会发展规划时，应结合各种宗教的特点。这就要求西部地区地方政府在推动经济发展、基本公共服务均等化、社会治理、文化建设、生态环境保护等各项事业进程中，考虑少数民族的特殊文化、特殊宗教信仰以及特殊需要等。如果不考虑少数民族精神生活的复杂多样性，各项事业的决策及执行就容易受阻，经济与社会发展战略规划也很难顺利推行。因此，文化的多样性与发展模式的多元化，必然制约着西部地区地方政府能力的形成、存在、变化以及发生作用。

---

① （德）韦伯．新教伦理与资本主义精神［M］．黄晓京，等，译．成都：四川人民出版社，1996：140-142.

② 周平．中国边疆治理研究［M］．北京：经济科学出版社，2011：150-161.

③ 任维德．地方政府能力建设：西部民族地区发展新思路［M］．呼和浩特：内蒙古大学出版社，2014：168.

其次，多元宗教文化及其差异的存在对地方政府能力提出更高要求，成为制约西部地区地方政府能力建设的重要因素。特定的宗教信仰是一个与特定社会的运行与治理密切相关的价值支撑体系。例如，藏传佛教对藏族聚居地区的经济社会发展产生了很大影响，需要地方政府具备适应这一现实的基本能力。同时，西部地区地方政府也会因民族、宗教因素形成特殊的财政支出，如西藏、新疆、青海等省（区）每年都要向寺院及相关工作人员划拨一定的财政资金。这些因素的存在必然对西部地区地方政府的能力提出了更高的要求。

跨界民族也是西部地区异质多元特征的又一成因。内蒙古的蒙古族、鄂温克族、鄂伦春族和俄罗斯族均为跨界民族，其所分布的周边国家有蒙古、俄罗斯、哈萨克斯坦、乌兹别克斯坦、吉尔吉斯斯坦、塔吉克斯坦；新疆有 9 个主要民族属于跨界民族，其所分布的周边国家有哈萨克斯坦、乌兹别克斯坦、吉尔吉斯斯坦、塔吉克斯坦、土库曼斯坦、巴基斯坦、俄罗斯、蒙古、阿富汗、伊朗 10 个国家；西藏的藏族、门巴族、珞巴族跨印度、巴基斯坦、尼泊尔、不丹等国而居；云南的跨界民族也较多，约有 14 个，涉及的周边国家有缅甸、越南、老挝、泰国、印度等；广西的壮族、瑶族、京族、苗族为跨界民族，其所分布的周边国家有越南、老挝、缅甸、泰国等。

跨界民族在西部地区的经济、政治、社会、文化生活及国家安全中有着重要的影响。跨界民族语言相通、宗教信仰相似、文化习俗相近，能在经贸跨境合作、文化交流等方面起到积极推动作用，然而一旦跨界民族问题处理不恰当，消极影响就更为突出。周平（2011）认为，跨界民族内部的民族情感与民族认同不仅存在，而且在某些情况下会突出地表现出来，甚至改变原有的民族关系，并由此产生不同于非跨界民族的特殊的民族问题，进而给边疆民族地区的稳定、发展和安全带来一定冲击[①]；黎海波（2014）将跨界民族的消极影响概括为宗教渗透、跨国犯罪两个方面[②]；李俊清、黎海波（2015）总结了跨界

① 周平．中国边疆治理研究［M］．北京：经济科学出版社，2011：148-149.

② 黎海波．论我国跨界民族的双重作用与双刃剑效应［J］．湖北民族学院学报（哲学社会科学版），2014（5）：5-8.

民族跨境交流交往中存在的跨界无序流动、跨国犯罪、宗教渗透、市场化对跨界民族经济的冲击等问题①。由上述分析可以看出，跨界民族问题已经成为西部地区治理中不可忽视的影响因素。跨界民族事务本身就是一个十分复杂的“区域问题”，制约着西部地区地方政府的治理能力建设，成为影响该地区地方政府能力形成、存在、演变以及发生作用的重要因素。

四、自然生态脆弱易损

我国西部地区大部分处于生态脆弱带上，自然生态环境的敏感性、不稳定性、摆动性问题突出，加上人为因素的影响，该地区生态环境相当脆弱，一旦破坏极难恢复②。西部地区脆弱生态环境成因及其生态结构如表 5.4 所示。从生态脆弱带类型来看，脆弱带类型的不同级别时空尺度决定其层次和差别，内蒙古、宁夏、新疆、西藏、青海、云南、广西均在生态脆弱带上，其中，内蒙古 30 个旗（县）、442131 平方千米，甘肃 36 个县（市）、111622 平方千米，云南 30 个县（市）、112108 平方千米，广西 44 个县（市）、126199 平方千米处于我国北方生态脆弱带或南方生态脆弱带上③。从生态脆弱度来看，脆弱度大于 0.65 的为极强脆弱，西部地区中的西藏、青海、新疆属于极强脆弱，得分分别为 0.7821、0.8329、0.6537；脆弱度大于 0.45 的为强度脆弱，内蒙古、云南、广西属于强度脆弱，得分分别为 0.6186、0.5925、0.4507④。

表 5.4　西部地区脆弱生态环境成因及其生态结构

区域	成因	脆弱生态指标	生态景观类型	地貌类型
北方半干旱—半湿润区	降水少、不稳定；蒸发与降水关系对利用的影响	400 毫米降水保证率 <50%，350 毫米降水保证率 >50%；干燥度为 1.2 ～ 2.0	山地森林草原、灌丛草原、草甸、草原、干草原、荒漠草原	高原、山地丘陵、丘陵台地

① 李俊清，黎海波．中国的跨界民族与边疆公共事务治理［J］．公共管理学报，2015（1）：1-10.

② 王娟娟，何佳琛．西部地区生态环境脆弱性评价［J］．统计与决策，2013（22）：49-52.

③ 周毅．中国西部脆弱生态环境与可持续发展［M］．北京：新华出版社，2015：51-52.

④ 周毅．中国西部脆弱生态环境与可持续发展［M］．北京：新华出版社，2015：162.

续表

区域	成因	脆弱生态指标	生态景观类型	地貌类型
西北干旱地区	水源缺乏；水源保证不稳定；风蚀、堆积	径流散失区径流变率为 50% 左右，周边植被覆盖率 <10%，防护林网面积 <10%	干草原、荒漠草原、绿洲	山地丘陵、洪水冲积平原、沙地
西南山地区	流水侵蚀、干旱、过垦、过伐、过牧	中等以上切割流水侵蚀带干燥度 >1.5，森林覆盖率 <30%	干热灌丛草原、干暖灌丛草原、干温灌丛草原	深切割山地、中切割山地
西南石灰岩山地区	溶蚀、水蚀	石灰岩切割山地植被覆盖率 <30%	岩溶灌丛、亚热带森林	山地丘陵、盆地
青藏高原	流水侵蚀；风蚀；降水不稳定；自然条件恶劣	河谷周边山地 400 毫米降水保证率 < 50%，350 毫米降水保证率 >50%，干燥度为 1.5 ～ 2.0，森林覆盖率 <30%	山地灌丛草原、山地森林草原	山地、河谷地

资料来源：根据周毅（2015：48）相关资料整理而成。

西部地区生态脆弱带面临的主要生态问题：一是土地荒漠化日益严重。内蒙古、宁夏、新疆、西藏、青海等是我国荒漠化土地主要分布地，其中新疆就有沙漠 42 万平方千米，约占全国沙漠总面积的 1/6，占新疆总面积的 1/4。二是遏制水土流失难度较大。西部地区是我国水土流失重灾区。云贵高原是世界最大的喀斯特高原，面积达 50 余万平方千米，其中，广西石灰岩山地（包括浅埋藏的岩溶地貌）面积为 8.95 万平方千米，占全省总面积的 37.8%；云南有 28.8% 的地区为石灰岩山。云南喀斯特地区水田占耕地比例为 29.85%、广西为 50%。喀斯特塌陷、溶洞及地下管道发育，导致渗漏严重，制约工业、交通、水利、城镇建设，增加基本建设费用。三是水资源和水生态遭到严重破坏。干涸、流量减少甚至断流是该地区较为普遍的问题。例如，在新疆，湖泊面积减少了约 4852 平方千米。由于过量引水灌溉农田，我国最大内陆河塔里木河下游完全断流，实际干流由 1300 千米缩短为 1000 千米，尾闾湖罗布泊和台特马湖也完全干涸。此外，长江、黄河也面临水危机。水质矿化、恶化，致使人畜饮水困难。四是自然灾害频发。由于地质、地形、气候及人为因素的影响，西部地区自然灾害频发且种类多。干旱、水土流失、山体滑坡等常见于西北地区和西南地区，此外，山地灾害、地震、洪涝等也是常见的自然灾害①。

上述自然条件客观上加重了西部地区地方政府行政管理的任务，加大了其行政成本，也对这一地区地方政府行政管理职能的确立以及机构的设置等提出了特殊要求。一是政府为增强生态环境稳定性需进行投资。甘肃为了治理洪涝、进行流域治理，采取了建设输水工程、整治河道、实施流域水量统一调度等一系列措施，还开展了水电站治理等工作②，无疑需要投入大量的资金。内蒙古、西藏等为了治理土地荒漠化、水土流失、沙漠化等问题，开展了植树造林、退耕还林等相关举措，在相关项目上投入了相当多的资金。二是跨境、跨省份生态系统治理增加了协同治理成本。我国西部地区与俄罗斯、蒙古、哈萨克斯坦、缅甸、老挝、越南等 13 个国家接壤。很多生态系统具有跨境的特性，国家有边界，但生态系统的边界却不好区分，即使把本国境内的生态系统治理好，该生态系统位于其他国家的部分也会影响我国的治理成效，国家之间的合作协商也会增加地方政府的运行成本。跨省份的生态系统协同治理虽然比跨境生态系统的协同治理更容易，但是省份之间的协同治理也需要花费时间和精力，同样会增加额外的运行成本。三是生态系统保护政策的制定会增加成本。例如，为了更科学地治理草原，防止草原荒漠化，从 2011 年开始，内蒙古、新疆、西藏、青海、云南都颁布实施了草原生态保护奖补政策，各地还有草原管理条例、草原荒漠化治理、水土流失治理等相关政策。每一项政策的制定都需要听取民意、实地调研等环节，增加了当地政府的人力、物力投入，增加了财政支出。政策制定之后还需要相关人员去执行，需要开展人员工作分配等工作；政策执行过程中，还需要监督政策的实施、补贴的发放等，这些都增加了当地政府的人力成本。四是生态环境保护教育会增加政府成本。西部地区的自然生态脆弱易损，除气候原因、地形原因以外，很大一部分是人为因素造成

---

① 张军驰．西部地区生态环境治理政策研究［D］．杨凌：西北农林科技大学，2012．

② 翟自宏．构筑西部生态屏障的甘肃水利实践及水生态文明建设建议［J］．中国水利，2019（21）：14-17．

的。因西部地区经济发展水平较低，以及地形等原因，交通运输不发达，当地百姓谋生方式较单一，只能靠山吃山、靠水吃水。居住在草地的百姓以放牧为生，居住在森林的则以卖木为生，在发展的过程中忽视了保护生态环境的重要性，过度利用生态资源，导致自然生态脆弱易损。因此，政府需要通过长期宣传，循序渐进地提高居民生态环境保护意识，这也会增加当地政府的运行成本。

第二节　政府自身因素

除了外部环境因素，政府自身的职能转变、行政管理方式、工作人员素质与能力、体制改革创新、府际关系的制度安排等也是影响地方政府能力建设的重要因素。

一、政府职能转变缓慢

政府职能转变是当代中国推进政府改革的核心问题。政府职能转变的实质是政府应该管什么、不应该管什么以及如何有效管理的问题。能否适应市场经济和现代公民社会的要求，是检验政府能力强弱的重要指标。而提升这种适应能力的主要手段，就是依据经济社会发展需要，转变政府职能，以增加政府能力的供给。改革开放以来，为了适应市场经济体制的需要，我国启动了行政体制改革，积极推动政府职能转变。然而，受经济发展滞后、市场发育不足等因素的影响，西部地区地方政府职能转变缓慢，直接表现就是政府存在市场替代行为、行政管理体制改革滞后。

政府的市场替代行为，是政府替代市场机制进行资源、财富配置的一种行为[①]。市场替代不是成熟的市场经济国家的政府应有的职能，因为市场替代意味着政府在很多本应由市场发挥作用的领域存在，与市场经济条件下政府和市场的分工并不相符。由于主客观因素的限制，西部地区市场环境缺乏竞争、

① 李俊清．中国民族自治地方公共管理导论［M］．北京：北京大学出版社，2008：171.

市场主体发育不良、市场发育程度不足、支撑市场运行的社会基础薄弱，地方政府不得不干涉本应由市场发挥作用的领域（如产业选择、企业成长和资源配置等）。正如访谈对象Ⅵ在谈到如何处理政府与市场关系时所言：

“虽然党中央明确提出让市场在资源配置中起决定性作用，但我们地处我国北部边疆，无论是国有经济还是民营经济都较落后，再加上教育医疗落后、基础设施建设滞后，在招商引资、产业培育、资源优化配置等方面都要靠各级政府部门，市场的作用发挥得不是很理想。政府的作用是‘上管天、下管地、中间还要管空气’。”①

政府的市场替代能在短时间内通过“看得见的手”调控和引导民族地区经济社会发展，以政府设计的目标清晰、过程有序的理性可控行为，推动民族地区实现跨越式的赶超发展②。但需要注意的是，市场替代仅可作为西部地区地方政府为实现超常规发展而采取的一种特殊方式，不能成为一种常态。否则，西部地区地方政府就会成为“全能型政府”，遏制市场机制和公民社会作用的发挥，不利于地方政府高效履行职能，进而影响地方政府能力的提升。

行政管理体制改革滞后主要表现为以下几个方面：

一是西部地区地方政府机构规模大、成本高。在我国历次政府机构改革中，中央国家机关以及东部地区党政机关的改革力度较大，西部地区地方政府机构改革的难度相对较大。在西部地区，党政机关和事业单位相对稳定的收入具有很大的吸引力，人员缺乏从政府机构流出的内在动力。如表 5.5 所示，从每亿元地区生产总值所供养的公共管理、社会保障和社会组织从业人员数来看，西部地区平均值为 43.44 人，比全国平均水平（19.41 人）高 24.03 人，是东部地区平均值（14.78 人）的 2.94 倍；相应地，西部地区地方政府的行政管理费支出也高于东部地区。政府机构规模是影响政府能力的十分重要的内在因素：政府规模越大，成本必然越高，财政负担就越重，就越会限制政府能力的形成和有效发挥。

---

① 访谈地点：N 自治区发展和改革委员会体制改革综合处。访谈时间：2022 年 1 月。

② 李俊清．民族地区政府与市场关系的定位与调适［J］．中国行政管理，2010（11）：24-28.

表 5.5　2020 年西部地区和东部地区政府机构人员规模情况

地区	公共管理、社会保障和社会组织从业人员 / 万人	地区生产总值 / 亿元	每亿元地区生产总值所供养的公共管理、社会保障和社会组织人员数 / 人
内蒙古	58.2	17359.82	33.53
宁夏	11.7	3920.55	29.84
新疆	83.5	13797.58	60.52
西藏	14.8	1902.74	77.78
青海	15.2	3005.92	50.50
云南	66.6	24521.90	27.16
广西	59.2	22156.69	26.72
贵州	74.0	17826.56	41.50
西部地区平均值	47.9	13061.47	43.44
北京	39.7	36102.55	11.00
天津	17.3	14083.73	12.28
河北	97.5	36206.89	26.93
上海	20.0	38700.58	5.17
江苏	89.0	102718.98	8.66
浙江	82.9	64613.34	12.83
福建	51.8	43903.89	11.80
山东	136.5	73129.00	18.67
广东	149.4	110760.94	13.49
海南	14.9	5532.39	26.93
东部地区平均值	69.9	52575.23	14.78

资料来源：根据《中国统计年鉴》(2021）相关数据计算得出。

二是西部地区地方政府效率较低。政府效率是指政府履行职能的效率，直接影响政府能力。由表5.6可以看出，西部地区省级政府效率标准化平均值为-0.14396，东部地区省级政府效率标准化平均值为0.19881，比西部地区高0.34277。西部地区的西藏、云南、宁夏、新疆的省级政府效率较低，政府效率标准化值分别为-0.4663、-0.2484、-0.1728、-0.1246，在全国分别排第30名、第29名、第25名、第23名。东部地区的广东、北京、浙江、江苏、福建、山东都排在全国前10名，其中，排名第1的广东省政府效率标准化值为0.4711，比西部地区排名最靠前的内蒙古的政府效率标准化值（0.0105）高0.4606，政府效率的差距较为明显。政府运行效率低是制约地方政府作用发挥和地方政府能力提升的重要因素。

表5.6　西部地区和东部地区地方政府效率测度标准化值及排名

地区	政府效率标准化值	排名
内蒙古	0.0105	14
宁夏	-0.1728	25
新疆	-0.1246	23
西藏	-0.4663	30
青海	-0.0699	20
云南	-0.2484	29
广西	-0.0603	19
贵州	-0.0199	16
西部地区平均值	-0.14396	—
北京	0.3331	2
天津	-0.1987	27
河北	-0.0410	17
上海	-0.0502	18
江苏	0.2749	5

续表

地区	政府效率标准化值	排名
浙江	0.3235	4
福建	0.2264	6
山东	0.1507	9
广东	0.4711	1
海南	-0.4983	31
东部地区平均值	0.19881	—

资料来源：依据北京师范大学政府管理研究院、江西师范大学管理决策评价中心（2016）相关数据计算得出。

三是西部地区地方政府干预市场程度较高，直接配置的资源较多。这一问题涉及政府与市场之间的关系，即如何实现有效市场和有为政府的有机衔接①。“有为政府”实际涉及地方政府能力。更好发挥政府作用需要进一步转变政府职能、更加尊重市场规律、不过度介入微观市场活动，向市场、企业、社会放权。受经济、理念、体制等的影响，西部地区地方政府介入市场的程度较深。在调研中，我们发现一些干部“官本位”思想严重，仍有违规利用行政权力介入资源配置、生产经营等微观市场领域的现象。正如访谈对象Ⅶ所说：

“长期以来，我区主要依赖矿产资源开发去发展产业、发展经济，导致一些干部市场意识淡薄，缺乏让市场在资源配置中起决定性作用的意识，在处理政府和市场的关系时总觉得自己是‘万能’的，生怕丢掉行政审批、资源配置等‘大权’，本该由市场做的事碍手碍脚，本该由企业定的事指手画脚，本该由政府办的事束手束脚。职能越位、滥用权力配置了多少资源、配出了多少后患，服务缺位拖垮了多少企业、拖黄了多少项目，监管错位滋生了多少问题、滋长了多少乱象，有些事情很难想象是发生在已经搞了几十年市场经济的地

① 胡德巧．进一步处理好政府和市场的关系［N］．人民日报，2017-09-28（7）．

方。一些干部‘官本位、权本位、我本位’思想根深蒂固，嘴上讲‘要当人民公仆’，实际上想当‘官老爷’，习惯讲‘我管的那片儿’‘我管的企业’。”①

此外，由表5.7可以看出，依据王小鲁等发布的《中国分省份市场化指数报告2018》中的相关数据，在处理政府与市场关系方面，西部地区地方政府在减少商品市场上的地方保护方面的平均得分为7.92分，比全国平均水平（8.28分）低0.36分；在减少政府对企业的干预方面平均得分为1.41分，比全国平均水平（3.43分）低2.02分；在市场分配经济资源的比重方面平均得分为4.79分，比全国平均水平（7.21分）低2.42分，市场分配经济资源的比重相对较低意味着西部地区地方政府参与资源配置的比重较高；在价格由市场决定的程度方面平均得分为5.91分，比全国平均水平（7.29分）低1.38分，价格由市场决定的程度较低，说明西部地区价格由地方政府决定的程度较高。

表5.7　西部地区地方政府干预市场情况

地区	“减少商品市场上的地方保护”得分	“减少政府对企业的干预”得分	“市场分配经济资源的比重”得分	“价格由市场决定的程度”得分
内蒙古	8.15	−0.20	8.26	7.69
宁夏	9.09	0.17	6.22	5.77
新疆	6.81	2.29	5.82	6.75
西藏	3.56	1.89	−6.42	7.64
青海	6.70	0.25	3.34	0.00
云南	9.33	1.76	6.88	4.08
广西	10.34	3.04	8.04	7.92
贵州	9.37	2.08	6.14	7.45
西部地区平均值	7.92	1.41	4.79	5.91
全国平均水平	8.28	3.43	7.21	7.29

资料来源：依据王小鲁等（2019）相关数据整理和计算得出。

① 访谈地点：N自治区政府办公厅。访谈时间：2022年1月。

由上述分析可知，西部地区市场化程度较低，也就是政府职能转变不到位，会制约地方政府作用的发挥，成为制约和影响地方政府能力建设的重要因素。

二、行政管理方式落后

古语有云："工欲善其事，必先利其器。""构建职责明确、依法行政的政府治理体系，需不断创新行政管理和服务方式，加快推进全国一体化政务服务平台建设……建立健全运用互联网、大数据、人工智能等技术手段进行行政管理的制度规则。"[①] 加强地方政府能力建设，更好发挥政府作用，需要创新行政管理方式。反之，相对落后的行政管理方式就会成为制约地方政府能力建设的重要因素。

（一）工具理性的缺失

按照马克斯·韦伯的理论，理性包括价值理性和工具理性两种类型，并可用这一理论分析社会行为和社会现象。在马克斯·韦伯看来，价值理性和工具理性是两种不同取向的社会行为。马克斯·韦伯在对现代社会作出设想时指出，现代社会的理性化渗透体现在经济工具理性化、行政工具理性化、法律工具理性化、文化工具理性化、个人工具理性化等社会生活的各个层面。其中，在行政管理领域，他认为技术、照章办事的制度是科学合理的行政管理所必需的，而"官僚体制"是最符合理性要求的行政管理类型[②]。"官僚体制"之所以符合理性要求，是因为：在组织体制方面，排除了情感因素的影响，形成了相对稳定的制度框架和组织形式，克服了随意性；从运行过程来看，有较为健全的法律法规和规章制度，依法行政成为常态；从效果来看，具有精确、稳定、纪律严明、可靠和效率高等优点[③]。

我国传统文化中尚德、为道等价值理念更多体现的是价值理性，对于我

① 中共十九届四中全会《决定》全文公布［EB/OL］，（2019-11-05）［2022-10-20］. https://www.chinanews.com.cn/gn/2019/11-05/8999232.shtml.

② 张明昭. 马克斯·韦伯的工具理性思想研究［D］. 青岛：中国石油大学（华东），2005：40-41.

③ 王彩云，郑超. 价值理性和工具理性及其方法论意义——基于马克思·韦伯的理性二分法［J］. 济南大学学报（社会科学版），2012（2）：48-53.

国西部地区来说，工具理性的缺失与现代化对工具理性的需求之间的矛盾成为制约地方政府能力建设的重要因素。此外，西部地区府际的职能分工和权力分配还没有形成稳定的制度框架、行政管理运行中仍存在较浓厚的人格化和人治性色彩等，也是制约地方政府能力形成、提升的重要因素。

（二）政务信息化建设滞后

随着信息技术的发展，作为行政管理方式创新的重要方面，政务信息化已成为助推政府治理体系和治理能力现代化的重要依托。习近平总书记在2016年中央政治局集体学习“实施网络强国战略”相关内容时指出，加强信息化建设应深刻认识互联网在国家管理和社会治理中的作用[①]。我国的信息化建设始于20世纪90年代，经过30多年的建设和发展，形成了“一站两网四库十二金”的政务网络架构。党的十八大以来，国家高度重视信息化建设，将信息化提升到国家战略的层面[②]。在国家信息化发展战略的推动下，西部地区地方政府围绕通信基础设施、办公自动化、政府门户网站、大数据精准扶贫平台、生态环境监测大数据平台等开展了一系列政务信息化工程建设，并取得了实质性进展。然而，由于基础设施历史欠账多、缺乏信息产业的支撑，加上数字鸿沟和信息壁垒的影响，西部地区政务信息化建设仍相对滞后，成为制约地方政府能力提升的又一因素。

一是政务信息化建设中互联互通难、信息共享难、业务协同难等问题依然存在。政务信息化建设中的信息孤岛和信息壁垒现象是较为常见的问题，由此产生的互联互通难、信息共享难、业务协同难等也是政务信息化建设过程中长期悬而未决的难题[③]。对此，国家积极推动相关领域的实践探索和政策出台，以推动信息共享和业务协同。2002年，国家信息化领导小组就电子政务建设第一次明确提出要加快系统整合、促进信息共享；2006年，国家信息化领导

① 习近平在中共中央政治局第三十六次集体学习时强调，加快推进网络信息技术自主创新，朝着建设网络强国目标不懈努力［N］. 人民日报，2016-10-10（1）.

② 杨道玲，王璟璇. 中国电子政务“十二五”的进展回顾与评价［J］. 电子政务，2015（4）：2-10.

③ 张勇进，章美林. 政务信息系统整合共享：历程、经验与方向［J］. 中国行政管理，2018（3）：22-26.

小组颁布了《国家电子政务总体框架》，对初步建立应用系统互联互通、政务信息资源公开和共享机制提出了目标要求和时间表；2012年，指出信息共享、业务协同和服务应用程度需进一步提高是我国政务信息化建设中需要尽快解决的突出问题和矛盾之一；2014年以来，国务院办公厅先后印发了《国务院办公厅关于促进电子政务协调发展的指导意见》《促进大数据发展行动纲要》《政府信息资源共享管理暂行办法》《政务信息系统整合共享实施方案》及其工作方案。在中央的推动下，各地方政府积极开展关于信息共享、业务协同的探索，西部地区也不例外。但是，西部地区政务信息化建设中的互联互通难、资源共享难、业务协同难“老三难”问题仍然未能得到有效解决。访谈对象Ⅷ在谈到“老三难”问题时这样说：

“虽然已初步建立了全区统一的公共服务事项清单目录库，但全区统一的区块链、智慧政务系统建设还不完善，各系统依托的网络基础、技术规范不统一，在纵向上形成了‘数据烟囱’，在横向上形成了‘信息孤岛’，自治区相关部门业务系统优化、业务协同、数据共享效果还不是很理想，实现数据共享和业务协同难度依然较大，信息数据互通难是反映最集中的问题；此外，一些地方尚未制定并完善数据资源开放、确权、流通、交易方面的相关制度，也未建立提供数据交易撮合服务的大数据交易平台。”①

西部地区信息产业相对落后，信息技术专业人才队伍缺乏，公众对“互联网＋政务”的认知有限，再加上政府职能转变慢、行政管理体制改革滞后以及政府机构中的“条块矛盾”，使得政务信息化建设中的“老三难”问题尤为突出。例如，在公共服务信息化协同领域，西部地区仍存在地理环境差异、人口差异、区域经济发展水平差异导致的公共服务信息化协同鸿沟、公共服务信息化协同体制机制不健全、虚拟协同平台尚未构建完备、平台不完善及相关法律法规缺失等问题。

二是地方政府互联网服务能力有待提升。地方政府运用互联网、云计算、

① 访谈地点：N自治区政务服务局电子政务处。访谈时间：2022年1月。

大数据、人工智能等现代信息技术精准回应公众公共服务需求并实现公共服务主动供给，是信息化社会行政管理方式创新的重要路径。经过20多年的探索与实践，我国地方政府互联网服务能力显著提升，地区间互联网服务能力的差距明显缩小，但西部地区地方政府互联网服务能力仍有待进一步提升。汤志伟、李金兆（2019）将中国地方政府互联网服务能力划分为创新领先、积极追赶、稳步推进、亟待发展4种类型，分别对应A、B、C、D 4个等级，每个等级内部再分成3个级别，形成了对333个地级行政区的评价结果[①]。从表5.8中可以看出，西部地区中仅贵阳1个城市属于创新领先类型；属于积极追赶类型的有30个地级市，占西部地区地级行政区总数的1/3；属于稳步推进类型的地级行政区有47个；属于亟待发展类型的有9个。访谈对象Ⅸ在谈到政府互联网服务能力时，这样评价：

"'综合一窗受理'系统的作用还没有有效发挥出来，政务服务事项集成化办理推进迟缓，自治区本级热线与盟市热线深度融合不够，'12345'政务服务便民热线还没有实现'一线通达'，做不到群众反映的事情有人盯、有人办，大部分网办事项集中在部门业务平台，各类业务数据标准不统一，数据供需错位现象严重，真正实现全程网办的政务服务事项不多，全程网办率仅为65.2%。"[②]

表5.8　西部地区地方政府互联网服务能力评价等级

地区	主要城市	等级	类型
内蒙古	锡林郭勒盟	B	积极追赶
	巴彦淖尔、通辽	B-	
	呼和浩特、乌海、赤峰	C+	稳步推进
	包头、呼伦贝尔	C+	
	阿拉善盟、乌兰察布、兴安盟	C	
	鄂尔多斯	C-	

① 汤志伟，李金兆．中国地方政府互联网服务能力发展报告（2019）[M]．北京：社会科学文献出版社，2019：8.

② 访谈地点：N自治区政务服务局电子政务处。访谈时间：2022年1月。

续表

<table>
<tr><th>地区</th><th>主要城市</th><th>等级</th><th>类型</th></tr>
<tr><td rowspan="6">宁夏</td><td>银川</td><td>B+</td><td rowspan="3">积极追赶</td></tr>
<tr><td>吴忠</td><td>B</td></tr>
<tr><td>石嘴山、中卫</td><td>B−</td></tr>
<tr><td>固原</td><td>C−</td><td rowspan="3">稳步推进</td></tr>
<tr><td>兰州、张掖、白银、临夏回族自治州</td><td>C</td></tr>
<tr><td>甘南藏族自治州</td><td>C−</td></tr>
<tr><td rowspan="6">新疆</td><td>伊犁哈萨克自治州</td><td>B</td><td rowspan="2">积极追赶</td></tr>
<tr><td>克拉玛依、克孜勒苏柯尔克孜自治州</td><td>B−</td></tr>
<tr><td>昌吉回族自治州、阿克苏地区</td><td>C+</td><td rowspan="3">稳步推进</td></tr>
<tr><td>乌鲁木齐、吐鲁番、巴音郭楞蒙古自治州、喀什地区</td><td>C</td></tr>
<tr><td>和田地区</td><td>C−</td></tr>
<tr><td>哈密、博尔塔拉蒙古自治州</td><td>D</td><td>亟待发展</td></tr>
<tr><td rowspan="3">西藏</td><td>拉萨</td><td>B</td><td>积极追赶</td></tr>
<tr><td>日喀则、林芝、昌都</td><td>C−</td><td>稳步推进</td></tr>
<tr><td>山南、那曲、阿里地区</td><td>D</td><td>亟待发展</td></tr>
<tr><td rowspan="3">青海</td><td>西宁</td><td>C+</td><td rowspan="2">稳步推进</td></tr>
<tr><td>海东、玉树藏族自治州</td><td>C−</td></tr>
<tr><td>海北藏族自治州、果洛藏族自治州、黄南藏族自治州、海南藏族自治州</td><td>D</td><td>亟待发展</td></tr>
<tr><td rowspan="5">云南</td><td>昆明、玉溪、西双版纳傣族自治州</td><td>B−</td><td rowspan="2">积极追赶</td></tr>
<tr><td>昭通</td><td>B</td></tr>
<tr><td>保山、楚雄彝族自治州、红河哈尼族彝族自治州、普洱、丽江</td><td>C+</td><td rowspan="3">稳步推进</td></tr>
<tr><td>大理白族自治州、怒江傈僳族自治州、临沧</td><td>C</td></tr>
<tr><td>曲靖、文山壮族苗族自治州、德宏傣族景颇族自治州、迪庆</td><td>C−</td></tr>
</table>

续表

<table>
<tr><th>地区</th><th>主要城市</th><th>等级</th><th>类型</th></tr>
<tr><td rowspan="5">广西</td><td>防城港</td><td>B+</td><td rowspan="3">积极追赶</td></tr>
<tr><td>梧州、北海</td><td>B</td></tr>
<tr><td>南宁、柳州、桂林、钦州、贺州、来宾</td><td>B−</td></tr>
<tr><td>玉林、百色、崇左</td><td>C+</td><td rowspan="2">稳步推进</td></tr>
<tr><td>贵港、河池</td><td>C</td></tr>
<tr><td rowspan="4">贵州</td><td>贵阳</td><td>A</td><td>创新领先</td></tr>
<tr><td>安顺、毕节、铜仁、黔西南布依族苗族自治州</td><td>B</td><td rowspan="2">积极追赶</td></tr>
<tr><td>六盘水、遵义</td><td>B−</td></tr>
<tr><td>黔东南苗族侗族自治州、黔南布依族苗族自治州</td><td>C+</td><td>稳步推进</td></tr>
</table>

资料来源：依据汤志伟、李金兆（2019：9-10）相关资料整理而成。

三、公职人员能力偏低

行政学基本原理告诉我们，人（政府公职人员）是政府组织的基本构成要素，不仅政府职能的有效履行、政府机构的高效运行最终要靠人，政府行为也是通过政府公职人员的行为体现出来的，更重要的是，政府机关公职人员的能力和素质会直接影响政府的能力[①]。国家行政管理的质量在很大程度上依赖担任行政机关职务的各类人员，包括行政人员、不承担行政责任的科学家和工程师、短期政治任命官员和职业文官以及在各种人事系统中工作的人员[②]。

西部地区政府公职人员除了应具备国家公务员通用能力，在履行本地区、本民族公共事务管理职能中，还应具备权衡地区间民族间利益关系、熟悉本

① 周平. 大开发中的西部地方政府能力问题 [J]. 学术探索，2001（1）：34-37.

② （美）费斯勒，凯特尔. 公共行政学新论（第二版）[M]. 陈振明，等，译. 北京：中国人民大学出版社，2013：179.

地区各民族的宗教风俗习惯、提升少数民族地区政策执行力、推动本地区经济社会协调发展的能力①。但是，西部地区地方政府机关公职人员的受教育程度、思想观念水平以及处理具体事务的能力相对不足，与中国式现代化对政府公职人员能力素质的要求有一定差距。例如，内蒙古政府公职人员存在整体学历不高、专业胜任力不足及能力类型不全等问题，即能力类型结构单一、缺乏高精尖人才等问题，特别是生态环境保护、国土规划与设计、自然资源勘探等领域的高端专业技术人才匮乏，既掌握尖端技术又掌握现代管理知识的人才不足，总体来看，高精尖专业技术人员尤其是创新型、复合型的公职人员严重不足②。在云南，政府公职人员对少数民族文化、区域战略规划等常识了解不足，调查研究、应急处理、组织能力、科学配置资源等能力水平较为一般，甚至有的少数民族公职人员不清楚本民族的风俗习惯③。对于新疆来说，政府公职人员存在民族团结思想缺乏、数量偏少且整体素质不高、政策执行力偏低、空间结构分布不合理等突出问题④。

访谈对象X在谈到政府公职人员能力与素质时，这样说：

“近年来，我区公务员队伍规模基本保持稳定，但结构性问题较为突出：一是学历结构不合理，主要表现为拥有研究生学历的公务员人数少，还有相当一部分政府公职人员是大学专科学历。拥有研究生学历的公务员占8.46%，拥有本科学历的公务员占64.76%，拥有大学专科学历的公务员占24.11%，拥有中专及以下学历的公务员占2.67%。从这一学历情况来看，学历结构不合理。二是年龄结构不合理，46～59岁的公务员占到了公务员总数的53.87%；在区直机关中，55～59岁的公务员人数较多，占区直机关公务员人数的20.02%。

① 郑烨，李金龙. 少数民族地区公务员能力建设：内涵、现状与路径——基于新疆维吾尔自治区的个案分析［J］. 中北大学学报（社会科学版），2014（2）：29-35.

② 阿茹娜. 边境少数民族聚居区公务员能力建设研究——以内蒙古呼伦贝尔市新巴尔虎右旗为例［D］. 呼和浩特：内蒙古大学，2020.

③ 栗成秀. 治理能力现代化视域下云南基层公务员胜任力研究——以怒江州泸水市为例［D］. 昆明：云南师范大学，2020.

④ 郑烨，李金龙. 少数民族地区公务员能力建设：内涵、现状与路径——基于新疆维吾尔自治区的个案分析［J］. 中北大学学报（社会科学版），2014（2）：29-35.

公务员队伍年龄结构不合理，往往会导致机关单位工作效率不高，加班现象常见。三是人才引进效果不明显。虽然有相应的人才引进政策，如‘草原英才’工程，但效果不理想，引进的人才没有充分发挥作用，甚至存在‘招来女婿气走儿’的现象。另外，还有一些政府公职人员存在怕担责、怕出事、怕麻烦心态，凡事只求办过、不求办成，甚至办也懒得办，对任务挑三拣四、对矛盾避而远之、对责任避重就轻，存在‘怕打碗不洗碗’‘多干多错、少干少错、不干无错’的避责心理；甚至还有的干部没办法干成事，但有招数搅黄事，不想办法让企业和群众安心放心称心，总有招数让企业和群众揪心闹心寒心。”①

从上述分析可以看到，西部地区地方政府公职人员存在整体学历偏低、年龄结构不合理、胜任力不足等问题，必然会制约西部地区地方政府能力的建设和提高。

四、体制改革创新滞后

体制改革和制度创新是政府效能提升、政府能力形成的重要前提和基础。总体来看，西部地区体制改革创新滞后，成为阻碍地方政府能力建设的重要因素。

（一）地方政府体制改革创新意识淡薄

改革开放以来，虽然西部地区也在不断深化改革并借助“一带一路”等不断加强国际互联互通，但其处于全国市场体系边缘、全国开放格局末端、国家综合交通运输体系末梢、全国人才分布洼地的现状在短期内难以改变②，加上长期自给自足的小农和自然环境的影响，西部地区仍存在与市场经济不相符的旧观念、旧习惯，导致自主创新意识不强。这是地方政府体制改革创新步履艰难的深层次原因。这种影响主要体现在以下几个方面：第一，市场意

① 访谈地点：N自治区DWZZB。访谈时间：2022年1月。

② 方盛举，陈然．现代国家治理视角下的边疆：内涵、特征与地位［J］．云南师范大学学报（哲学社会科学版），2019（4）：22-30.

识、契约精神淡薄，重人情、轻法治等观念仍然束缚着人们的思想，成为地方政府能力建设的思想障碍。第二，改革创新环境和氛围欠缺。近年来西部地区尽管积极响应、主动融入和对接“一带一路”倡议，但因认识不足、力度不够、落实不力，效果差强人意，封闭保守仍是西部地区的客观现实。第三，“等、靠、要”的思想仍存在。为了帮助西部地区经济社会发展，党和国家推出了“对口支援”“西部大开发”“兴边富民”“区域协调发展”“基本公共服务均等化”等一系列国家战略和区域帮扶政策。虽然取得了较为明显的成效，但也导致西部地区的体制改革更多地依赖顶层设计，自我发展完善的能力较弱，对中央政府的依赖性偏强，与地区区情区况的结合不够，缺乏自主性考虑①。

（二）地方政府体制改革创新动力不足

地方政府体制改革创新不仅需要改革创新意识，还需要改革创新的驱动力。对于西部地区来说，以下几个方面因素导致其改革创新动力不足。

第一，制度资源供给不均衡。制度资源是有效解决实践问题的制度性工具，人类在反复解决某些实践问题的过程中，会不断总结凝练出比较有效的规律性方法、规程、准则等②。国家是制度供给的最重要主体，制度作为政治产品，在供给时往往首先需要进行政治权衡③。改革开放初期，我国中央政府基于经济社会国情、各地区区位优势及政治权衡，采取了梯次发展战略。这种非均衡发展战略，决定了较优惠的政策和制度创新的探索行为只能给予部分地区或部分产业。东部地区因相对优越的自然、经济、区位和人文历史条件而成为非均衡发展战略的受益者，由此形成了西部地区与东部地区之间制度供给不平衡的态势。尽管为了缩小区域间发展差距、消除不平衡状态，国家通过对口支援、西部大开发、区域协调发展战略、“一带一路”等将政策、

① 任婷瑛，李嗣婷．少数民族自治地区行政管理体制改革创新研究［J］．贵州民族研究，2016（3）：1-4.

② 方盛举，李骄．边疆党建与边疆治理现代化［J］．云南师范大学学报（哲学社会科学版），2020（4）：13-22.

③ 杨龙．新政治经济学导论［M］．北京：中国人民大学出版社，2010：93-94.

制度、资源等逐步向西部地区倾斜，但受主客观因素的制约，制度供给的区域间不平衡问题仍然没有得到有效解决，西部地区在思想解放、“先行先试”的制度创新探索及制度创新的效率等方面均落后于东部地区，进而成为西部地区地方政府能力，特别是制度创新能力形成并有效发挥作用的限制性因素。

第二，“成本收益”问题。新制度主义认为，制度创新者的成本收益与社会整体的成本收益可能不一致，决定了制度变革的政治领导人的成本收益也会与社会整体的利益不一致。这些非经济因素导致低效率的制度持续，新的高效的制度难以问世①。一是制度创新的成本较高。西部地区由于发展起点低，加之教育科技发展相对落后，难以为制度创新提供智力支持，使得制度创新成本高昂。二是复杂的民族关系使制度创新风险较大。西部地区是典型的多民族地区，呈现出民族构成多元、民风民俗多样、民族关系复杂等特点，必然会造成同一地区少数民族与汉族、少数民族之间甚至同一民族内部成员间的利益需求不一致，再加上开发和建设不足，协调平衡区域内利益关系难度增大、风险增加。体制改革创新本身就是一把“双刃剑”，总会有一部分人得益另一部分人受损，一旦处理不当，则政治风险较大。三是非正式制度固化造成了制度变迁的惰性。新制度经济学家诺斯将制度分为正式制度（由公共权威机构或当事的有关各方共同制定的政治规则、经济规则和契约）和非正式制度（价值观、道德规范、习俗、宗教和意识形态等），指出构建人们相互行为的约束条件，由正式制度和非正式制度及二者的执行的特征组成，并进一步指出，人们行为选择的大部分行为空间是由非正式制度来约束的②。此外，诺斯还提出了“路径依赖”问题，认为无论是好的制度还是坏的制度，一经形成，便会处于某种稳定或锁定状态，成为制度变迁的制约因素，可能导向良性循环，也可能陷入无效率状态③。改变锁定状态难度较大、成本较高。西部地区长期受小农经

① 杨龙．新政治经济学导论［M］．北京：中国人民大学出版社，2010：93.

② （美）诺斯．制度、制度变迁和经济绩效［M］．刘守英，译．上海：上海三联书店，2000：48-49.

③ 杨龙．新政治经济学导论［M］．北京：中国人民大学出版社，2010：99-100.

济价值观念的影响，市场观念、契约意识较为缺乏；此外，少数民族群众在宗教信仰基础上形成的风俗习惯、民族禁忌、思想观念等非正式制度相当稳定，对少数民族群众日常生产生活的影响非常大；[①] 再加上对外开放水平较低、交通不便、人才流失严重等因素，西部地区社会中传统观念、宗教信仰、风俗习惯等非正式制度长期存在，深刻影响着社会成员的行为选择并形成固化。而这种非正式制度的固化必然会滋生制度变迁的惰性，进而增加制度创新的成本。

五、受制于府际关系的制度安排

府际关系，也称政府间关系，既包括纵向的中央政府和地方政府间以及地方各层级政府间的关系，也包含横向的政府间关系[②]。府际关系与地方政府能力有很强的关联性，对于西部地区而言，纵向府际关系的制度安排对地方政府能力的影响更大。因此，在这里我们主要分析纵向府际关系的制度安排对地方政府能力的影响。

一是中央授权广泛而有限。我国真正的分权改革实践始于 1978 年的改革开放。为了调动地方政府的积极性，中央开始逐步向地方放权，下放部分经济管理权和财政权。与此同时，随着宪法、民族区域自治法及相关法律的不断完善，民族自治地方的自治权不断扩充。民族八省区中有 5 个自治区、22 个自治州和 74 个自治旗（县），从法规层面来看，中央与自治地方的权限划分越来越明确，自治地方的权力也在不断扩容[③]。从实际情况来看，中央对民族自治地方的授权虽广泛但也有诸多限制，主要表现为：第一，自治权有限。在单一制的国家结构形式下，我国宪法、民族区域自治法等法律赋予了民族自治地方自治机关相应的自治权，但基本停留在原则性的规定，其广泛性还需具体的专门法来实现。而这方面还存在着立法空白，导致民族自治地方政府自治权的行

① 李红梅．现代化视角下的民族地区制度变迁分析［J］．黑龙江民族丛刊，2008（6）：39-43.

② 林尚立．国内政府间关系［M］．杭州：浙江人民出版社，1998：14，71-72.

③ 孙华玉．中央与民族自治地方关系之问题拆解与解决对策［J］．山西省政法管理干部学院学报，2018（2）：6-9.

使受到诸多限制。第二，条块管理体制的制约。条块管理体制是颇具中国特色的行政管理体制，条块关系一直是中国行政体制改革无法回避的问题。在国家治理体系中，“条”是从中央到地方在不同治理层级纵向设置的，有自己的运行体系，即职责法定、业务源自上级的指导监督、人财物的上级支持、注重程序和规范；“块”是作为治理层级存在的，承担所在层级的整体责任，强调系统性、整体性和创造性。条块管理体制具有三重积极功能，即条块制衡确保国家治理体系的稳定性、条块互补实现中央政府的统一领导、条块各司其职分散了国家治理的成本和风险①。随着我国行政管理体制改革的不断深化，为了实现政令畅通和提升行政效率，条管部门的地位不断提升，在公共事务管理实践中，出现了垂直管理强化与属地管理泛滥的矛盾，行政管理中条块分割现象严重。这一矛盾消解了民族自治地方政府自主管理地方事务的积极性。在实践中，资源的配置权、项目的审批权、财政的分配权、政策的制定权往往掌握在上级部门手中，民族自治地方政府要想获得资源，也必须花费时间和精力与上级部门进行沟通协调，从而增加了成本。第三，民族自治地方变通执行权受限。我国宪法第一百一十六条、民族区域自治法第十九条、立法法第七十五条均对民族自治地方变通执行权进行了表述和规定。从效果来看，民族自治地方行使变通执行权有助于保障少数民族及少数民族公民的权利、完善民族法治建设、正确处理中央和民族区域自治地方之间的关系②。在实践中，虽然相关法律赋予了民族自治地方政府相应的变通执行权，但由于变通需要报呈上级机关和政策制定机关审批，审批答复后方可执行，法律变通需经报批和报备具体变通情况的双重审查方可执行，再加上缺乏变通申请一旦被否后的救济制度和复议制度，因此，民族自治地方政府的变通执行受到诸多限制，不利于地方政府有效管理本地区、本民族公共事务。

二是财政转移支付制度不完善。世界各国普遍运用财政转移支付这一政策工具促进区域协调发展、缩小区域差距，我国也不例外。财政转移支付已成

① 杨雪冬．条块关系问题的产生及其协调［J］．探索与争鸣，2020（11）：40-42.

② 李戈．民族自治地方人民政府变通执行与停止执行权研究［D］．呼和浩特：内蒙古大学，2018：19-21.

为我国促进西部地区经济社会发展、消除区域间财政不平衡、实现各民族共同富裕的一项财政政策工具。我国现行的中央对地方财政转移支付主要有财力性转移支付和专项转移支付两类。西部大开发实施以来，针对西部地区设立了专项转移支付，逐步加大转移支付的规模；对民族省区和非民族省区的自治州、自治县安排了专门的财力性转移支付；在中央对地方的一般性转移支付中考虑民族因素，并以提高对民族地区转移支付系数来替代一些难以量化的特殊因素；在确定农村税费改革的部分转移支付时提高对民族地区的转移支付系数，并对自治地方财政给予适当补助，以弥补改革带来的财政减收；在确定各种专项转移支付（如社会保障资金转移支付、调整工资转移支付）时也考虑对民族地区的倾斜；通过发行长期建设国债支持西部基础设施建设；加大对西部地区的生态环境建设投入；等等[①]。虽然财政转移支付制度缓解了西部地区地方政府的财政压力、有效推动了西部地区经济社会的发展，但该制度仍不完善，仍存在以下问题：第一，税收返还少。西部地区由于经济发展相对落后，确定的返还基数小，导致税收返还少。第二，均衡性转移支付规模小，且民族地区特殊性体现得不明显。第三，专项转移支付资金规模大、分配不规范，且缺乏监督。第四，事权划分不清，支出责任模糊。明确划分上下级政府各自的财权、事权，有助于促进西部地区财政转移支付效率优化。但实际上，中央与地方、西部地区不同层级的政府机构间同样存在明显的事权不清问题，甚至省、市、县三级政府之间也存在明显的职责不清问题，导致部分基层政府无法有序开展预算编制工作，承担了超额的服务支出费用，财政压力不断加大，已成为影响西部地区地方政府能力提高的软肋[②]。第五，省级以下财政转移支付制度不健全。这些问题如不能有效解决，就会成为西部地区地方政府有效发挥作用、加强能力建设的限制性因素。

---

① 段晓红．促进民族地区财政均衡的转移支付制度探析［J］．中南民族大学学报（人文社会科学版），2012（5）：98-102.

② 肖韵，李华霖．民族地区财政转移支付制度完善路径分析［J］．行政事业资产与财务，2020（17）：51-53.

第三节 其他因素

西部地区由于特殊的地理位置，面对着有别于其他地区的复杂多变的外部环境，更容易受到经济全球化、网络化和信息化的冲击和影响，意识形态安全、政治稳定和边疆秩序容易受到威胁，给地方政府能力建设增加了不确定因素，带来了新的挑战。

随着“一带一路”建设的深入推进，我国西部地区由经济发展的深度内陆区变为对外开放的前沿阵地，极大地促进了西部地区的经济社会发展和现代化建设，但也应该意识到，西部地区在积极参与全球化发展的过程中也会受到文化冲击，甚至遭遇文化冲突。同时，紧邻我国西部地区的国家大多经济基础薄弱、时局动荡，这也为我国西部地区政府和企业参与区域经济合作带来了安全风险与挑战①。此外，“三股势力”严重影响了我国西部地区的政治稳定和边防安全，对国家统一、民族团结以及各民族和睦共处构成了巨大威胁，进一步加大了我国西部地区地方政府的治理难度②。

---

① 刘有军，谢贵平.“一带一路”视域下西部边疆非传统安全：威胁及应对［J］. 太平洋学报，2020，28（7）：67-79.

② 张志瑞. 我国西北边疆民族地区文化安全问题研究［D］. 桂林：广西师范大学，2015.

| CHAPTER 6 | 第六章

对策与建议：以铸牢中华民族共同体意识为基本遵循提升西部地区地方政府能力

地方政府能力与铸牢中华民族共同体意识的相关性分析表明，地方政府能力的不同必然导致铸牢中华民族共同体意识区域空间的不平衡状态和水平。西部地区地方政府能力受行政环境因素、政府自身因素和其他因素的影响和制约，其经济发展能力、公共服务供给能力、社会治理能力、文化建设能力、生态环境保护能力 5 个方面的具体能力与东部地区地方政府差距较大，导致铸牢中华民族共同体意识呈现出区域空间的不平衡状态和水平。破解铸牢中华民族共同体意识的治理难题，有效且可行的路径在于加强地方政府能力建设。铸牢中华民族共同体意识是新时代马克思主义民族理论中国化的最新成果。“必须以铸牢中华民族共同体意识为新时代党的民族工作的主线”“铸牢中华民族共同体意识是新时代党的民族工作的‘纲’，所有工作要向此聚焦”[①]等原创性重大论断，不仅为新时代党的民族工作指明了方向，也为新时代加强西部地区地方政府能力建设明确了总体思路和具体路径，因此，西部地区地方政府能力的建设和提升应以铸牢中华民族共同体意识为基本遵循。基于此，我们提出地

① 以铸牢中华民族共同体意识为主线　推动新时代党的民族工作高质量发展［N］. 人民日报，2021-08-29（1）.

方政府能力建设需坚持党建引领、内外驱动、治理理念等总体思路；在此基础上，进一步提出西部地区地方政府经济发展、公共服务、社会治理、文化发展、生态环境保护等能力建设和提升的具体对策建议，并通过地方政府能力的提升为铸牢中华民族共同体意识奠定物质经济基础、提供坚实民生基础、夯实牢固社会基础、创造思想文化基础、打造宜居生态基础。

第一节　西部地区地方政府能力建设的总体思路

制约政府能力建设的因素既有行政环境因素也有政府自身因素。制约因素的多样性和复杂性决定了西部地区地方政府能力建设和提升的总体思路：一是党建引领，二是内外驱动，三是治理理念融入。

一、党建引领地方政府能力建设

“中国特色社会主义最本质的特征和中国特色社会主义制度的最大优势就是中国共产党领导……把党的领导落实到国家治理各领域各方面各环节”[①]是党的十九届四中全会提出的重大论断和要求；党的二十大报告指出，“全面建设社会主义现代化国家、全面推进中华民族伟大复兴，关键在党”，“党的领导是全面的、系统的、整体的，必须全面、系统、整体加以落实。健全总揽全局、协调各方的党的领导制度体系”。作为重要的国家疆域组成部分，西部地区在国家治理中具有极端重要的地位。“治国必治边”，实现对西部地区的有效治理，必须坚持中国共产党是西部地区治理的领导核心，将党的领导贯穿于西部地区治理的各个领域、各个方面、各个环节[②]。从西部地区治理实践来看，在中国共产党的领导下，政治中枢、领导核心及中坚力量业已形成，不仅对政

① 中共十九届四中全会《决定》全文公布［EB/OL］，（2019-11-05）［2022-10-20］. https://www.chinanews.com.cn/gn/2019/11-05/8999232.shtml.

② 方盛举，李娇. 边疆党建与边疆治理现代化［J］. 云南师范大学学报（哲学社会科学版），2020（4）：13-22.

治系统的发展具有引领作用，还是实现治理现代化的关键和根本[①]。西部地区的经济发展不平衡不充分、社会发育滞后、沟通网络异质多元、自然生态脆弱易损、地缘环境复杂多变的特性决定了作为该地区最重要治理主体的地方政府及其治理能力的建设和提升只有在中国共产党的领导下才能实现。党的领导在西部地区地方政府能力建设中具体体现为党建引领，即党建引领地方政府能力建设。党建的引领作用是由中国共产党的执政地位和党的先进性决定的，党的执政地位和持续的先进性建设决定了西部地区地方政府能力建设必须在党的领导下进行，也只有在党的领导下，才能为地方政府能力建设提供强大的资源保障，确保其方向正确。

党建引领西部地区地方政府能力建设，主要通过党的政治建设、思想建设、组织建设发挥作用。通过各级党组织的政治建设，实现“进一步坚定政治信仰，强化政治领导，提高政治能力，净化政治生态，实现全党团结一致、行动一致”[②]。充分发挥党中央及各级党组织的政治权威，才能真正做到集中统一领导、全国“一盘棋”，才能充分发挥对口支援、西部大开发、兴边富民、“一带一路”等政策和倡议的效用，避免政出多门、各自为政的现象以及地方主义、部门主义的阻碍，进而引领西部地区地方政府能力建设沿着党中央确定的方向前进。通过思想建设将“铸牢中华民族共同体意识”这一重大原创理论用以指引西部地区地方政府能力建设。通过组织建设培养一支“维护党的集中统一领导态度特别坚决、明辨大是大非立场特别清醒、铸牢中华民族共同体意识行动特别坚定、热爱各族群众感情特别真挚”的干部队伍，吸引更多优秀人才投身西部地区现代化建设，为地方政府能力建设提供人才保障。

二、内外驱动地方政府能力建设

所谓内外驱动，是指在地方政府能力建设中充分调动地方政府自身和外部的资源及条件，双管齐下，即通过外部条件输入和内部改革创新促进地方政

① 王传发．党的领导是边疆民族地区治理的根本保障［J］．社会主义论坛，2019（11）：25-26.

② 习近平新时代中国特色社会主义思想学习纲要［M］．北京：人民出版社，2019：226.

府能力的建设和提升。

（一）注重地方政府能力建设的外部条件

西部地区处于相对欠发达状态，复杂多样的因素制约着政府能力的提升，因此非常有必要为地方政府能力建设创造良好的外部条件。

一是应积极争取中央的支持。从政治体制来看，中国是典型的单一制国家，地方政府权力源于中央及上级政府的授权。而地方政府职能职责履行状况的好坏、作用发挥及能力的大小与央地关系是否顺畅关联较密切，也可以说，地方政府能力直接受制于纵向府际关系制度安排、中央集权分权状况以及政策倾斜程度。基于此，一方面，应在保证中央权威的基础上，给予地方政府一定的自主权，充分调动西部地区地方政府依据自身资源禀赋、经济基础、民族宗教状况等进行能力建设的积极性。另一方面，完善中央和地方财政平衡机制，加大对西部地区的政策、人力、物力、财力支持，提升西部地区教育、科学、文化、医疗卫生等基本公共服务水平。

二是加强横向政府间的合作互动。西部地区地方政府能力不仅受制于中央和地方的关系，还受东、中、西部地区横向府际合作的影响。因此，有必要积极强化东、中、西部地区地方政府间的合作与互动，为西部地区地方政府能力的建设和提升创造条件。横向府际合作主张合作主体间平等对话、沟通协商和利益共享，对提升地方政府能力、促进我国区域经济一体化、区域间的协调发展和破解区域发展差距难题具有非常重要的功能和作用①。但目前，有关横向府际合作的国家规划和顶层设计缺失，府际合作中存在地方政府事权财权不对等，府际合作与互动的沟通协调机制运行不畅，未将府际合作作为刚性指标纳入干部考核、晋升、激励中，致使地方政府间合作互动的动力不足，难以形成形式多样、持续不断的横向合作与互动。首先，需破除利益藩篱，在共识共商共建共享中实现横向府际合作。地方政府要有“全国一盘棋”的思想，充分认识地方政府间合作与互动对实现全国经济发展、化解社会矛盾、维护社会稳定的重要意义，达成府际合作与互动的共识。公共选择理论认为，利益是政府

① 任维德．“一带一路”战略下的府际合作创新研究［J］．内蒙古社会科学，2016（1）：1-6.

（公共部门）运行最重要的驱动力。因此，合作互惠是建立府际合作关系的重要条件。这就要求我国东 、中、西部地区各自发挥比较优势，在共商共建中实现利益共享。只有这样，才能实现东、中、西部地区地方政府间的良性合作与互动，进而为提升西部地区地方政府能力创造条件。其次，通过多种方式为横向府际合作提供制度保障。探索设立专门的横向府际合作机制。充分发挥中央的权威和国家立法的优势，赋予府际合作协调机构相应的职权，并对其法律地位、职权职责、管理对象、协商机制、诉求表达机制、利益共享机制和奖惩原则等方面的内容予以明确。为了确保这一机制充分发挥作用，一是需要府际合作中的地方政府将一部分公共权力转让给府际合作协调机构，二是需要府际合作协调机构与地方政府间多渠道、多形式的平等协商对话机制、利益诉求表达机制和合理的申诉机制等。最后，将府际合作作为刚性指标纳入干部考核、晋升、激励中。干部选拔任用、实绩考核是地方政府官员行为的指挥棒和动力源。具体来说，在干部选拔任用和干部实绩考核中所占权重大的考核指标，往往会成为地方政府官员投入人财物最多的领域，也是最能出成绩的领域。基于此，有必要将横向府际合作作为刚性指标纳入干部考核、晋升、激励中，以此来引导和激励东、中、西部地区地方政府工作人员积极推动地方政府间的合作互动。

三是积极借助有利政策加强地方能力建设。自我国启动对内改革、对外开放以来，中央为实现区域间协调发展，促进相对欠发达的西部地区快速发展，先后实施了西部大开发、兴边富民、对口支援等战略规划和区域政策，将资源、信息、人才、技术等向西部地区倾斜，给西部地区地方政府能力建设带来了新的机遇。

特别需要指出的是，“一带一路”倡议为我国西部地区地方政府能力建设和提升提供了新导向，带来了历史性新机遇。

第一，“一带一路”为西部地区地方政府能力建设和提升提供了支点和抓手。“一带一路”倡议吸引了世界各国的关注，为我国地方政府特别是西部地区地方政府提供了前所未有的发展机遇。“一带一路”建设成果能否落地，关键在于地方政府。民族八省区均是“一带一路”建设的重要支撑点和核心区，具有其他地区不具备的空间优势。在新的历史背景下，西部地区地方政府需要充分发挥区域比较优势，采取更加积极主动的开放战略，进一步推进和实施“一带一路”倡议，积极争取中央和东部地区的支持和帮扶，加强地区间合作与互动，培育开放型经济发展动力、提升开放型经济发展水平，尤其是培育国际经济合作新优势[①]。

第二，以“五通”为主要内容的“一带一路”为西部地区地方政府能力建设提供了着力点。“五通”是指我国与沿线“一带一路”国家的政策沟通、设施联通、贸易畅通、资金融通、民心相通。自“一带一路”提出以来，西部地区地方政府极其看重“一带一路”孕育的发展之机和潜在增长点，纷纷围绕“五通”建设内容，充分发挥自身资源禀赋、产业结构、区位等比较优势，分别制定了融入方案、工作规划、重点建设项目清单以及路线图。实践证明，“一带一路”的深入推进与实施，伴随着“五通”重点任务的落实与落地，为西部地区地方政府能力建设与提升创造了良好的机遇并提供了着力点。对于能力相对不足的西部地区地方政府而言，可借助“一带一路”倡议，发挥自身比较优势，依托重点任务，获取地方政府能力建设和提升所需的资金、技术、人才、政策等资源和条件，并借由外部力量助推体制机制创新、政府职能转变和公职人员能力与素质改善。

第三，在国际国内两个“互联互通”中提升西部地区地方政府能力。互联互通是“一带一路”建设的内在要求和优先方向。从空间上看，互联互通既包括我国与“一带一路”沿线国家间的互联互通，也包括国内各地区间的互联互通，尤其是较为发达的东中部地区与相对欠发达的西部地区间的互联互通；从内容来看，互联互通主要包括基础设施、体制机制、人才、资金、技术、信息、政策等内容的互联互通。西部地区地方政府在积极参与、融入、推动国际国内“互联互通”中能够实现能力建设和提升。一是可依托国际的互联互通提升西部地区地方政府能力。实现政府能力建设与国际互联互通的有机衔接，进

① 国家发展和改革委员会，等．推动共建丝绸之路经济带和 21 世纪海上丝绸之路的愿景与行动［EB/OL］，（2015-03-29）［2022-10-21］．http://news.xinhuanet.com.

而通过地方政府能力的提升助力我国与“一带一路”沿线国家的互联互通。西部地区地方政府要注重政策沟通、设施联通、贸易畅通、资金融通等建设，为中国与“一带一路”沿线国家的陆上互联互通奠定基础。二是可依托国内的互联互通提升西部地区地方政府能力。东部地区和中部地区在基础设施、人才、教育、医疗、资金、技术、信息和体制机制创新等方面，加大对口支援西部地区的力度；西部地区地方政府则着重在营商环境、基础设施、公共服务、生态环境保护、行政效能、政务信息化建设等方面加大投入和改革力度，着力破除规划、信息、资金、物流及人员等互通的制约因素。

（二）加强地方政府自身建设

西部地区地方政府能力建设不仅需要外部条件的保障，还需要政府内部改革创新的推动。

一是推进政府职能转变。实现西部地区政府职能转变是加强政府自身能力建设的中心环节和关键突破点[①]。由前文分析可知，西部地区政府职能转变较慢，仍存在政府过度干预经济社会的问题，市场在资源配置中的决定性作用还没有发挥出来。因此，加强西部地区地方政府能力建设，还需进一步推动政府职能转变。推进西部地区政府职能转变的关键是需要清晰界定政府组织、市场组织和社会组织三者的作用和功能界限，即什么样的事务是应该政府组织管的、什么样的事务按市场规律来办且由市场机制来调节、什么样的事务允许具有自治形式的社会组织来管。基于此，“导航者”和“监督者”是政府组织应该扮演且能够扮演好的角色，按市场规律能解决的事项就让市场主体来调节，在政府管不过来管不好、市场不愿管的领域应积极创造条件让非政府组织、非营利组织、第三部门等来弥补，以政府、市场、社会的动态平衡为基本遵循调整政府职能[②]。西部地区应以深化权力清单制改革为抓手推动政府职能转变。

---

① 查春学，匡自明．民族自治地方的政府发展［J］．湖北社会科学，2006（3）：34-36.

② 赵海艳．我国政府治理改革与现代化研究［J］．行政科学论坛，2021（11）：34-38.

所谓权力清单制，是一种将地方各级政府及其工作部门的职权、依据、主体、流程和责任等内容，以清单形式明确列示出来，向社会公布，接受监督的制度工具[①]。权力清单制改革最早出现于河北省邯郸市，该市于2005年公布了国内首份市长清单制，开启了我国权力清单制的改革探索。2013年，党中央提出地方各级政府及其工作部门应推行权力清单制度；同年，国务院颁布的《关于地方政府职能转变和机构改革的意见》指出，梳理各级政府部门的行政职权，公布权力清单；2014年，国务院政府工作报告明确提出要建立权力清单制度；2015年，中央印发了《关于推行地方各级政府工作部门权力清单制的指导意见》。这一系列制度政策的颁布，标志着党和国家正积极推进权力清单制改革，并以此作为推进地方政府简政放权、职能转变的抓手。权力清单制度能够助推政府职能转变，具有以“问题倒逼”的方式推动地方政府角色恰当定位、有助于打破地方政府部门利益藩篱加速政府职能转变、促使第三部门发展、提高政府职能转移的承接力和使地方政府更新理念提高职能转变的内在动力等现实价值[②]。

二是创新行政管理方式。对于西部地区来说，加强地方政府能力建设，更好地发挥政府作用，需要创新行政管理方式。为此，一方面，应注重发挥工具理性的功能和作用。工具理性具有促使权力运行法治化、整治权威合法化、政治生活制度化规范化、政治合理化、行政管理现代化的政治功能[③]。因此，充分依托工具理性是建立科学、合理的民族自治地方政府治理能力现代化建设机制的必要环节[④]。第一，注重规则意识的培育。规则意识的实质是以公开、公平、民主、平等、参与等为价值导向的现代意识，体现的是现代社会公共秩序的权威和价值，与各种形式的特权思想、“潜规则意识”与僭越行为、暗箱

① 程文浩．国家治理过程的“可视化”如何实现——权力清单制的内涵、意义和推进策略［J］．人民论坛，2014（9）：90-95.

② 马君昭．基于权力清单制度的地方政府职能转变研究［J］．云南行政学院学报，2017（3）：108-113.

③ 何颖．政治学视域下工具理性的功能［J］．政治学研究，2010（4）：91-101.

④ 米恩广，李若青．道器相济：民族自治地方政府治理能力现代化的柔性逻辑——一个理性分析框架及其解释［J］．广西民族研究，2018（5）：44-50.

操作是根本对立的[①]。现代意义的规则意识能够为政治制度化、规范化提供心理基础和思想支撑；反之，理性的制度体系难以巩固和维持，政治制度化、规范化不能健康发展。要想充分发挥工具理性的政治功能，实现政治制度化、规范化和行政管理现代化，培育和强化规则意识是理性的选择。培育规则意识，需要倡导现代化生活模式、培育公民意识、建立规则治理的正当性和权威性，以此来培育适宜的西部地区地方政府能力形成、发展和完善的环境与机制。第二，须不断完善政府管理体制。可通过促进政府职能转变、严格依法行政、强化法治政府建设来不断加强和完善政府管理体制。

另一方面，西部地区地方政府应注重大数据、人工智能等现代信息技术在公共事务治理中的应用，在互联网思维下创新行政管理方式。互联网平台是一种信息共享的平台，有助于整合资源、实现社会交往信息化、推动公共资源网络化，进而提升政府的治理能力和治理效果[②]。西部地区地方政府可借助互联网平台，构建“分级管理、互认共享”的管理体制机制，实现互联互通、资源共享和业务协同。此外，还应考虑西部地区政府信息系统应用和服务能力、公众网络参与能力以及“信息鸿沟”等实际情况，注重线上和线下政务服务的有机结合，形成“县、乡、村”三级便民服务网络平台，以解决西部地区群众“最后一公里”的问题[③]。

三是加强干部能力与素质的培养。为政之要，莫先于用人。努力建设一支高素质干部队伍和人才队伍，对于西部地区地方政府能力的提升具有十分重要的价值和作用。一方面，按“四个坚持”和“四个特别”的要求加强培训力度。“四个坚持”是指坚持抓好思想武装、坚持抓好岗位历练、坚持抓好源头培养、坚持抓好交流之用；“四个特别”是指“维护党的集中统一领导态度特别坚决、明辨大是大非立场特别清醒、铸牢中华民族共同体意识行动特别坚定、热爱各族群众感情特别真挚”。培训是提升干部能力和素质的根本途

① 何颖．政治学视域下工具理性的功能［J］．政治学研究，2010（4）：91-101.

② 刘建华．互联网思维下边疆民族地区政府社会治理方式研究［J］．电子政务，2016（5）：61-67.

③ 丁志刚，刘舒怀．我国民族地区政务信息化建设探析［J］．西北师大学报（社会科学版），2019（2）：133-139.

径，因此，第一，应结合“四个坚持”和“四个特别”要求，围绕当前政府工作的重点任务，科学设置干部培训内容、创新培训方式方法，充分发挥党校、行政学院、干部学院等培训机构的作用。第二，加强西部地区和东部地区之间干部挂职交流的力度。这一举措也是“抓好交流之用”的具体体现。西部地区地方政府除抓好干部的教育培训之外，还需通过各种形式、途径将干部派往东部地区挂职锻炼，学习其经验、发展模式，在学习其体验、感受中提升自身的能力，并将东部地区的经验带回西部地区。东部地区也应通过干部支援的方式将成熟的经验和体制机制输入西部地区。在双向交流互动中，提升西部地区干部的能力和素质。第三，积极鼓励西部地区公务员继续攻读学位，拓宽其视野，提升其能力与素质，运用其所学专门理论和专业知识带动本地区的发展。

另一方面，加强西部地区专业技术人才队伍建设。要充分发挥高精尖人才和创新型人才的积极作用，进一步摒弃旧的思想观念，破除束缚人才培养、成长、流动的制度障碍，从观念、制度、体制机制、医疗、资金等软硬环境方面为优秀人才的培育和发展提供保障；充分利用好各类实验室、研究基地以及人才政策、人才工程和人才项目等，为西部地区优秀人才的选育提供平台。

三、治理理念融入地方政府能力建设

治理理论于20世纪90年代广泛流行于社会科学领域。该理论聚焦于国家和社会公共事务的管理模式，着眼于重新调整政府、市场和社会之间的关系。其贡献在于开启了国家主义和自由主义之外的新的公共价值实现思路，主张既非单一自由市场，也非独大的国家，甚至也不仅是充满魅力的公民社会，而是三者的结合[①]。关于治理的内涵，全球治理委员会和世界经济合作组织给出了较为经典的界定。前者特别强调治理是私人、机构、官方等多元主体治理

① 王诗宗. 治理理论及其中国的适用：基于公共行政学的视角［D］. 杭州：浙江大学，2009：1-5，182.

共同事务的总和[①]；后者强调治理是一种通过合作来破解冲突的工作方式[②]。此外，英国知名学者格里·斯托克概括了治理理论的5个论点[③]。可以看到，治理理论体现出一定的价值取向，但更明显的是工具理性，也就是说，治理理论主张通过多元主体结构的变革、治理目标的拓展以及治理手段与方式的重塑来达到共同的目标，具有鲜明的工具色彩。实践证明，治理理论主张以追求以合法性、透明性、责任性、法治、回应、有效等为特征的善治为目标，重新调整政府、市场和社会的关系，在公共事务治理中强调协商、对话，突出各主体间的协同，来实现社会公共利益最大化。因此，无论是塑造多元主体的治理结构、形成多元化的治理目标，还是改进并发展出新的治理方式与路径，其实质都是实现西部地区地方政府作用的有效发挥，进而实现西部地区的有效治理。这些都是治理理论工具理性特征的集中体现。工具理性在一定范围内表现出普遍适用性，在地方政府能力建设领域也是如此[④]。

虽然地方政府是地方治理的关键责任主体，但随着现代化进程的深入推进，一方面，公共需求越来越多元化，公共事务越来越复杂；另一方面，社会参与意识不断增强，公众、市场及社会组织等非政府主体也要求参与公共政策及公共事务的治理。这些新的公共需求和问题的出现，必然给西部地区地方政府带来新的挑战与机遇，仅靠政府单一主体难以满足所有公共需求、无法解决所有公共性问题，因此，需变革治理和运行方式，通过平等协商、对话等方式将公众、市场和社会组织的力量调动起来，形成多元治理格局[⑤]。基于此，在加强民族地区地方政府能力建设中应全面融入治理理念。一是突出协同原则。在地方政府自身建设中，充分发挥市场、社会组织以及公民的作用，与这些非政府机构在平等、对话、协商的原则下实施协同治理，在多元主体共治中实现政府能力绩效最大化。二是坚持法治原则。法治原则要求西部地区地方政府在

① 俞可平．治理和善治：一种新的政治分析框架［J］．南京社会科学，2001（9）：40-44.

② 杨光斌．政治学导论（第四版）［M］．北京：中国人民大学出版社，2011：214.

③（美）斯托克．作为理论的治理五个论点［J］．国际社会科学杂志（中文版），1999（1）：19-30.

④ 朱金春．治理理论在边疆治理中的适用性及其限度——基于工具理性与价值理性的分析［J］．学术探索，2019（10）：56-62.

⑤ 周平．地方政府能力建设必须创新思维［N］．人民日报，2015-08-30（7）.

职责履行、行使权力和能力建设中，均须依法进行，不得脱离法治轨道。这就要求西部地区地方政府在法定的职责和职权范围内，转变政府职能，积极培育市场和社会力量，并建立健全政府、市场、社会协同共治体制机制，增强与市场、社会等非政府力量协商合作、共同治理社会公共问题的能力①。三是关注异质性特征。西部地区在自然资源、经济发展、政治（民族区域自治地方与非民族区域自治地方并存）、民族分布、宗教、历史传统、资源禀赋等方面呈现出较为明显的异质性特征，决定了西部地区地方政府能力建设过程中需要高度关注异质性带来的影响，因此，西部地区地方政府能力建设还需坚持分类建设、各有侧重的原则和思路。

第二节　提升西部地区地方政府能力的对策建议

“铸牢中华民族共同体意识是新时代党的民族工作的‘纲’，所有工作要向此聚焦”意味着党的民族工作各方面内容、各项改革都要以铸牢中华民族共同体意识为出发点和落脚点，进而产生提领、带动民族工作各领域全过程“目目皆张”的实践效果②。西部地区地方政府能力建设也不例外。地方政府能力建设是一项复杂的系统工程，尤其是对于经济相对欠发达，地缘环境、民族分布、宗教状况、文化传统、风俗习惯等相对特殊的西部地区来说，更应以铸牢中华民族共同体意识为基本遵循提升地方政府能力。

一、提升经济发展能力，为铸牢中华民族共同体意识奠定物质经济基础

党的二十大报告指出：“高质量发展是全面建设社会主义现代化国家的首要任务。”“没有坚实的物质技术基础，就不可能全面建成社会主义现代化强

---

① 周平．地方政府能力建设必须创新思维［N］．人民日报，2015-08-30（7）．

② 郝时远．民族工作以铸牢中华民族共同体意识为“纲”［J］．贵州民族研究，2021（5）：1-7.

国。”“构建优势互补、高质量发展的区域经济布局和国土空间体系。推动西部大开发形成新格局，推动东北全面振兴取得新突破，促进中西部地区加快崛起，鼓励东部地区加快推进现代化。支持革命老区、民族地区加快发展，加强边疆地区建设，推进兴边富民、稳边固边。”提升地方政府经济发展能力，实现经济高质量发展、促进共同富裕是铸牢中华民族共同体意识的根本要求，也是各民族共同走向社会主义现代化的必然要求。虽然西部地区经济发展具有一定的优越条件，取得了较为明显的成效，但在提升地方政府经济发展能力、实现经济高质量发展方面，还有许多短板，主要表现为经济自主创新能力较弱、投资效益较低、开放水平不高、生态建设短板亟待补齐、制度软环境有待进一步完善等①。为此，提升西部地区地方政府经济发展能力需从以下几个方面着手。

（一）坚持供需结合，逐步转变经济发展方式

西部地区作为处于经济相对欠发达状态的地区，其客观状况是经济基础薄弱、基础设施建设落后、投资规模大且单一，在当前和未来一段时期，投资都会是拉动西部地区经济增长的主要动力源，也就是说，投资仍然是西部地区经济发展的主要方式和关键驱动力。在投资项目中，基础设施建设所占的比例很大，而作为新兴产业领域的先进装备制造、信息技术服务、文化旅游等方面的投资所占比例较小②。基于此，西部地区地方政府应坚持供给与需求相结合的原则，逐步转变经济发展方式。

一是保持投资规模，优化投资结构和方向。根据西部地区经济基础现状以及各族群众对美好生活的迫切需要，继续加大财政投资，保持较高的投资水平，作为拉动经济增长的动力。第一，中央运用财政转移支付手段加大对西部地区的支持。可考虑采取“一高一低一变”的方式，即提高中央的分配比例和补贴系数、降低地方的财政投入比例以及地方在核算财政承受力时将中央一般转移支付收入纳入其中，并结合西部地区具体实际采取“一地一策”的差别化

---

① 范恒山．大力推动西部地区经济高质量发展［J］．区域经济评论，2022（1）：9-15.

② 刘以雷．新时代推进西部大开发形成新格局需要重点处理好四个关系［J］．新西部，2019（22）：12-13.

政策，持续投资于基础设施，以确保能够通过投资拉动经济发展。第二，在适当的时候赋予西部地区具备条件且有需求的海关特殊监管区域内企业增值税一般纳税人资格。第三，在继续加大物质基础设施如铁路网、公路网、航空港等建设的同时，优化财政投资结构和方向，积极培育经济增长新动能。投资方向逐渐由物质基础设施转移到服务基础设施和数字基础设施上，增强文化产业、信息产业、金融发展对经济增长的贡献①。

二是促进产业转型升级，发展特色产业。结合西部地区能源生产过剩、人力资本挤出、环境污染问题严重的实际，积极推进产业转型升级，实施“淘、改、发”策略。“淘”是指淘汰落后能源企业，释放被占用的资本和劳动力等生产要素，为高技术、高利润企业发展腾出空间；“改”是指通过新技术、新工艺的运用改造传统能源企业，提高生产率、降低管理成本；“发”是指依托互联网、人工智能、大数据等现代信息技术，发展高端装备制造业和现代服务业，如有较大潜力和广阔市场的大数据信息服务业、电子商务、旅游业和现代金融业等。此外，西部地区应充分挖掘并用好用足自身的禀赋，大力发展特色产业。

三是实施创新驱动发展战略。转变经济发展方式、新旧动能转换以及产业转型升级的关键和核心是创新能力建设。对于欠发达的西部地区，要实现经济高质量发展，加强创新能力显得尤为重要。因此，西部地区地方政府应积极筹措财政基金，加大对技术创新的财政支持和投入力度；着力构建以企业为主体、市场为导向、产学研密切结合的科技创新治理体系，在该治理体系中充分调动企业作为技术创新决策、研发投入、科技组织和成果应用主体的积极性，同时增强科研院所、高等学校的创新和服务能力，实现科技创新治理体系和治理能力现代化；人才是实施创新驱动战略的主体，因此应加大人才激励力度，从就业创业、住房、养老、子女教育等方面完善人才政策，形成尊重人才、重视人才的氛围，进而解决高校和企业的人才流失问题；应进一步加强与东部地

① 刘家旗，茹少峰．西部地区经济增长影响因素分析及其高质量发展的路径选择［J］．经济问题探索，2019（9）：82-90.

区在科技创新领域的合作，打造协同创新共同体。

（二）借助“一带一路”扩大对外开放水平

对外开放程度低是西部地区经济高质量发展的一个重要制约因素。党的二十大报告指出：“优化区域开放布局，巩固东部沿海地区开放先导地位，提高中西部和东北地区开放水平。”“推动共建‘一带一路’高质量发展。”因此，作为“一带一路”的重要依托和核心地区，西部地区应借此机会扩大对外开放水平，培育新的经济增长点。

我国的对外开放从两个方向同时推进，一个是沿海方向，一个是陆路方向。相较沿海方向，陆路方向的对外开放程度较低，主要是因为我国通向西北和西南的通道十分有限，并且受到民族、宗教、地缘政治等因素的制约。“一带一路”倡议为我国陆路方向提升对外开放水平创造了条件。西部地区各级地方政府应借助“一带一路”建设，深化体制机制改革，积极发挥西部大开发、对口支援等政策优势，加强发展经济的能力，促进西部地区经济、社会、公共服务、基础设施、交通、文教等方面的发展。“基础设施的互联互通是‘一带一路’的优先和重点领域”①，西部地区地方政府应重点在交通、能源、通信等基础设施领域加大财政投入，打通亚洲各次区域以及亚欧非之间的通道，如口岸运输通道和内陆主要通道等基础设施；激发各级各类试验区、新区和合作区的综合效能，依托上述开放平台，进一步加强“旅游开发开放、信息互通、行业监管、公共服务”等方面的国际合作，促进与“一带一路”沿线国家的互联互通，进而提升对外开放水平，培育新的经济增长点。

（三）进一步优化营商环境

党的二十大报告指出：“深化简政放权、放管结合、优化服务改革。……完善产权保护、市场准入、公平竞争、社会信用等市场经济基础制度，优化营商环境。”与东部地区相比，西部地区在营商环境方面差距较大，思想观念、管理体制、运营机制等方面的差距更为明显，已成为西部地区经济高质量发展

---

① 国家发展和改革委员会，等. 推动共建丝绸之路经济带和 21 世纪海上丝绸之路的愿景与行动［EB/OL］，(2015-03-29)［2022-08-20］. http://news.xinhuanet.com.

的软肋。为此，一是要深化“放管服”改革。“放管服”改革的实质就是简政放权、寓管理于服务，通过高水平的服务营造良好的营商环境。这就需要进一步深化行政审批制度改革，对事项、时限、流程和自由裁量权等行政审批细节进行精细化管理以提升行政审批的效率；积极探索行政审批标准化，通过标准化和权力清单制改革，对申请主体、资格条件、材料清单、权限、办理时限等作进一步规范化管理；通过加快建立完善政府信息共享平台，打通行政审批的部门协同、行业联动，真正实现“一窗受理，集成服务”，提升行政审批的质量和效益。二是要积极推进数字政府治理。基于现代信息技术的数字政府治理具有基础设施云化、全触点数字化、业务在线化、数据运营化等特点，具有扁平沟通、政务数据协同共享、公共服务精准供给、科学决策、透明高效的运行逻辑，核心价值在于提供高效便捷的公共服务、提升公众的满意度。“数字政府”以互联网、大数据、人工智能等新一代信息技术为支撑，能够有效推动“放管服”改革和优化营商环境，成为经济高质量发展的重要动力①。因此，西部地区应从理念、平台、技术以及数字政府治理体制、战略规划与法律规范等方面着手积极推进数字政府治理。理念方面应实现从信息化普及向智能化应用转变、从职能驱动向社会需求驱动转变、从单一主体决策向共商共治共享转变；平台方面应逐步成立和完善数据管理机构和政务服务平台，并积极推进数据开放和共享；实现数字技术变革、智慧政务服务与现代政府体制创新有机衔接；适时制定并颁布数字政府治理的战略规划和法律法规，保障数字政府可持续建设。三是要优化社会信用体系。探索建立健全跨地区、跨部门、跨行业的信用联合奖惩机制，强化政府诚信；注重商事主体信用信息化系统建设，以大数据平台强化社会信用建设；加快建立公共信用信息与金融、税务、市场等部门信用信息交换共享机制，形成“奖守信、罚失信”的社会合力。

---

① 祁志伟．数字政府建设的价值意蕴、治理机制与发展理路［J］．理论月刊，2021（10）：68-77.

二、提升公共服务供给能力，为铸牢中华民族共同体意识提供坚实民生基础

党的二十大报告指出：“我们要实现好、维护好、发展好最广大人民根本利益，紧紧抓住人民最关心最直接最现实的利益问题，坚持尽力而为、量力而行，深入群众、深入基层，采取更多惠民生、暖民心举措，着力解决好人民群众急难愁盼问题，健全基本公共服务体系，提高公共服务水平，增强均衡性和可及性，扎实推进共同富裕。”提升西部地区地方政府公共服务供给能力、不断完善公共服务体系有助于为铸牢中华民族共同体意识提供坚实民生基础。为此，应从公共服务政策规划体系、供给机制及政治参与机制等方面完善公共服务体系。

（一）构建可容纳多元诉求的公共服务政策规划体系

在公共服务政策规划中体现各民族社会成员的多元诉求不仅是“以人民为中心”执政理念的具体体现，也是从共享到共识的必然选择。为此，第一，在公共服务政策规划中应体现差异化、多样性的需求。西部地区各民族社会成员的公共服务需求的差异性和多样化特征较为明显。纵使地方政府有充裕的财政资金能够投入基本公共服务领域，各民族社会成员对于公共服务的认知、体验和获得感也会有较大差异。多样化的公共服务需求和差异化的公共服务认知与体验能力往往会转化为一种公共政策诉求，最终以不同方式和渠道进入地方政府的政策议程。“以人民为中心”要求地方政府在公共服务供给中尊重和满足各民族社会成员多元化和差异化的公共服务需求，因此，需在公共服务的战略规划、顶层设计和制度安排中，建立各民族多元化公共服务诉求表达机制和反馈机制，将区域因素、民族因素纳入资源配置、生产供给、设施布局和标准体系等公共服务运行的各个环节，实现公共服务的区域性特征、民族性特征和国家公共政策的有效联动。第二，着力加强共享资源供给和建设。共享资源是公共服务的重要内容，加强共享资源建设不仅能为特定区域内社会成员搭建参与集体行动的平台，还能有效调动社会成员参与集体行动的积极性。协调一致的集体行动能否实现受制于所能调配的共享资源是否充足，换句话说，某一社会

群体能够共享到的公共资源越充足，越有利于协调一致的集体行动的出现[①]。因此，着力加强共享资源的供给和建设不仅能加强各民族社会成员个体间的交流和交往，还能增进特定区域内各民族间的信任和共识[②]。因此，有必要在公共服务规划及供给中注重共享资源的建设。一方面，合理配置有形公共资源，将看得见、摸得着的有形公共资源在不同民族、不同区域间交错配置，形成各民族共建共享人财物和基础设施等有形资源的格局；另一方面，注重无形公共资源的规划与供给，在制度、政策、信息、文化、社会资本等无形公共资源供给方面做好规划和加大投入。第三，公共服务是否可及也是需要着重考虑的重要问题。在公共服务政策规划中不仅要关照公共服务供给及需求的体现，还要考虑公共服务能否被社会成员接收到及接收程度如何，即公共服务的可及性问题。公共服务唯有达到了"公平"和"可及"的状态和水平，其促进社会公平正义、协调族际关系、维护民族团结的效用才能发挥出来。因此，在公共服务政策规划体系中，还要结合西部地区地广人稀、居住分散、需求多样等实际情况，考虑从创新公共服务供给方式，借助大数据、人工智能和区块链等现代信息技术优势等方面入手，助推公共服务可及性的实现。

（二）构建高绩效的公共服务供给机制

构建高绩效的公共服务供给机制是提升地方政府公共服务供给能力的有效路径。公共服务的精准高效供给，不仅需要强化政府的主导作用，还需要不断创新公共服务提供方式。

首先，充分发挥公共服务供给中政府的主导作用。提供公共服务是地方政府的基本职能和职责，不仅表现为用于基本公共服务的财政资金主要来源于政府的公共投入，还表现为有关公共服务的战略规划、顶层设计和制度安排也由政府来提供，更重要的是政府只有运用其公共权威和强有力的公共政策才能统筹公共服务资源、调动多元主体力量，合力推进公共服务的均等化水平。对

① （美）莫里斯，卡洛尔，缪勒．社会运动理论的前沿领域［M］．刘能，译．北京：北京大学出版社，2002：383.

② 陈纪，张笑语．共享资源建设视域下中华民族共同体意识的铸牢路径［J］．中南民族大学学报（人文社会科学版），2021（5）：26-33.

于市场作用有限、社会组织发育不成熟的西部地区而言，地方政府能否有效发挥其主导作用直接决定着公共服务供给绩效的好坏。为此，第一，应科学界定不同层级政府间有关公共服务的财政事权和支出责任。近年来，我国虽然在部分公共服务领域围绕合理划分和界定国务院与省级政府间的财政事权和支出责任作出了积极的改革尝试和探索，率先在医疗卫生、教育、科技等领域制定、出台了划分财政事权和支出责任的改革方案和指导性文件。但政府间公共服务责任和事权划分仍不清晰，公共服务领域中央和地方政府承担的事权和支出责任不对等，中央和省级政府承担的少而地方承担的多，公共服务领域事权与支出责任的划分随意性大、行政化倾向明显。为此，一方面，可积极探索公共服务清单制。通过公共服务清单制改革，在综合考虑基本公共服务的重要程度、覆盖面、财政投入及供给难易程度等的基础上，精准、合理确定各级政府的事权范围和支出责任。对于那些涉及国计民生、覆盖面广、财政投入大、生产供给难度大的公共服务，中央政府应承担更大的事权范围和支出责任，以减轻西部地区地方政府的公共服务负担。此外，公共服务高效供给还需合理划分同级政府部门间公共服务的事权，致力于达成公共服务领域纵向府际关系顺畅、横向政府部门协调配合的工作态势。另一方面，法治化是可资借鉴的经验。从西方发达国家的公共服务实践来看，普遍采用立法的形式明晰各级政府的公共服务职责，如美国、英国、加拿大、法国、日本等国家先后制定了有关公共服务的法律法规，为规范政府间公共服务事权和支出责任提供了制度保障。因此，可借鉴国外经验，适时出台公共服务法，以立法的方式明晰各级政府的公共服务责任。第二，发挥转移支付制度在公共服务供给中的作用。转移支付是重要的财政政策工具，中央政府通过转移支付制度不仅能弥补地方政府的财政缺口，还能推动区域间的协调发展[①]。为发挥西部地区公共服务供给中转移支付制度的作用，首先，中央政府应加大对西部地区公共服务领域的转移支付力度，以解决公共服务领域的财政资金短缺问题，进一步提升西部地区公共服务均等化水平；其次，提升转移支付资金使用效率，要求西部地区地方政府基于各民族社

① 刘剑文，王桦宇. 公共财产权的概念及其法治逻辑［J］. 中国社会科学，2014（8）：129-146，206-207.

会成员的公共服务需求做好统筹规划，将精准化的管理方式贯穿公共服务需求、资源配置、生产供给等环节，发挥转移支付资金的最大效用；最后，加强转移支付资金的监管，推动公共服务领域财政转移支付制度在公开透明和规范有序中运行，运用多种手段加强对项目规划、项目申请、资源配置和资金使用等财政资金转移支付制度各环节的监管。

其次，创新提供方式。创新公共服务提供方式既是提高公共服务供给绩效的内在要求，也是助力西部地区各民族社会成员公共服务满意度提升的重要手段。为此，一方面，要加快西部地区政府职能的转变，推动政府公共服务职能重点由“兜底”功能向“兜底＋优质”双重功能转移。建设服务型政府、侧重政府公共服务职能、建立健全公共服务型财政体制等具有“兜底”功能的措施和改革探索已成为各地普遍的做法。但随着我国全面建成小康社会的顺利完成以及社会主要矛盾的变化，人民群众对美好生活的向往成为现实需求。政府的公共服务仅在“有服务”层面保障基本需求，已无法应对各民族社会成员不断升级的公共服务需求。基于此，西部地区地方政府既要持续提供具有“兜底”性质的基本公共服务和公共产品，也应积极推动从兜底型服务向高质量服务的转型，通过培育公益性社会机构和市场主体，提供优质公共服务，以满足多样化和个性化的服务需求。另一方面，要致力于打造多元主体协同的公共服务供给机制。现代治理理论核心观点认为，公共服务供给中政府、市场和社会组织多元主体协同共治模式具有政府模式、市场模式、社会模式无法比拟的优势。发达国家的经验和教训也表明，政府垄断公共服务供给、完全依靠市场机制或社会组织实现公共服务供给均会出现“失灵”现象，因此，有必要在政府主导下发挥社会化工具和市场化工具优势，探索建立公共服务供给的多元主体协同共治模式。为此，明确政府职能范围、培育市场主体和社会力量是西部地区地方政府需要着力解决的问题。在此基础上，还应积极创造条件引导和鼓励市场主体、社会力量介入公共服务的生产环节，在多元主体互动中分工合作，实现公共服务的高效供给。此外，在公共服务供给的手段方面，积极推进政务服务的信息化建设，借助大数据、人工智能、区块链等现代信息技术手段实现公共服务供给和生产的精准化。

（三）不断完善公共服务的政治参与机制

党的二十大报告指出：“坚持和完善我国根本政治制度、基本政治制度、重要政治制度，拓展民主渠道，丰富民主形式，确保人民依法通过各种途径和形式管理国家事务，管理经济和文化事业，管理社会事务。……健全吸纳民意、汇集民智工作机制，建设好基层立法联系点。”“健全各种制度化协商平台，推进协商民主广泛多层制度化发展。”公共服务均等化所要达到的目标就是让各民族社会成员能够共享公共服务的成果，通过公共服务的共享及公共服务满意度的提升生成国家认同。这体现了从感知到满意再到认同的公共服务建构中华民族共同体意识的内在逻辑和作用机理①。从满意上升为认同、从共享转化为共识，既需要不断提高公共服务供给水平和质量，更重要的是不断完善公共服务政治参与机制。各民族社会成员参与公共服务规划、资源配置、生产、供给、评估和充分的民主协商，不仅能感知和体验到公共服务运行过程中的公平和正义，还能通过公共服务绩效评估确认结果公平。因此，完善的公共服务政治参与机制有助于消除隔阂、增进信任和认同，进而助推中华民族共同体意识的生成。为此，应充分考虑我国幅员辽阔、人口众多、民族多样的国情及现行政治制度，在人民代表大会制度和政治协商制度框架内建立健全公共服务参与和协商机制，提供可充分参与的协商平台。经过族际间关于公共服务的政策对话和民主协商，认同和共识必然能够实现。

第一，充分发挥人民代表大会制度和政治协商制度的制度优势。不断健全和完善各族民众尤其是少数民族参与国家事务、地方事务的制度与机制，使各级人民代表大会和各级政协组织中的少数民族成员充分行使职权，以主人翁的姿态参与和监督基本公共服务均等化进程中规划、执行、评估等各个环节，确保各族民众多元化的诉求被纳入其中。

第二，充分发挥民族区域自治制度的制度保障作用。党的二十大报告指出：“以铸牢中华民族共同体意识为主线，坚定不移走中国特色解决民族问题

---

① 李俊清，付秋梅．在公共服务中感知国家——论铸牢中华民族共同体意识的公共服务路径［J］．公共管理与政策评论，2022（3）：3-15.

的正确道路，坚持和完善民族区域自治制度，加强和改进党的民族工作，全面推进民族团结进步事业。”因此，在制度落实层面，充分发挥民族区域自治制度的制度保障作用，就是要在坚持党的统一领导下，依托民族区域自治法落实各族民众在基本公共服务均等化过程中的参与权和话语权，协调各方意见、达成共识，确保西部地区各族民众根本利益的一致性和社会公平正义。

第三，探索建立公共服务领域的决策咨询制度和社会听证制度。党的二十大报告指出：“完善办事公开制度，拓宽基层各类群体有序参与基层治理渠道，保障人民依法管理基层公共事务和公益事业。”决策咨询制度和社会听证制度是政府决策过程中重要的制度形式，能有效克服代议民主制的不足。为了能及时反映各民族社会成员的差异化诉求，实现政府在公共服务领域的政策规划和决策的透明化、公正化、科学化和民主化，西部地区地方政府应积极探索和建立公共服务领域决策咨询制度和社会听证制度，实现各方利益主体围绕与自身密切相关的公共服务问题及因此带来的矛盾、冲突进行面对面的直接交流和沟通，从而缓解紧张的族际关系、维护公平、达成共识。

三、提升社会治理能力，为铸牢中华民族共同体意识夯实牢固社会基础

党的二十大报告指出：“健全共建共治共享的社会治理制度，提升社会治理效能。……建设人人有责、人人尽责、人人享有的社会治理共同体。”有效的社会治理能够为铸牢中华民族共同体意识夯实牢固的社会基础。可从社会治理结构、法治基础、化解矛盾长效机制等方面着手，提升西部地区地方政府社会治理能力。

（一）构建多元主体参与的社会治理结构

完善的社会治理结构不仅要有成熟完善的市场和社会组织，还需要角色定位准确的政府。

首先，西部地区地方政府应扮演好“治理者”的角色。现代治理理论在指出多元主体协同共治公共事务的同时，还特别强调政府在公共事务治理中起

主导作用。因此，有研究者指出，国家治理现代化能否取得成效关键在于政府的总体性推动作用是否充分发挥①。同样的道理，政府作用发挥程度会直接影响和制约社会治理成效及社会治理能力提升。但同时，政府"大包大揽"的管治模式已无法适应社会治理的需求。为此，一是西部地区地方政府应积极转变在社会治理中的职能定位，实现从"管制者"向"治理者"、从"划桨者"向"掌舵者"的角色转换，发挥在社会治理中的宏观指导、制度供给、监督和协调作用。二是完善社会治理中权力配置与制衡机制。分权、参与、协商、对话是社会治理的基本原则，其中分权至关重要，而分权最主要的途径是授权。因此可以说，多元主体之所以能够合法参与社会治理，前提就是授权。只有充分的授权，才能确保社会治理中各主体的治理行为是合法的，才能通过协商、对话的方式实现良性互动。这一原理告诉我们，实现社会治理有效、提升社会治理能力，关键在于社会治理权力在政府、市场主体、社会组织、公民等不同主体间的分配和制衡。为此，需要对涉及社会治理的权力进行归类、整合，把分散于不同职能部门的社会治理权力进行科学分类与整合，依据权力的类别和性质将其分配给相应的组织或主体。政府部门应承担的社会治理职责，应依法授予其相应的治理权力；市场主体或社会力量能够调节或参与的，应创造制度条件让其参与进来，使社会治理主体依靠互相依赖的权力和资源关系实现互相促进，形成协作性的伙伴关系。

其次，引导市场主体参与社会治理。市场机制不完善是制约西部地区市场主体参与社会治理的重要制度因素②。因此，积极推动体制机制创新是完善市场经济体制和充分发挥市场决定性作用的关键举措。对于西部地区而言，一是地方政府应紧盯西部大开发、区域协调发展战略等的重点任务和政策优势，充分利用中央赋予的制度安排和先行先试的权利，创新体制机制，破除阻碍市场经济发展的藩篱。二是体制机制创新还需外力助推。这种外力主要来自中央、东部地区和中部地区。中央应依据宪法、民族区域自治法等相关法律法规

① 潘照新．国家治理现代化中的政府责任：基本结构与保障机制［J］．上海行政学院学报，2018（3）：28-35.

② 邓大才．东西部制度安排的非均衡性与西部的制度创新［J］．探索，2001（1）：100-104.

赋予民族区域自治地方体制创新的权力；东部、中部地区的对口支援也是促进制度创新的重要力量，因此，东部、中部地区应将对口支援的重点放在培育西部地区的创新能力上。

最后，培育和促进西部地区社会组织发展。一是应为社会组织的发展营造良好的外部环境，在制度条件、资金、人才、信息等方面给予政治和政策方面的扶持和倾斜；二是应通过制度设计将社会组织纳入社会治理的主体范畴，为社会组织参与社会治理创造条件；三是要强化对境外社会组织的监控，严厉打击境外社会组织的非法活动。

（二）完善民族事务治理的法治基础

党的二十大报告指出："全面依法治国是国家治理的一场深刻革命，关系党执政兴国，关系人民幸福安康，关系党和国家长治久安。必须更好发挥法治固根本、稳预期、利长远的保障作用，在法治轨道上全面建设社会主义现代化国家。我们要坚持走中国特色社会主义法治道路，建设中国特色社会主义法治体系、建设社会主义法治国家，围绕保障和促进社会公平正义，坚持依法治国、依法执政、依法行政共同推进，坚持法治国家、法治政府、法治社会一体建设，全国推进科学立法、严格执法、公正司法、全民守法，全面推进国家各方面工作法治化。"健全、完善的民族事务法律制度，是推进和实现民族事务治理体系现代化的前提或基础。因为其不仅能为民族事务治理的实践探索提供合法性基础，还能为多元治理主体能动性的发挥提供必要的制度保证。基于此，为了实现民族事务治理体系的现代化，需适时进行民族事务治理法治的"立"与"破"，为其提供法治基础。

第一，加快民族立法进程，完善民族事务治理的法治体系。虽然我国的民族法律体系已初步形成，但在民族事务治理过程中仍缺乏配套的、可操作的法律法规。因此，首先，在宪法的统一框架下充分行使自治立法权，尽快探索出台规范民族事务治理的自治条例，以适应民族地区社会发展需求。在此过程中需充分考虑各民族的风俗习惯、宗教信仰、地域环境、经济社会等情况，尽量让自治条例的制定既能反映各民族的根本利益、完善我国民族法治体系，又能消除民族法与宪法、民族区域自治法及其他部门法之间的法律冲突。其次，突出民族事务重点领域的立法，以规范其治理行为。为此，需要增强民族地区政府规章的可操作性，针对民族事务治理中的重点领域如民族教育、文化传承与保护、生态环境、民族团结等制定相应的政府规章。

第二，构建民族事务治理的问责机制。“强化行政执法监督机制和能力建设，严格落实行政执法责任制和责任追究制度”是党的二十大报告关于依法行政的重要论述。问责机制既是民族事务治理法治化的重要内容，也是完善的民族事务治理体系所必需的[①]。构建问责机制，可以强化民族事务治理中基层管理的法治意识和服务意识，规范其行政行为，避免其处理民族问题的非制度化方式。应从问责主体、客体、范围和程序 4 个方面不断完善民族事务治理问责机制。

（三）探索化解影响公共安全各类矛盾的长效机制

党的二十大报告指出：“国家安全是民族复兴的根基，社会稳定是国家强盛的前提。必须坚定不移贯彻总体国家安全观，把维护国家安全贯穿党和国家工作各方面全过程，确保国家安全和社会稳定。”“加强边疆地区建设，推进兴边富民、稳边固边。”安全和稳定是社会治理追求的目标，而要实现社会稳定必须探索建立化解社会各类矛盾和社会危机根源的长效机制。第一，正确处理发展与稳定的关系。实践证明，社会不稳定因素往往存在于那些发展相对滞后、困难群众较多的区域，因此，加快发展、缩小区域发展差距、实现民生改善并共享发展成果，有助于维护社会稳定。然而，也应清醒地认识到，经济发展并不等于绝对的社会稳定。只有将经济发展与共同繁荣、民生改善、就业、打击分裂极端势力有效结合起来，统筹好发展与稳定的关系，才能真正实现西部地区的社会稳定和长治久安。第二，积极依法稳妥处理涉民族因素的案（事）件，科学、合理、依法区分一般案（事）件与涉民族因素的案（事）件，构建政府、市场、社会组织、公民个人共同参与的多主体协同治理的公共安全

① 胡洪彬．论我国民族事务治理问责机制的重构：一个整体性分析框架［J］．宁夏社会科学，2017（1）：44-51.

治理体系，不断完善西部地区各类突发事件应急处理机制，使各民族社会成员的合法权益得到法律保障，对各类侵犯各族群众利益的违法行为和犯罪行为依法予以打击。第三，积极推进各民族交往交流交融。促进“三交”对于增进民族间的认知、互动，化解矛盾，具有十分重要的作用。因此，一是可借助市场机制的优势，让人才、资金、产品、信息在不同区域与族群之间流动，形成统一的市场格局，为共同就业创业、交易、交流提供平台，有助于形成共同利益。二是统筹城乡建设布局和公共服务资源配置，逐步实现各民族在空间、文化、经济、社会、心理上的融合。特别是通过住房、教育、就业、基础设施、公共服务等的合理配置，建设嵌入式社区，在共居、共学、共享中强化利益共享、责任分担意识①。三是构建铸牢中华民族共同体意识宣传教育常态化机制。以“五个认同”为核心，将铸牢中华民族共同体意识教育纳入干部、党员和国民教育体系中，形成多层次、全方位的教育体系；还可依托公共文化服务体系，开展行之有效的国家观念、公民观念及法治观念教育，实现铸牢中华民族共同体意识教育的全覆盖。此外，还应积极规范和引导宗教活动。

四、提升文化发展能力，为铸牢中华民族共同体意识创造思想文化基础

党的二十大报告指出：“全面建设社会主义现代化国家，必须坚持中国特色社会主义文化发展道路，增强文化自信，围绕举旗帜、聚民心、育新人、兴文化、展形象建设社会主义文化强国，发展面向现代化、面向世界、面向未来的，民族的科学的大众的社会主义文化，激发全民族文化创新创造活力，增强实现中华民族伟大复兴的精神力量。”中华民族共同体意识的培育和铸牢离不开文化的力量。习近平总书记指出，文化是国家的血脉和灵魂，对于国家认同而言，其基础是文化认同，文化认同能够为国家向心力、凝聚力提供动力②。

① 李俊清．边疆民族地区公共安全治理体系与能力现代化［J］．中国行政管理，2014（11）：52-55.

② 习近平在参加内蒙古代表团审议时强调：完整准确全面贯彻新发展理念　铸牢中华民族共同体意识［EB/OL］,（2021-03-05）［2022-11-01］．http://www.gov.cn/xinwen/2021-03/05/content_5590762.htm.

作为“五位一体”总体布局的重要内容，加强西部地区地方政府文化建设能力，推动文化发展，可以为铸牢中华民族共同体意识创造思想文化基础和提供精神动力。

西部地区既是多元文明的历史交汇地，也是中华文明的重要展演场域。各民族在共同生活中创造并积淀了形态多样、意涵多维的文化样态[①]。文化建设作为地方政府的基本职能，对于推动西部地区文化发展具有重要意义。

（一）注重创造良好文化发展环境

从属性来看，良好文化发展环境具有纯公共物品的典型特征，即非排他性和非竞争性。公共物品理论认为，纯公共物品的供给主体只能是政府。因此，创造良好文化发展环境和条件是西部地区地方政府的基本职责之一。这就要求，一是清晰界定文化建设中政府的职责。在明确政府职责和优化政府文化职能配置的前提下，加强地方政府对文化的宏观调控；借鉴发达国家和地区文化管理方面的先进理念和方法，从文化规划编制、项目策划、资金和资产管理等环节入手不断提升文化管理和发展水平。二是加大财政投入，重点投资于与基本公共文化、文化产品（服务）与资源供给、文化产业发展等相关的基础设施建设，扩大其受益面，使得作为公共物品的文化基础设施的正外部性充分发挥出来，进而满足各族群众对文化生活的需求。三是增强培育文化市场的能力。依据当地文化资源禀赋及特色、社会文化需求，积极引导、培育、打造文化市场，通过规模化、专业化、特色化推动文化产业发展，提升其吸引力和竞争力。在培育文化市场的同时，注重加强监管，建立完善的准入机制和退出机制，规范文化市场主体行为，合理配置文化资源，引导文化产业健康发展。

（二）充分发挥市场和社会在文化建设中的作用

政府在文化建设中经历了从“办文化”到“管文化”再到“兴文化”的角色转变。在“兴文化”背景下，市场和社会组织的力量不可忽略。一是充分

---

① 杨玢．民族地区铸牢中华民族共同体意识的文化面向［J］．青海社会科学，2021（2）：21-27.

发挥市场在资源配置中的决定性作用。在文化资源配置中发挥市场力量的决定性作用，需要积极推进文化领域的简政放权，明确政府的文化职能，即哪些文化领域的哪些环节是政府应该管也是必须管理好的，而把那些市场和社会能调节且能有效运行的文化领域和环节交给市场和社会。继续深化行政审批制度改革，在文化投资、经营、资格资质、价格等方面逐步缩减审批环节和时效，给文化市场主体"松绑"，腾出足够空间让市场机制发挥作用①。二是更好发挥社会力量的作用。地方政府需积极培育文化领域的社会组织，在政策、资金、人才等方面给予支持，引导社会资本、民间力量积极参与公益性文化事业和公共文化服务体系建设；在文化资助、采购领域，逐步扩大具有财政性质的投资，以此激发社会力量参与文化建设的主动性和积极性。

（三）注重提供优质的基本公共文化服务

提供优质的、大致均等的基本公共文化服务和产品是政府的基本职责②。进入新时代，我国公共服务发展不平衡不充分的问题仍然比较突出，西部地区基本公共服务仍存在短板弱项，均等化水有待进一步提高。因此，西部地区地方政府应针对基本公共服务存在的短板弱项，充分发挥政府在公共文化资源配置、管理协调中的主导作用，采取市场化、社会化的政策工具和手段，实现基本公共文化服务均等化和标准化，推进西部地区城乡公共文化服务体系一体化建设。

五、提升生态环境保护能力，为铸牢中华民族共同体意识打造宜居生态基础

党的二十大报告指出："大自然是人类赖以生存发展的基本条件。尊重自然、顺应自然、保护自然，是全面建设社会主义现代化国家的内在要求。必须牢固树立和践行绿水青山就是金山银山的理念，站在人与自然和谐共生的高度谋划发展。我们要推进美丽中国建设，坚持山水林田湖草沙一体化保护和系统

① 陈福今．切实转变政府职能　提升文化治理能力［J］．行政管理改革，2014（9）：16-20.
② 陈福今．切实转变政府职能　提升文化治理能力［J］．行政管理改革，2014（9）：16-20.

治理，统筹产业结构调整、污染治理、生态保护、应对气候变化，协同推进降碳、减污、扩绿、增长，推进生态优先、节约集约、绿色低碳发展。”作为一项复杂的系统工程，铸牢中华民族共同体意识不仅需要经济、文化、社会、公共服务等方面的基础，还需要良好的生态环境。加强地方政府生态环境保护能力、促进生态文明建设，对于自然生态脆弱易损的西部地区尤为重要和迫切。为此，可从以下几个方面着手加强西部地区地方政府生态环境保护能力建设，为铸牢中华民族共同体意识打造宜居生态基础、夯实绿色根基。

（一）树立正确的生态环境保护理念

西部地区地理位置较为特殊，是很多大江大河的源头，自然生态资源充沛，是国家重要的资源富集区、水系源头区、生态屏障区。此外，民族八省区涉及的国家重点生态功能区有 17 个；涉及的国家禁止开发区域中，国家级自然保护区 87 个、世界文化遗产 4 处、国家森林公园 122 个、国家地质公园 24 个。自然地貌的特殊性和气候环境的复杂多变性，使该地区自然生态环境脆弱易损，一旦遭到破坏和污染，治理和修复的难度极大。因此，树立正确的生态保护理念和可持续发展理念，将绿色发展贯穿西部地区经济社会发展全过程，意义重大。对于西部地区地方政府来说，应坚决贯彻“绿水青山就是金山银山”理念，充分认识“生态文明建设是关系中华民族永续发展的千年大计”这一重要论述的重大意义，以高度责任感和使命感坚决贯彻绿色发展理念，杜绝以牺牲环境为代价来换取经济的发展，将绿色发展理念全面融入生产、生活各个层面和各个环节。要摒弃短期利益、局部利益和地方利益思维，自觉、主动地做生态文明制度的坚定执行者和实践者。

（二）优化生态财政制度

“推动经济社会发展绿色化、低碳化是实现高质量发展的关键环节。……完善支持绿色发展的财税、金融、投资、价格政策和标准体系”是党的二十大关于加快发展方式绿色转型的重要论述。通过生态财政转移支付来落实地方政府生态职能、提升地方政府生态环境保护能力是发达国家普遍采用的政策工具。例如，德国从 20 世纪 80 年代开始尝试构建纵向和横向府际生态财政转移支付制度来克服地方政府财力与生态保护职能不匹配的问题①。对于经济发展相对滞后、财政收入相对不足的西部地区来说，优化生态财政制度以提升其生态环境保护能力是值得借鉴的经验。

为此，一方面，科学合理划分中央和地方政府生态治理领域的事权和财权。我国于2016年颁布了《国务院关于推进中央与地方财政事权和支出责任划分改革的指导意见》(国发〔2016〕49号)，指出逐步将环境保护与治理等11项体现中央战略意图、跨省（区、市）且具有地域管理信息优势的基本公共服务确定为中央与地方共同财政事权，并明确各承担主体的职责。但是从目前实践来看，仍存在央地之间生态保护与治理事权划分模糊的问题，导致地方政府生态环境保护职能履行不到位。基于此，针对西部地区资源富集区、水系源头区、生态屏障区的特征及财政收入相对较低的实际，首先，中央政府应承担更多环境保护与治理的职责，以减轻西部地区地方政府在环境保护与治理领域的压力；其次，采取差异化政策，着重考虑西部地区经济发展、财政状况、生态特征、地缘因素等现实，通过加大中央环境保护与治理的财政支出比例和财政转移支付力度，增强西部地区地方政府用于环境保护与治理的财力，提升其生态环境保护能力；最后，还可探索建立专门针对西部地区的环境保护与治理财政专项预算制度。

另一方面，在环境保护与治理领域，加大东部地区对口支援西部地区的力度。东部地区要通过对口支援的方式提升西部地区地方政府生态环境保护能力，是由生态环境保护作为纯公共产品的正外部性特征决定的。西部地区承担着更重要的生态环境保护职能，承受了巨大的成本，而东部地区经济相对发达，又能充分享受到生态外部性。错位的激励结构使环境保护的积极性受到抑制②。因此，东部地区应从大局出发，加大在环境保护与治理领域的对口支援力度，探索建立生态补偿横向转移支付制度，通过制度的形式，规范和明确生

① 唐林霞. 生态文明建设中的地方政府职能转变：结构调整与制度因应［J］. 行政论坛，2015（5）：48-52.

② 唐林霞. 生态文明建设中的地方政府职能转变：结构调整与制度因应［J］. 行政论坛，2015（5）：48-52.

态补偿横向转移支付的内容和程序。

（三）构建生态环境保护的社会参与机制

生态环境保护与治理是地方政府义不容辞的责任，但仅靠政府无法实现生态环境的善治。生态文明建设是全体人民共同的事业，只有逐步构建并形成以政府为主导、企业为主体、社会组织共同行动的多元治理体系，才能实现生态文明建设目标。首先，应加强党对西部地区环境保护与治理的领导。经验证明，加强和完善党的领导是不断提升地方政府生态环境保护能力、调动社会力量参与生态环境保护与治理的根本保证。对于生态脆弱易损的西部地区来说，各级党委应提高政治站位，切实扛起生态环境保护的政治责任，发挥顶层设计、总览协同及监督检查的政治保障作用。尤其是在生态环境保护能力比较薄弱的领域、生态环境比较脆弱的西部地区，应在党的统一领导下切实做到激励与约束并重，积极引导企业、社会组织及公众共同行动，形成合力①。其次，地方政府应约束并引导企业积极履行社会责任，通过排污、碳排放、财税等制度的改革和完善，逐步建立健全绿色低碳的市场体系，引导并鼓励企业积极开展环保节能技术创新，走绿色发展之路。再次，应积极培育和扶持环保领域的社会组织。具有非营利性质的社会组织是民众参与环境治理的重要载体。②西部地区地方政府应积极培育、孵化、扶持环保领域的社会组织，引导其有序参与环境治理。最后，还需充分发挥学校教育、家庭教育、社会教育及媒体宣传的作用，形成全方位全社会践行绿色理念和全民共建共享生态文明的格局。

（四）探索建立绿色发展政绩考核制度

政绩考核制度从某种程度上来说是地方政府行为的指挥棒，能够体现绿色发展的政绩考核机制对地方政府的行为具有决定性影响。为此，针对西部地区特殊的自然生态环境，首先，可借鉴国外经验，在西部地区率先探索试行绿色 GDP 核算制度。该制度扣除了环境成本，更能如实体现地方国民财富总

① 燕芳敏．将生态文明制度成果转化为治理效能［N］．经济日报，2020-04-21（11）．

② 刘燕．促进生态环境治理体系和治理能力现代化的实践要求［J］．社会主义论坛，2021（9）：9-11.

量。其次，推动绿色发展政绩考核的制度化建设。如何构建能够有效体现生态文明建设要求的政绩考核机制，已成为社会焦点和亟须解决的问题。为此，第一，要完善绿色发展政绩考核的法律法规。虽然近年来出台了将绿色发展与政绩评价相结合的一些通知和办法，如中央组织部先后于 2013 年和 2015 年出台的相关办法，但由于这些制度对生态环境保护责任追究的启动标准和程序、追究对象、责任追究形式、责任追究部门之间的权限划分以及政绩考核中绿色考核的规定均较为笼统，法律法规保障不力，推进绿色发展政绩考核的效果不理想。因此，需结合西部地区生态环境与经济发展实际，细化并颁布具有明确指向的绿色发展政绩考核相关规定，通过制度化的形式明确绿色发展政绩考核的地位和作用，明确绿色发展政绩考核的权责关系、主体、内容、指标体系、程序、方法、结果的应用等，用法律的形式实现绿色发展政绩考核的制度化和规范化。第二，在绿色发展政绩考核实施中，还应依据不同主体功能区承担主体功能的差异，采取差异化的政绩考核办法。由前文可知，西部地区涉及的国家重点生态功能区、国家禁止开发区域较多，因此，在绿色发展政绩考核实施中切忌“一刀切”，有必要以主体功能区为基础，实施分类分区考核。第三，注重绿色发展政绩考核结果的有效运用。政绩考核作为地方政府行为的指挥棒，如果考核结果不能得到有效运用，这一制度的效应就会大打折扣。因此，应科学合理有效地运用考核结果，将其与官员晋升、政策优惠、财政拨款有效结合起来。

（五）完善地方政府环境保护与治理的责任终身追究制

责任终身追究制的完善需要注意以下几点：第一，要厘清责任主体；第二，要细化责任形式；第三，应区分追究时效；第四，要完善责任追究的启动和实施的程序；第五，应完善信息公开、公众参与、自然资源资产负债表编制等相关配套制度[①]。

---

① 褚添有．地方政府生态环境治理失灵的体制性根源及其矫治［J］．社会科学，2020（8）：64-75.

结　语

一、本书的主要结论

本书在现有研究基础上，聚焦西部地区，基于铸牢中华民族共同体意识视角对地方政府能力相关问题进行研究，得出以下结论。

第一，地方政府能力与铸牢中华民族共同体意识之间具有内在逻辑关系及作用机理。研究表明，地方政府能力与铸牢中华民族共同体意识之间具有内在逻辑关系，地方政府能力的不同必然会导致铸牢中华民族共同体意识区域空间的不平衡状态和水平。地方组织法的修订将铸牢中华民族共同体意识增添为我国地方政府的法定职责，意味着地方政府在履行经济发展、公共服务、社会治理、文化建设和生态环境保护等基本职责时，必须将党和国家有关铸牢中华民族共同体意识的战略规划和顶层设计贯穿全过程，即赋予经济发展、公共服务、社会治理、文化建设、生态环境保护等彰显中华民族共同体意识的意义。加强地方政府能力建设，实现地方政府有效运行能够为铸牢中华民族共同体意识提供组织保障；加强地方政府能力建设，实现西部地区经济、公共服务、社会治理、文化、生态环境保护等高质量发展，既能为铸牢中华民族共同体意识提供现实基础，也能有效破解治理难题。作为马克思主义民族理论中国化的最新成果，铸牢中华民族共同体意识支撑并助推地方政府能力建设，不仅对地方政府能力建设提出了新要求，也为新时代加强地方政府能力建设明确了着力点，还为地方政府能力建设提供了重要资源。

第二，西部地区地方政府能力不足是客观现实。本书围绕铸牢中华民族共同体意识构建了地方政府能力评价的维度和具体评价指标体系，为考察和审视西部地区地方政府能力现状与问题提供了依据。西部地区地方政府能力建设成效明显，主要表现为经济发展能力提升较快、公共服务供给能力得以强化、社会治理能力有所改善、文化建设能力不断增强、生态环境保护能力有效提升5个方面；但与东部地区地方政府能力相比，仍存在很大差距，主要表现为经济发展能力相对偏低、公共服务供给能力不充分、社会治理能力有效性不足、文化建设能力相对偏弱、生态环境保护能力差距较大。

第三，制约西部地区地方政府能力建设的因素是多元的。制约西部地区地方政府能力建设的因素，既有外部行政环境因素，也有政府自身因素。经济发展不平衡不充分、社会资本累积式微、沟通网络异质多元、自然生态脆弱易损等是外部行政环境约束的构成要素；政府职能转变缓慢、行政管理方式落后、政府公职人员能力偏低、体制改革创新滞后、受制于府际关系的制度安排等是政府自身制约因素的重要内容。此外，地缘政治环境复杂多变也给西部地区地方政府能力建设增加了不确定因素，带来了新的挑战。

第四，以铸牢中华民族共同体意识为基本遵循提升西部地区地方政府能力。地方政府能力建设是一项复杂的系统工程，提升地方政府能力应以铸牢中华民族共同体意识为基本遵循。一是提出地方政府能力建设需坚持党建引领、内外驱动、治理理念融入等总体思路；二是认为应从以下几个方面提升西部地区地方政府能力：从坚持供需结合、逐步转变经济发展方式，借助“一带一路”扩大对外开放水平，进一步优化营商环境等方面提升地方政府经济发展能力；从构建可容纳多元诉求的公共服务政策规划体系、构建高绩效的公共服务供给机制、不断完善公共服务的政治参与机制等方面提升地方政府公共服务供给能力；从构建多元主体参与的社会治理结构、完善民族事务治理的法治基础、探索化解影响公共安全各类矛盾的长效机制等方面提升地方政府社会治理能力；从注重创造良好文化发展环境、充分发挥市场和社会在文化建设中的作用、注重提供优质的基本公共文化服务等方面提升地方政府文化建设能力；从树立正确的生态环境保护理念、优化生态财政制度、构建生态环境保护的社会参与机制、探索建立绿色发展政绩考核制度、完善地方政府环境保护与治理的责任终身追究制等方面提升地方政府生态环境保护能力。通过西部地区地方政府能力的提升，为铸牢中华民族共同体意识奠定物质经济基础、提供坚实民生基础、夯实牢固社会基础、创造思想文化基础、打造宜居生态基础。

二、本书的特色与创新

本书的特色与创新主要体现为：

第一，研究视角独特。从既有研究文献和学术成果来看，一是将地方政府能力放在铸牢中华民族共同体意识视阈下进行研究并探寻二者的内在逻辑、作用机理的学术成果和研究文献较少；二是学术界从区域视角探讨如何有效进行族际政治整合的研究刚起步，把目光聚焦于西部地区的研究更是少之又少。对于我国这样一个幅员辽阔、人口众多、民族多样的国家来说，铸牢中华民族共同体意识的路径和方式定会呈现出区域间的差异性。基于此，本书聚焦于西部地区这一中观区域空间，致力于挖掘和分析地方政府能力与铸牢中华民族共同体意识二者间的内在逻辑关系及其作用机理，考察西部地区地方政府能力现状及问题，分析其制约因素，进而提出以铸牢中华民族共同体意识为基本遵循提升西部地区地方政府能力建设的总体思路和对策建议。

第二，本书是一项综合研究。本书将民族学范畴的铸牢中华民族共同体意识与政治学、公共行政学范畴的地方政府能力联系起来进行研究，具有跨学科和综合研究的特征。

第三，在实践层面上，不仅提出了加强地方政府能力建设的总体思路，还提出了以铸牢中华民族共同体意识为基本遵循，不断提升西部地区地方政府经济发展能力、公共服务供给能力、社会治理能力、文化建设能力、生态环境保护能力的具体对策建议。

三、本书的不足与展望

由于个人学术能力有限和各种主客观因素的影响，本书还存在许多问题和不足，有待在未来的研究中进一步完善和补充。

一是研究深度有待进一步加强。地方政府能力本身是一个较为复杂的概念，涉及经济发展、公共服务、社会治理、文化建设和生态环境保护等领域的具体能力，加之本书聚焦于内蒙古、宁夏、新疆、西藏、青海、云南、广西、贵州 8 个西部地区省级政府进行研究，因此，要想全面、系统地呈现西部地区地方政府能力难度较大，本书只是作了初步的探索和研究。下一步可针对某一地市级、旗县级甚至乡镇级政府能力进行深入研究，也可就某一具体领域的地方政府能力展开研究，还可聚焦于横向政府部门差异，结合具体政府部门职能边界对地方政府能力进行分析和研究。

二是研究方法还需优化。本书以文献资料的定性研究为主，实地调研不够、访谈不足，虽然在分析西部地区地方政府能力现状及问题时使用了大量统计数据，进行了一定的量化分析，也运用了访谈资料，但方法单一，深度不够，仍有局限。在后续研究中，还需进一步通过实地调研和访谈获取第一手资料，以充实相关内容。

三是注重研究成果的转化。2021 年 12 月，山西省出台了全国首个省级政府治理能力现代化规划，即《山西省“十四五”政府治理能力现代化规划》，意味着政府能力制度化建设的地方探索已开始。因此，在后续研究中，应注重研究成果的实践效用，为西部地区地方政府治理能力现代化提供决策咨询和智力支持。

参考文献

一、著作

1.（德）哈贝马斯．在事实与规范之间［M］．童世骏，译．上海：三联书店，2002.

2.（德）滕尼斯．共同体与社会——纯粹社会学的基本概念［M］．林荣远，译．北京：北京大学出版社，1999.

3.（德）韦伯．新教伦理与资本主义精神［M］．黄晓京，等，译．成都：四川人民出版社，1996.

4.（法）布尔迪厄．文化资本与社会炼金术［M］．包亚明，译．上海：上海人民出版社，1997.

5.（法）佩鲁．新发展观［M］．张宁，等，译．北京：华夏出版社，1997.

6.（法）涂尔干．社会分工论［M］．渠东，译．上海：生活·读书·新知三联书店，2000.

7.（古希腊）亚里士多德．政治学［M］．吴寿彭，译．北京：商务印书馆，1965.

8.（美）阿尔蒙德，鲍威尔．比较政治学：体系、过程和政策［M］．曹沛霖，译．上海：上海译文出版社，1987.

9.（美）埃根，唐·考查克．教育心理学（第六版）[M]．北京：北京大学出版社，2009.

10.（美）贝格尔．宗教社会学：彼得·贝格尔读本[M]．谢夏珩，译．北京：中国社会科学出版社，2015.

11.（美）费斯勒，凯特尔．公共行政学新论（第二版）[M]．陈振明，等，译．北京：中国人民大学出版社，2013.

12.（美）福山．信任——社会道德与繁荣的创造[M]．上海：上海远东出版社，1998.

13.（美）格鲁特尔特，范·贝斯特纳尔．社会资本在发展中的作用[M]．黄载曦，等，译．成都：西南财经大学出版社，2004.

14.（美）汉密尔顿，等．联邦党人文集[M]．程逢如，等，译．北京：商务印书馆，1980.

15.（美）亨廷顿．变化社会中的政治秩序[M]．王冠华，等，译．上海：三联书店，1989.

16.（美）科尔曼．社会理论的基础[M]．邓方，译．北京：社会科学文献出版社，1999.

17.（美）雷德菲尔德．农民社会与文化：人类学对文明的一种诠释[M]．王莹，译．北京：中国社会科学出版社，2013.

18.（美）里格斯．公共行政生态学（中译本）[M]．金耀基，译．台北：台湾商务印书馆，1978.

19.（美）林南．社会资本——关于社会结构与行动的理论[M]．张磊，译．上海：上海人民出版社，2005.

20.（美）罗西瑙．没有政府的治理[M]．张胜军，译．南昌：江西人民出版社，2001.

21.（美）米勒，佩奇．复杂适应系统[M]．隆云淘，译．上海：上海人民出版社，2012.

22.（美）莫里斯，卡洛尔，缪勒．社会运动理论的前沿领域[M]．刘能，译．北京：北京大学出版社，2002.

23.（美）诺斯．经济史上的结构与变迁［M］．陈郁，等，译．上海：三联书店，1994.

24.（美）诺斯．制度、制度变迁和经济绩效［M］．刘守英，译．上海：三联书店，2000.

25.（美）普特南．使民主运转起来［M］．王列，赖海榕，译．南昌：江西人民出版社，2001.

26.（美）斯科特．制度与组织——思想观念与物质利益（第三版）［M］．姚伟，王黎芳，译．北京：中国人民大学出版社，2010.

27.（美）伊斯顿．政治生活的系统分析［M］．王浦劬，译．北京：人民出版社，2012.

28.（英）米勒，等．布莱克维尔政治学百科全书［M］．邓正来，译．北京：中国政法大学出版社，1992.

29. 北京师范大学政府管理研究院，江西师范大学管理决策评价中心．2016中国地方政府效率研究报告［M］．北京：科学出版社，2016.

30. 曹荣湘．走出囚徒困境——社会资本与制度分析［M］．上海：三联书店，2001.

31. 陈昌盛，蔡跃洲．中国政府公共服务：体制变迁与地区综合评估［M］．北京：中国社会科学出版社，2007.

32. 陈瑞莲，张紧跟．地方政府管理（第二版）［M］．北京：中国人民大学出版社，2016.

33. 戴庆厦．中国少数民族语言使用现状及其演变研究［M］．北京：民族出版社，2010.

34. 丁煌．西方行政学说史［M］．武汉：武汉大学出版社，2008.

35. 方盛举．中国民族自治地方政府发展论纲［M］．北京：人民出版社，2007.

36. 国家民族事务委员会，中共中央文献研究室．民族工作文献选编（1990—2002）［M］．北京：中央文献出版社，2003.

37. 国家民族事务委员会．中央民族工作会议精神学习辅导读本［M］．北京：民族出版社，2015.

38. 国家民族事务委员会．铸牢中华民族共同体意识——全面民族团结进步表彰大会精神辅导读本［M］．北京：民族出版社，2021.

39. 何传启．中国现代化报告 2017［M］．北京：北京大学出版社，2017.

40. 胡惠林，王婧．2014：中国文化产业发展报告指数（CCIDI）［M］．上海：上海人民出版社，2014.

41. 李俊清．中国民族自治地方公共管理导论［M］．北京：北京大学出版社，2008.

42. 林尚立．国内政府间关系［M］．杭州：浙江人民出版社，1998.

43. 马克思恩格斯全集（第一卷)［M］．北京：人民出版社，1956.

44. 马克思恩格斯全集（第二卷)［M］．北京：人民出版社，1957.

45. 马克思恩格斯全集（第三卷)［M］．北京：人民出版社，1960.

46. 马克思恩格斯选集（第一卷)［M］．北京：人民出版社，1972.

47. 马克思恩格斯选集（第二卷)［M］．北京：人民出版社，1972.

48. 马克思恩格斯选集（第三卷)［M］．北京：人民出版社，1995.

49. 马戎．“中华民族是一个”：围绕 1939 年这一议题的大讨论［M］．北京：社会科学文献出版社，2016.

50. 彭文贤．行政生态学［M］．台北：三民书局，1998.

51. 青觉．和谐社会与民族地区政府能力［M］．北京：人民出版社，2010.

52. 世界银行．1997 年世界发展报告——变革世界中的政府［M］．北京：中国财政经济出版社，1997.

53. 苏国勋．理性化及其限制——韦伯思想引论［M］．桂林：广西师范大学出版社，2004.

54. 汤志伟，李金兆．中国地方政府互联网服务能力发展报告（2019）［M］．北京：社会科学文献出版社，2019.

55. 汪永成．经济全球化与中国政府能力现代化［M］．北京：人民出版社，2006.

56. 王绍光，胡鞍钢．中国国家能力报告［M］．沈阳：辽宁人民出版社，1993.

57. 王小鲁，樊纲，胡李鹏．中国分省份市场化指数报告（2018）［M］．北京：社会科学文献出版社，2019.

58. 伍雄武．中华民族的形成与凝聚新论［M］．昆明：云南人民出版社，2014.

59. 习近平谈治国理政［M］．北京：外文出版社，2014.

60. 习近平谈治国理政（第二卷）［M］．北京：外文出版社，2017.

61. 习近平谈治国理政（第三卷）［M］．北京：外文出版社，2020.

62. 习近平新时代中国特色社会主义思想学习纲要［M］．北京：人民出版社，2019.

63. 项中新．均等化：基础、理念与制度安排［M］．北京：中国经济出版社，2000.

64. 谢庆奎．政府学概论［M］．北京：中国社会科学出版社，2005.

65. 徐杰舜．中华民族认同论［M］．银川：宁夏人民出版社，2014.

66. 徐勇，高秉雄．地方政府学［M］．北京：高等教育出版社，2005.

67. 燕继荣．社会资本与国家治理［M］．北京：北京大学出版社，2015.

68. 杨逢春．中外政治制度大辞典［M］．北京：人民日报出版社，1994.

69. 杨龙．新政治经济学导论［M］．北京：中国人民大学出版社，2010.

70. 闫柏．民族自治地方政府能力与区域经济社会发展［M］．昆明：云南人民出版社，2010.

71. 袁少芬．民族文化与经济互动［M］．北京：民族出版社，2004.

72. 张国庆．公共行政学（第三版）［M］．北京：北京大学出版社，2007.

73. 中共中央统一战线部，国家民族事务委员会．中央民族工作会议精神学习辅导读本［M］．北京：民族出版社，2022.

74. 中共中央宣传部．习近平总书记系列重要讲话读本［M］．北京：人民出版社，2016.

75. 钟君，刘志昌，陈勇，等. 中国城市基本公共服务力评价（2018）[M]. 北京：社会科学文献出版社，2018.

76. 周平. 民族政治学导论 [M]. 北京：中国社会科学出版社，2001.

77. 周平. 中国边疆政治学 [M]. 北京：中央编译局出版社，2015.

78. 周平. 中国边疆治理研究 [M]. 北京：经济科学出版社，2011.

79. 周星. 民族政治学 [M]. 北京：中国社会科学出版社，1993.

80. 周毅. 中国西部脆弱生态环境与可持续发展 [M]. 北京：新华出版社，2015.

二、学术论文

1.（美）纽顿，于宝英，索娟娟. 信任、社会资本、公民社会与民主 [J]. 国外理论动态，2012（12）：58-66.

2.（美）斯托克. 作为理论的治理五个论点 [J]. 国际社会科学杂志（中文版），1999（1）：19-30.

3.“中国城市营商环境评价研究”课题组. 中国城市营商环境评价的理论逻辑、比较分析及对策建议 [J]. 管理世界，2021（5）：98-112.

4.“中国社会管理评价体系”课题组. 中国社会治理评价指标体系 [J]. 中国治理评论，2012（2）：2-29.

5. 安虎森，张天骄. 民族地区实现平衡发展的基本思路——学习十九大精神体会 [J]. 经济与管理评论，2018（3）：5-14.

6. 安体富，任强. 公共服务均等化：理论、问题与对策 [J]. 第一资源，2009（2）：28-41.

7. 敖祖辉，任建华. 破解地方政府的生态责任与生态职能困境路径研究 [J]. 边疆经济与文化，2020（10）：42-44.

8. 白利友. 中华民族伟大复兴视域中的中华民族共同体建设——学习习近平关于中华民族共同体的重要论述 [J]. 社会主义研究，2018（4）：96-104.

9. 曹颖. 环境绩效评估指标体系研究——以云南省为例 [J]. 生态经济

学，2006（1）：330-332.

10. 查春学，匡自明．民族自治地方的政府发展［J］．湖北社会科学，2006（3）：34-36.

11. 常士訚．超越多元文化主义——对加拿大多元文化主义政治思想的反思［J］．世界民族，2008（4）：1-8.

12. 陈波，李晶晶．文化高质量发展视域下乡村公共文化空间指标体系研究［J］．湖北社会科学，2021（8）：34-40.

13. 陈福今．切实转变政府职能　提升文化治理能力［J］．行政管理改革，2014（9）：16-20.

14. 陈纪．多民族地区铸牢中华民族共同体意识的实践路径——基于W县居民国家认同现状的调查研究［J］．西北民族研究，2020（4）：22-32.

15. 陈纪，蒋子越．各民族互嵌式社区建设：铸牢中华民族共同体意识的社会条件探析［J］．贵州民族研究，2021（4）：18-24.

16. 陈纪，张笑语．共享资源建设视域下中华民族共同体意识的铸牢路径［J］．中南民族大学学报（人文社会科学版），2021（5）：26-33.

17. 陈立鹏，汪颖．习近平关于铸牢中华民族共同体意识重要论述的理论要点［J］．中南民族大学学报（人文社会科学版），2021（10）：16-25.

18. 陈晓芳．中国省域政府竞争力量化测定研究［J］．沈阳师范大学学报（社会科学版），2009（6）：39-42.

19. 程文浩．国家治理过程的“可视化”如何实现——权力清单制的内涵、意义和推进策略［J］．人民论坛，2014（9）：90-95.

20. 褚添有．地方政府生态环境治理失灵的体制性根源及其矫治［J］．社会科学，2020（8）：64-75.

21. 党秀云，谭伟．民族地区社会组织参与基层社会治理的路径选择［J］．新视野，2016（1）：48-53.

22. 党秀云．论合作治理中的政府能力要求及提升路径［J］．中国行政管理，2017（4）：46-52.

23. 邓大才．东西部制度安排的非均衡性与西部的制度创新［J］．探索，

2001（1）：100-104.

24. 翟自宏．构筑西部生态屏障的甘肃水利实践及水生态文明建设建议［J］．中国水利，2019（21）：14-17.

25. 丁龙召．中央民族工作会议：党对民族工作加强领导的创新成果［J］．内蒙古师范大学学报（哲学社会科学版），2019（4）：17-22.

26. 丁元竹．准确理解和把握基本公共服务均等化［J］．行政管理改革，2009（3）：39-43.

27. 丁志刚，刘舒怀．我国民族地区政务信息化建设探析［J］．西北师大学报（社会科学版），2019（2）：133-139.

28. 杜钢建．政府能力建设与规制能力评估［J］．政治学研究，2000（2）：54-62.

29. 段超，车越川．都市铸牢中华民族共同体意识的实践与探索——以武汉市民族工作为例［J］．中南民族大学学报（人文社会科学版），2021（11）：51-58.

30. 段晓红．促进民族地区财政均衡的转移支付制度探析［J］．中南民族大学学报（人文社会科学版），2012（5）：98-102.

31. 樊纲，王小鲁，马光荣．中国市场化进程对经济增长的贡献［J］．经济研究，2011（9）：4-16.

32. 范恒山．大力推动西部地区经济高质量发展［J］．区域经济评论，2022（1）：9-15.

33. 范君，刘悦．中华民族共同体意识：中国梦认同的民族意蕴［J］．青海社会科学，2019（5）：17-22.

34. 方雷，鲍芳修．地方治理能力的政治生态构建［J］．山东大学学报（哲学社会科学版），2017（1）：35-42.

35. 方盛举，曹昶辉．我国边疆文化治理的挑战及其应对［J］．新视野，2019（1）：76-83.

36. 方盛举，陈然．现代国家治理视角下的边疆：内涵、特征与地位［J］．云南师范大学学报（哲学社会科学版），2019（4）：22-30.

37. 方盛举，李娇．边疆党建与边疆治理现代化［J］．云南师范大学学报（哲学社会科学版），2020（4）：13-22.

38. 费孝通．中华民族的多元一体格局［J］．北京大学学报（哲学社会科学版），1989（4）：1-19.

39. 高永久．铸牢边境牧区各族民众中华民族共同体意识——理论意涵、外部影响与整体布局［J］．西北师大学报（社会科学版），2021（1）：39-45.

40. 官丽．铸牢中华民族共同体意识的文化路径［J］．中南民族大学学报，2019（4）：11-15.

41. 管健，方航．铸牢中华民族共同体意识的结构面向与心理路径［J］．西北民族研究，2020（4）：17-21.

42. 韩克芳．中华民族共同体法治建设：价值、基础与路径［J］．统一战线学研究，2020（5）：25-29.

43. 郝春旭，董战峰，葛察忠，等．基于聚类分析法的省级环境绩效动态评估与分析［J］．生态经济，2015（1）：154-157.

44. 郝时远．进一步增强中华民族凝聚力的新发展阶段［J］．民族研究，2020（6）：1-5.

45. 郝时远．文化自信、文化认同与铸牢中华民族共同体意识［J］．中南民族大学学报（人文社会科学版），2020（6）：1-10.

46. 郝亚明．社会认同视域下的中华民族共同体意识探析［J］．西北民族研究，2020（1）：19-26.

47. 郝亚明．论中华民族命运共同体建设的五大基础路径［J］．西南民族大学学报（人文社会科学版），2020（5）：1-6.

48. 何生海．推广国家通用语言文字与铸牢中华民族共同体意识［J］．北方民族大学学报，2021（6）：124-132.

49. 何颖．政治学视域下工具理性的功能［J］．政治学研究，2010（4）：91-101.

50. 胡洪彬．论我国民族事务治理问责机制的重构：一个整体性分析框架［J］．宁夏社会科学，2017（1）：44-51.

51. 胡惠林．论国家文化治理能力优势建设［J］．中国高校社会科学，2020（2）：19-33.

52. 胡佳玲．边疆治理的逻辑进路研究——基于边疆异质性的分析［J］．云南民族大学学报（哲学社会科学版），2020（1）：121-130.

53. 黄昌勇，解学芳．中国城市文化指标体系的构建与实践［J］．学术月刊，2017（5）：102-115.

54. 黄建洪．现代化进程中的政府能力发展：一般规律与中国选择［J］．社会科学研究，2010（4）：57-62.

55. 黄强，程旭宇，刘祺．地方政府社会管理能力绩效评价指标体系建构——基于网络治理的局限性［J］．福建论坛（人文社会科学版），2009（8）：136-139.

56. 黄毅峰．再论政府能力及其提升的路径选择［J］．社会科学，2011（1）：33-42.

57. 纪晓岚，曾莉．城镇化进程中的县级政府能力建构：解读、困境与方向［J］．经济社会体制比较，2014（3）：38-47.

58. 姜晓萍，康健．实现程度：基本公共服务均等化评价的新视角与指标构建［J］．中国行政管理，2020（10）：73-79.

59. 蒋洪强，程曦．生态文明治理体系和治理能力现代化的几个核心问题研究［J］．中国环境管理，2020（5）：36-41.

60. 蒋慧，孙有略．铸牢中华民族共同体意识下民族互嵌型社区治理研究［J］．西南民族大学学报（人文社会科学版），2021（6）：5.

61. 金碚．思想流动、域观常态与治理体系现代化［J］．北京工业大学学报，2020（1）：1-8.

62. 孔志国．公共选择理论：理解、修正与反思［J］．制度经济学研究，2008（1）：204-218.

63. 郎维伟，陈瑛，张宁．中华民族共同体意识与“五个认同”关系研究［J］．北方民族大学学报，2018（3）：12-21.

64. 雷振扬，张俊．铸牢边民中华民族共同体意识的路径［J］．中南民族大学学报（人文社会科学版），2021（11）：42-50.

65. 黎海波．论我国跨界民族的双重作用与双刃剑效应［J］．湖北民族学院学报（哲学社会科学版），2014（5）：5-8.

66. 李创，夏文静，王丽萍．中国省域生态环境风险评估与污染产业布局优化［J］．经济地理，2021（7）：183-192.

67. 李从浩，汪伟平．影响少数民族大学生“五个认同”的因素——铸牢中华民族共同体意识视角下的29所高校调查分析［J］．中南民族大学学报（人文社会科学版），2021（1）：46-54.

68. 李红梅．现代化视角下的民族地区制度变迁分析［J］．黑龙江民族丛刊，2008（6）：39-43.

69. 李华，王银，孙秋柏．地方政府经济治理能力评价：基于辽宁省的实证［J］．统计与决策，2019（10）：94-97.

70. 李靖，李春生，董伟玮．我国地方政府治理能力评估及其优化——基于吉林省的实证研究［J］．吉林大学社会科学学报，2020（4）：62-72.

71. 李静，高恩召．从自在、自觉到自为：中华民族发展的历史逻辑［J］．中央民族大学学报（哲学社会科学版），2021（4）：38-47.

72. 李俊清．民族地区政府与市场关系的定位与调适［J］．中国行政管理，2010（11）：24-28.

73. 李俊清．边疆民族地区公共安全治理体系与能力现代化［J］．中国行政管理，2014（11）：52-55.

74. 李俊清，黎海波．中国的跨界民族与边疆公共事务治理［J］．公共管理学报，2015（1）：1-10.

75. 李俊清，蒋祎．民族地区公共卫生服务的制约因素及其治理［J］．中国行政管理，2020（5）：126-132.

76. 李丽媛，胡玉杰．铸牢中华民族共同体意识视阈下民族地区经济高质量发展研究［J］．贵州民族研究，2021（2）：127-134.

77. 李曼莉，蔡旺．论铸牢中华民族共同体意识的三个基本问题［J］．广西民族研究，2020（3）：12-19.

78. 李秋梅，龙柏林．铸牢中华民族共同体意识的政治仪式维度［J］．新疆社会科学，2021（4）：75-82，169.

79. 李岁科．铸牢中华民族共同体意识视阈下的我国宗教中国化：困难挑战与实践进路［J］．江苏省社会主义学院学报，2021（6）：69-75.

80. 李图仁，卢明威．民族习惯法司法适用现状与问题解决［J］．广西社会科学，2018（4）：123-126.

81. 李曦辉．基于铸牢中华民族共同体意识的少数民族经济发展研究［J］．中央民族大学学报（哲学社会科学版），2020（5）：44-53.

82. 李曦晖．铸牢中华民族共同体意识经济视角研究［J］．区域经济评论，2021（3）：27-34.

83. 梁超．铸牢华侨华人中华民族共同体意识研究［J］．长江师范学院学报，2021（6）：62-69.

84. 刘宝明．改革开放以来民族事务治理现代化的实践路径［J］．中央社会主义学院学报，2018（2）：76-86.

85. 刘家旗，茹少峰．西部地区经济增长影响因素分析及其高质量发展的路径选择［J］．经济问题探索，2019（9）：82-90.

86. 刘建华．互联网思维下边疆民族地区政府社会治理方式研究［J］．电子政务，2016（5）：61-67.

87. 刘剑文，王桦宇．公共财产权的概念及其法治逻辑［J］．中国社会科学，2014（8）：129-146，206-207.

88. 刘少杰．网络化时代社会认同的深刻变迁［J］．中国人民大学学报，2014（5）：62-70.

89. 刘晓霜，纳日碧力戈．高质量铸牢中华民族共同体意识的两个视域［J］．中南民族大学学报（人文社会科学版），2022（1）：35-40.

90. 刘燕．促进生态环境治理体系和治理能力现代化的实践要求［J］．社会主义论坛，2021（9）：9-11.

91. 刘以雷．新时代推进西部大开发形成新格局需要重点处理好四个关系［J］．新西部，2019（22）：12-13.

92. 刘永刚．铸牢中华民族共同体意识与国家治理现代化的互构逻辑［J］．西南民族大学学报（人文社会科学版），2019（10）：17-23.

93. 刘有军，谢贵平．“一带一路”视域下西部边疆非传统安全：威胁及应对［J］．太平洋学报，2020（7）：67-79.

94. 刘振宇．中国民族事务管理法治化的历程、依据和创新［J］．满族研究，2012（2）：9-14.

95. 龙太江，王邦佐．经济增长与合法性的“政绩困局”——兼论中国政治的合法性基础［J］．复旦学报（社会科学版），2005（3）：169-175.

96. 陆平辉．铸牢中华民族共同体意识的法治建构［J］．中央社会主义学院学报，2021（4）：159-170.

97. 陆伟，王玉琦．西藏文化产业指标体系构建研究——基于层次分析法和熵权法的对比实证分析［J］．西藏民族大学学报（哲学社会科学版），2020（1）：81-86.

98. 罗国亮．试论地方政府能力的评估［J］．昆明理工大学学报（哲学社会科学版），2009（4）：55-59.

99. 罗圣荣，兰丽．国内外学界对人类命运共同体研究的比较及启示［J］．世界民族，2020（6）：13-25.

100. 吕朝辉．同频共振：铸牢中华民族共同体意识与国家治理现代化的互构理路［J］．湖南社会科学，2021（5）：44-51.

101. 吕华．从政府能力维度解析精准扶贫的影响因素［J］．现代农村科技，2019（10）：11-12.

102. 吕永红，马丽．理解、信任与支持：社会资本视角下的民族团结路径分析［J］．新疆大学学报（哲学·人文社会科学版），2021（5）：63-70.

103. 马君昭．基于权力清单制度的地方政府职能转变研究［J］．云南行政学院学报，2017（3）：108-113.

104. 马曼丽，艾买提．关于边疆跨国民族地缘冲突的动因与和平跨居条件的思索［J］．中国边疆史地研究，2003（2）：60-67，118-119.

105. 毛公宁，董武．习近平关于民族法治的重要论述及其意义初探［J］．

广西民族研究，2019（1）：16-21.

106. 梅正午，孙玉栋，刘文璋. 公共服务均等化水平与公民社会公平感——基于 CGSS 2013 的分析［J］. 财贸研究，2020（4）：63-74.

107. 孟凡丽，王国宁. 边疆民族地区政府治理能力现代化：时代意蕴、面临的挑战及路径选择［J］. 贵州民族研究，2021（1）：13-21.

108. 米恩广，权迎. 治理能力现代化——民族自治地方政府能力建设之关键［J］. 西北民族大学学报（哲学社会科学版），2015（1）：35-40.

109. 米恩广，李若青. 道器相济：民族自治地方政府治理能力现代化的柔性逻辑——一个理性分析框架及其解释［J］. 广西民族研究，2018（5）：44-50.

110. 闵言平. 以铸牢中华民族共同体意识为主线做好各项工作［J］. 中国民族，2020（12）：12-13.

111. 纳日碧力戈，陶染春. “五通”铸牢中华民族共同体意识［J］. 西北民族研究，2020（1）：5-18.

112. 潘照新. 国家治理现代化中的政府责任：基本结构与保障机制［J］. 上海行政学院学报，2018（3）：28-35.

113. 平维彬，严庆. 从文化族类观到国家民族观的嬗变——兼论“中华民族共同体意识”的理论来源［J］. 贵州民族研究，2017（4）：1-6.

114. 祁志伟. 数字政府建设的价值意蕴、治理机制与发展理路［J］. 理论月刊，2021（10）：68-77.

115. 乔智敏，杨旭，林艳. 中央民族工作会议与民族区域自治理论、政策、制度发展［J］. 中南民族大学学报（人文社会科学版），2018（1）：32-36.

116. 秦位强，秦海蓉. 民族地区县级政府能力建设路径探析［J］. 社科纵横，2010（7）：25-28.

117. 秦玉莹，郝亚明. 中华民族共同体意识：研究概貌与未来展望［J］. 北方民族大学学报，2021（1）：19-28.

118. 青觉，王伟. 民族地区精准扶贫的文化分析［J］. 西南民族大学学报（人文社会科学版），2017（4）：45-51.

119. 青觉，赵超．中华民族共同体意识的形成机理、功能与嬗变——一个系统论的分析框架［J］．民族教育研究，2018（4）：5-13.

120. 青觉，徐新顺．中华民族共同体意识：概念内涵、要素分析与实践逻辑［J］．民族研究，2018（6）：1-14，123.

121. 青觉．中华民族共同体意识的内生性基础研究［J］．中央民族大学学报（哲学社会科学版），2020（5）：27-34.

122. 青觉，吴鹏．文化润疆：新时代新疆地区铸牢中华民族共同体意识的理念、话语与实践逻辑［J］．中国边疆史地研究，2021（1）：1-12.

123. 邱霈恩．基本公共服务均等化的实质与预期［J］．人民论坛，2010（26）：8-10.

124. 任婷瑛，李嗣婷．少数民族自治地区行政管理体制改革创新研究［J］．贵州民族研究，2016（3）：1-4.

125. 任维德．现状、原因、对策：地方政府间竞争视野下的民族发展——中西部民族地区经济与社会发展的实证分析［J］．内蒙古大学学报（哲学社会科学版），2005（5）：3-10.

126. 任维德．“一带一路”战略下的府际合作创新研究［J］．内蒙古社会科学，2016（1）：1-6.

127. 任维德，李杰．西部边疆民族地区民众政治认同的生成逻辑与路径选择——基于基本公共服务均等化［J］．内蒙古大学学报（哲学社会科学版），2020（1）：41-49.

128. 邵传林．政府能力与创新驱动发展——理论机制与中国实证［J］．社会科学，2015（8）：52-62.

129. 沈承诚，左兵团．西方治理理论引入的社会条件分析［J］．行政论坛，2005（5）：92-94.

130. 施惟达．民族文化与扶贫［J］．思想战线，1997（4）：80-84.

131. 施雪华．论政府能力及其特征［J］．政治学研究，1996（1）：63-68.

132. 施雪华，方盛举．中国省级政府公共治理效能评价指标体系设计［J］．政治学研究，2010（2）：57-66.

133. 石琳．民族地区推广国家通用语言文字与铸牢中华民族共同体意识的协同共进路径［J］．民族学刊，2021（8）：52-60.

134. 宋才发．铸牢中华民族共同体意识的法治内涵及路径研究［J］．广西民族研究，2021（4）：28-35.

135. 宋婧，张立辉．铸牢中华民族共同体意识的法治保障研究［J］．贵州民族研究，2020（8）：17-23.

136. 宋明顺，范馨怡．经济发展质量评价指标体系的探索与试验［J］．改革与战略，2019（4）：23-31.

137. 孙德超，贺晶晶．基本公共服务均等化的国际经验及借鉴［J］．河南师范大学学报（哲学社会科学版），2012（6）：82-85.

138. 孙华玉．中央与民族自治地方关系之问题拆解与解决对策［J］．山西省政法管理干部学院学报，2018（2）：6-9.

139. 孙警．关于构建区域经济发展水平评价指标体系的思考——以粤东四市 2011 年数据为例［J］．顺德职业技术学院学报，2013（1）：26-31.

140. 唐林霞．生态文明建设中的地方政府职能转变：结构调整与制度因应［J］．行政论坛，2015（5）：48-52.

141. 唐天伟，曹清华，郑争文．地方政府治理现代化的内涵、特征及其测度指标体系［J］．中国行政管理，2014（10）：46-50.

142. 田发，周武星．经济治理能力指标体系的构建及测算——基于公共财政的视角［J］．西安财经学院学报，2016（3）：11-17.

143. 田发，周琛影．社会治理水平：指数测算、收敛性及影响因素［J］．财政研究，2016（8）：54-65.

144. 田钒平．民族自治地方刑法变通的理论困境与应对策略［J］．甘肃理论学刊，2014（1）：46-49.

145. 汪来杰．公共服务中的公民参与：要素与模式［J］．辽宁行政学院学报，2020（2）：11-16.

146. 王彩云，郑超．价值理性和工具理性及其方法论意义——基于马克思·韦伯的理性二分法［J］．济南大学学报（社会科学版），2012（2）：48-53.

147. 王传发. 党的领导是边疆民族地区治理的根本保障［J］. 社会主义论坛，2019（11）：25-26.

148. 王建新，关楠楠. 河西走廊多民族交融发展的历史作用与现实意义［J］. 西北民族研究，2019（2）：55-65.

149. 王娟娟，何佳琛. 西部地区生态环境脆弱性评价［J］. 统计与决策，2013（22）：49-52.

150. 王浦劬. 一般政治系统理论基本特点刍议［J］. 科学决策，2010（8）：1-8，64.

151. 王启涛. 中国历史上的通用语言文字推广经验及其对铸牢中华民族共同体意识的重要意义［J］. 西南民族大学学报（人文社会科学版），2020（11）：1-7.

152. 王骚，王达梅. 公共政策视角下的政府能力建设［J］. 政治学研究，2006（4）：67-76.

153. 王桃. 基于因果分析法的我国群众文化事业可持续发展能力指标体系构建［A］// 增强活力　提升效能：2018 年中国文化馆年会征文获奖作品集，2018：140-149.

154. 王婷，袁增伟. 基于"压力—状态—响应"模型的江苏省环境绩效评估研究［J］. 中国环境管理，2017（3）：59-65.

155. 王希恩. 再倡"多元一体主义"［J］. 学术界，2018（8）：86-93.

156. 王曦. 铸牢中华民族共同体意识的文化基因［J］. 人民论坛，2020（Z1）：160-161.

157. 王新红. 铸牢中华民族共同体意识的四维体系构建［J］. 中南民族大学学报（人文社会科学版），2019（4）：6-10.

158. 王秀艳. 区域自我发展能力理论分析框架下民族地区自我发展能力评价［J］. 中央民族大学学报（哲学社会科学版），2019（3）：84-92.

159. 王延中，宁亚芳，章昌平，等. 中华民族多元一体格局形成的经济、文化、心理因素论析［J］. 西南民族大学学报（人文社会科学版），2021（9）：1-9.

160. 王砚蒙，朱碧波．论我国边疆的治理体系和治理能力重构［J］．西北民族大学学报（哲学社会科学版），2014（6）：30-35.

161. 王永明．民族事务治理体系的现代化：标准、困境及路径［J］．云南行政学院学报，2019（3）：52-58.

162. 王永明．基本公共服务均等化：西部边疆民族地区铸牢中华民族共同体意识的路径选择［J］．民族论坛，2021（2）：33-43.

163. 吴金光．中国跨界民族的形成［J］．民族大家庭，2019（6）：74.

164. 吴旭红．制度、过程与结果：地方政府治理能力评估的三维坐标［J］．领导科学论坛，2017（1）：5-17.

165. 向勇，白晓晴，李尽沙．中国城市文化力发展评价指标体系研究［J］．福建论坛（人文社会科学版），2018（4）：49-58.

166. 肖军勇，漆晓春．公民政治参与的行政生态解读与思考［J］．甘肃农业，2006（11）：39-40.

167. 肖韵，李华霖．民族地区财政转移支付制度完善路径分析［J］．行政事业资产与财务，2020（17）：51-53.

168. 谢秋山．1993年以来的国内政府能力研究趋势及展望［J］．学习论坛，2018（2）：61-67.

169. 徐汉明，张新平．社会治理法治建设指标体系的设计、内容及其评估［J］．法学杂志，2016（6）：31-43.

170. 徐杰舜．文化基因：五论中华民族多元走向一体［J］．湖北民族学院学报（哲学社会科学版），2008（3）：9-14.

171. 徐俊六．铸牢中华民族共同体意识与边疆民族地区社会治理关系研究［J］．宁夏社会科学，2018（6）：188-194.

172. 徐黎丽，赵海军，马曼丽．铸牢陆地边境民众中华民族共同体意识初探［J］．北方民族大学学报，2021（1）：5-10.

173. 徐黎丽，许浩东．论国家通用语言文字在中华民族共同体建设中的文化作用［J］．西北师大学报（社会科学版），2021（6）：22-28.

174. 徐晓林，刘帅，毛子骏．我国边疆地区网络安全问题及其治理研究［J］. 电子政务，2020（2）：47-54.

175. 许晓东. 中华民族共同体意识的历史、问题与铸牢路径［J］. 华中科技大学学报（社会科学版），2021（3）：135-140.

176. 薛澜，张帆，武沐瑶. 国家治理体系与治理能力研究：回顾与前瞻［J］. 公共管理学报，2015（3）：1-12，155.

177. 闫丽娟，李智勇. “中华民族共同体意识”的理论渊源探析［J］. 广西民族研究，2018（4）：9-17.

178. 严庆. 政治认同视角中铸牢中华民族共同体意识的思考［J］. 北方民族大学学报（哲学社会科学版），2020（1）：14-21.

179. 颜佳华，欧叶荣. 提升地方政府文化治理能力的价值目标［J］. 邵阳学院学报（社会科学版），2015（5）：63-68.

180. 颜俊儒，刘畅. 提升中国共产党在边疆民族地区治理绩效的社会资本路径［J］. 贵州民族研究，2015（1）：25-30.

181. 杨玢. 民族地区铸牢中华民族共同体意识的文化面向［J］. 青海社会科学，2021（2）：21-27.

182. 杨春蓉. 建国70年来我国民族地区生态环境保护政策分析［J］. 西南民族大学学报（人文社会科学版），2019（9）：26-33.

183. 杨道玲，王璟璇. 中国电子政务“十二五”的进展回顾与评价［J］. 电子政务，2015（4）：2-10.

184. 杨昊霖，顾光海. 文化润疆铸牢中华民族共同体意识的三个基本维度［J］. 广西民族研究，2021（1）：17-22.

185. 杨鹍飞. 论我国民族事务治理法治化：理念转变、现实困境与路径选择［J］. 广西民族研究，2015（5）：33-42.

186. 杨松禄. 论国家治理视阈下的边疆民族地区社会治理［J］. 攀登，2017（3）：78-83.

187. 杨腾原，樊一博. 国家治理的地方视角——以围绕草原政策存在的辩论为分析对象［J］. 甘肃行政学院学报，2017（4）：43-51，128.

188. 杨雪冬. 条块关系问题的产生及其协调［J］. 探索与争鸣，2020

(11): 40-42.

189. 杨亚雄. 边境地区铸牢中华民族共同体意识的影响因素论析——以西北陆路边境口岸地区为例 [J]. 西南民族大学学报(人文社会科学版), 2022 (2): 24-29.

190. 姚志友, 张诚. 培植社会资本: 乡村环境治理的一个理论视角 [J]. 学海, 2016 (6): 48-53.

191. 叶强. 铸牢中华民族共同体意识的地方立法路径及完善 [J]. 中南民族大学学报(人文社会科学版), 2020 (5): 22-27.

192. 阊柏, 周平. 民族自治地方政府能力循环浅析 [J]. 云南师范大学学报(社会科学版), 2009 (1): 95-103.

193. 尹学朋, 王国宁. 公民认同需求梯度化: 铸牢少数民族学生中华民族共同体意识实现路径 [J]. 广西民族研究, 2020 (6): 24-30.

194. 俞可平. 治理和善治: 一种新的政治分析框架 [J]. 南京社会科学, 2001 (9): 40-44.

195. 俞可平. 关于国家治理评估的若干思考 [J]. 华中科技大学(社会科学版), 2014 (3): 1-2.

196. 虞崇胜, 张星. 民生与民主——转变经济发展方式条件下党的合法性基础转型 [J]. 探索与争鸣, 2011 (5): 37-40.

197. 喻蕾. 文化产业高质量发展: 评价指标体系构建及其政策意义 [J]. 经济地理, 2021 (6): 147-153.

198. 袁伟. "十四五"时期加强民族地区国家通用语言文字教育的政策思考 [J]. 中国民族教育, 2021 (8): 60-64.

199. 臧乃康. 论政府能力 [J]. 云南行政学院学报, 2001 (1): 31-34.

200. 张阿兰, 张承成. 中国少数民族地区政府经济治理能力综合评价研究 [J]. 西藏发展论坛, 2021 (2): 16-24.

201. 张钢, 徐贤春. 地方政府能力的评价与规划——以浙江省 11 个城市为例 [J]. 政治学研究, 2005 (2): 96-107.

202. 张欢, 胡静. 社会治理绩效评估的公众主观指标体系探讨 [J]. 四川大学学报（哲学社会科学版），2014（2）：120-126.

203. 张劲松．去中心化：政府生态治理的现代化［J］．甘肃社会科学，2016（1）：12-17.

204. 张莉．“五位一体”总体布局的演变与发展［J］．时代报告，2021（3）：20-21.

205. 张启春．中国区域差距与政府财政平衡机制——一个包含两大支持工具的理论模型和数据模拟［J］．财贸经济，2008（1）：55-60.

206. 张三保，康璧成，张志学．中国省份营商环境评价：指标体系与量化分析［J］．经济管理，2020（4）：5-14.

207. 张书林．社会管理科学化水平之效能指标体系与测评［J］．中共四川省委党校学报，2012（2）：92-97.

208. 张淑娟．建构与解构：中华民族共同体意识培育中的民族主义因素［J］．广西民族研究，2018（6）：1-8.

209. 张鑫，段雪柳．推广国家通用语言文字与铸牢中华民族共同体意识的互动逻辑［J］．西北民族大学学报（哲学社会科学版），2022（1）：47-55.

210. 张旭．社会资本视角下的政府治理［J］．江汉学术，2014（5）：83-91.

211. 张勇．培育社会资本：创新边疆社会治理的路径选择［J］．领导科学论坛，2021（4）：57-69.

212. 张勇进，章美林．政务信息系统整合共享：历程、经验与方向［J］．中国行政管理，2018（3）：22-26.

213. 张宇．合作性治理语境中的政府能力厘定及其提升路径［J］．南京社会科学，2014（8）：95-100.

214. 张云云，张新华，李雪辉．经济发展质量指标体系构建和综合评价［J］．调研世界，2019（4）：11-18.

215. 赵刚，王丽丽．中华民族共同体意识的政治属性解读［J］．湖湘论坛，2017（1）：106-112.

216. 赵海艳．我国政府治理改革与现代化研究［J］．行政科学论坛，

2021（11）：34-38.

217. 赵红伟．论马克思主义视域下中华民族共同体意识的培养［J］．黑龙江民族丛刊，2018（1）：20-25.

218. 赵琼．社会资本在国家治理现代化中的建设性作用［J］．治理现代化研究，2018（5）：84-89.

219. 赵若洲．我国陆地边疆问题的产生、演变及其当代治理的挑战［J］．学术探索，2019（3）：37-42.

220. 赵英．新时代青海藏区民族团结进步教育与铸牢中华民族共同体意识刍议［J］．民族教育研究，2018（4）：14-20.

221. 郑伟，卢擎华．地方政府文化治理能力建设评估体系构建研究［J］．西部学刊，2020（11）：39-41.

222. 郑烨，李金龙．少数民族地区公务员能力建设：内涵、现状与路径——基于新疆维吾尔自治区的个案分析［J］．中北大学学报（社会科学版），2014（2）：29-35.

223. 郑长德．中国少数民族地区经济发展方式转变研究［J］．西南民族大学学报（人文社会科学版），2009（10）：43-49.

224. 郑长德．新时代民族地区区域协调发展研究［J］．西南民族大学学报（人文社会科学版），2018（4）：92-100.

225. 郑长德．深度贫困民族地区提高脱贫质量的路径研究［J］．西南民族大学学报，2018（12）：103-112.

226. 郑长德．西部大开发以来民族地区的经济发展：基于“铸牢中华民族共同体意识”的分析［J］．民族学刊，2021（7）：10-23.

227. 周黎安．晋升博弈中政府官员的激励与合作——兼论我国地方保护主义和重复建设问题长期存在的原因［J］．经济研究，2004（6）：33-40.

228. 周平．大开发中的西部地方政府能力问题［J］．学术探索，2001（1）：34-47.

229. 周平．县级政府能力的构成和评估［J］．云南行政学院学报，2002（5）：25-28.

230. 周平，贺琳凯．论多民族国家的族际政治整合［J］．思想战线，2010（4）：1-9.

231. 周平．铸牢中华民族共同体意识的双重进路［J］．学术界，2020（8）：5-16.

232. 周平．中国共产党的族际政治整合策略［J］．理论与改革，2021（4）：1-13.

233. 朱碧波．论中华民族共同体的多维构建［J］．青海民族大学学报，2016（1）：26-32.

234. 朱碧波．论中国族际政治整合能力的帕累托改进［J］．西北民族大学学报（哲学社会科学版），2017（3）：83-89.

235. 朱光磊．中国政府职能转变问题研究论纲［J］．中国高校社会科学，2013（1）：145-155.

236. 朱光磊．转变政府职能　优化政府职责体系［J］．探索，2021（1）：49-53.

237. 朱金春．治理理论在边疆治理中的适用性及其限度——基于工具理性与价值理性的分析［J］．学术探索，2019（10）：56-62.

238. 邹丽娟，赵玲．边疆民族地区实现高质量发展与铸牢中华民族共同体意识的辩证逻辑［J］．云南民族大学学报（哲学社会科学版），2020（6）：12-17.

239. CAO J，LIU W X，YANG W L，et al．Evaluation of ecological environment competitiveness of Hunan Province based on prefecture level cities［J］．Agricultural Science & Technology，2020（3）：45-52.

三、报纸及网络类文章

1. 陈家刚．从社会管理走向社会治理［N］．学习时报，2012-10-22（6）.

2. 党的十九届四中全会《决定》［EB/OL］，（2019-11-05）［2022-11-10］. https://china.huanqiu.com/article/9CaKrnKnC4J.

3. 国家发展和改革委员会，等．推动共建丝绸之路经济带和21世纪海上丝绸之路的愿景与行动［EB/OL］,（2015-03-29）［2022-10-21］. http://news.xinhuanet.com.

4. 国务院办公厅关于印发兴边富民行动“十三五”规划的通知［EB/OL］,（2017-06-06）［2022-11-11］. http://www.gov.cn/zhengce/content/2017-06/06/content_5200277.htm.

5. 胡德巧. 进一步处理好政府和市场的关系［N］. 人民日报，2017-09-28（7）.

6. 胡锦涛在中国共产党第十八次全国代表大会上的报告［EB/OL］,（2012-11-18）［2022-11-09］. http://cpc.people.com.cn/n/2012/1118/c64094-19612151.html.

7. 黄达远. “长城—天山走廊”上的国家记忆［N］. 中国民族报，2017-12-29（8）.

8. 刘宝明. 推进民族事务治理现代化的途径［N］. 中国民族报，2014-03-28（5）.

9. 马虎成. 不断增强“五个认同”，铸牢中华民族共同体意识［N］. 中国民族报，2018-04-06（5）.

10. 马伟华，顾旭琛. 在实现共同富裕中铸牢中华民族共同体意识［N］. 中国民族报，2021-11-30（6）.

11. 钱伟. 国家通用语言文字是民族团结的重要纽带［N］. 语言文字报，2021-05-12（1）.

12. 王延中. 铸牢中华民族共同体意识，建设中华民族共同体［N］. 中国民族报，2018-05-18（5）.

13. 习近平. 在全国民族团结进步表彰大会上的讲话［N］. 人民日报，2019-09-28（2）.

14. 习近平：决胜全面建成小康社会　夺取新时代中国特色社会主义伟大胜利——在中国共产党第十九次全国代表大会上的报告［EB/OL］,（2017-10-27）［2022-11-10］. http://www.gov.cn/zhuanti/2017-10/27/content_5234876.htm.

15. 习近平在参加内蒙古代表团审议时强调：完整准确全面贯彻新发展理念　铸牢中华民族共同体意识［N］. 人民日报，2021-03-06（1）.

16. 习近平在第三次中央新疆工作座谈会上强调　坚持依法治疆团结稳疆文化润疆富民兴疆长期建疆　努力建设新时代中国特色社会主义新疆［N］. 人民日报，2020-09-27（1）.

17. 习近平在贵州调研时强调：看清形势适应趋势发挥优势　善于运用辩证思维谋划发展［EB/OL］,（2015-06-19）［2022-11-08］. http://cpc.people.com.cn/n/2015/0619/c64094-27179687.html.

18. 习近平在哈萨克斯坦纳扎尔巴耶夫大学发表重要演讲［N］. 人民日报，2013-09-08（1）.

19. 习近平在中共中央政治局第三十六次集体学习时强调，加快推进网络信息技术自主创新，朝着建设网络强国目标不懈努力［N］. 人民日报，2016-10-10（1）.

20. 习近平在中国共产党第十九次全国代表大会上的报告［EB/OL］,（2017-10-28）［2022-11-11］. http://cpc.people.com.cn/n1/2017/1028/c64094-29613660-5.html.

21. 习近平在中央民族工作会议上强调　以铸牢中华民族共同体意识为主线　推动新时代党的民族工作高质量发展［EB/OL］,（2021-08-28）［2022-11-06］. http://www.news.cn/politics/leaders/2021-08/28/c_1127804776.htm.

22. 习近平总书记春节前夕赴内蒙古调研　看望慰问各族干部群众　向全国各族人民致以新春祝福［N］. 人民日报，2014-01-30（1）.

23. 燕芳敏. 将生态文明制度成果转化为治理效能［N］. 经济日报，2020-04-21（11）.

24. 姚喜双. 语言是打开未来之门的钥匙［N］. 人民日报，2015-09-15（5）.

25. 依法治藏富民兴藏长期建藏　加快西藏全面建成小康社会步伐［N］. 人民日报，2015-08-26（1）.

26. 以铸牢中华民族共同体意识为主线　推动新时代党的民族工作高质量发展［N］. 人民日报，2021-08-29（1）.

27. 扎实推动经济高质量发展　展示推进脱贫攻坚［N］. 人民日报，2018-03-06（1）.

28. 张丽君，巩蓉蓉. 夯实铸牢中华民族共同体意识的经济基础［N］.

中国民族报，2021-01-16（5）.

29. 张三保，张志学．中国省份营商环境研究报告2020［R/OL］,（2020-12-26）［2022-11-13］. https://www.gsm.pku.edu.cn/cnold/zhongguoshengfenyingshanghuanjingyanjiubaogao2020.pdf.

30. 张雅勤．新时代公共安全治理的逻辑起点［N］. 中国社会科学报，2020-09-09（8）.

31. 中共中央、国务院印发《关于加强和改进新形势下民族工作的意见》［EB/OL］,（2014-12-22）［2022-11-10］. http://www.gov.cn/zhengce/2014-12/22/content_2795307.htm.

32. 中共中央关于坚持和完善中国特色社会主义制度　推进国家治理体系和治理能力现代化若干重大问题的决定［N］. 人民日报，2019-11-06（1）.

33. 中共中央关于全面深化改革若干重大问题的决定［EB/OL］,（2013-11-15）［2022-11-10］. http://www.gov.cn/jrzg/2013-11/15/content_2528179.htm.

34. 中国共产党第十九届中央委员会第五次全体会议公报［EB/OL］,（2020-10-29）［2022-11-10］. http://www.xinhuanet.com/politics/2020-10/29/c_1126674147.htm.

35. 中央民族工作会议暨国务院第六次全国民族团结进步表彰大会举行［EB/OL］,（2014-09-29）［2022-11-10］. http://www.gov.cn/xinwen/2014-09/29/content_2758816.htm.

36. 周平．地方政府能力建设必须创新思维［N］. 人民日报，2015-08-30（7）.

37. 祝黄河．科学把握五位一体的总体布局［N］. 人民日报，2012-11-27（7）.

四、年鉴

1. 国家统计局社会科技和文化产业统计司．中国社会统计年鉴［M］. 北京：中国统计出版社，2013，2016，2018—2020.

2. 国家统计局社会科技和文化产业统计司．中国文化及相关产业统计年鉴［M］. 北京：中国统计出版社，2016—2019.

3. 中华人民共和国国家统计局. 中国统计年鉴［M］. 北京：中国统计出版社，2013—2021.

4. 中华人民共和国教育部. 中国教育统计年鉴［M］. 北京：中国统计出版社，2013，2015，2019.

5. 中华人民共和国民政部. 中国民政统计年鉴［M］. 北京：中国社会出版社，2017—2019.

附　录

访谈提纲

1. 请您结合工作实际，整体评价一下地方政府能力状况如何？您认为制约地方政府能力的因素有哪些？

2. 请您结合所在部门和工作实际，谈谈地方政府职能转变情况。您所在部门是如何处理政府与市场之间关系的？地方政府通过什么方式干预市场？

3. 请您结合实际谈谈是否存在政府替代市场的现象？在实际工作中是否有一些典型案例？

4. 请您谈谈制约政府体制改革创新及创新发展的因素有哪些？

5. 请您谈谈在优化营商环境中地方政府应该发挥什么作用？还有哪些不足？

6. 请您谈谈政府部门在日常工作中运用互联网、大数据、人工智能等技术手段情况。政务信息化程度如何？政府通过互联网提供服务的情况如何？

7. 请您谈谈您所在部门公职人员的学历、能力、素质、观念等是否与当前工作任务相匹配。工作效率如何？是否存在经常加班现象？人力资源流失状况如何？

8. 请您谈谈政府在公共服务、社会治理、公共安全、文化、生态保护等领域的作用如何。取得了哪些成效？财政投入状况处于什么水平？能否满足社会需求？

（在访谈过程中根据对话内容适时调整）

后　记

本书在我的博士学位论文基础上修改而成。考上博士的那一刻，我感到既兴奋又有压力。兴奋的是，又能回到母校继续深造，倍感荣幸；同时我也知道，科研这条道路不会一帆风顺，需要付出巨大的辛苦和劳动。攻读博士是我新的学术生涯的开始，虽然有一定基础，但我还是一名新生。幸运的是，上课、阅读文献、论文开题、写作、修改、答辩等各个环节都有导师的指导、师兄师姐的帮助和同学们的鼓励，在此，表示真诚的感谢。

首先，要感谢我的导师任维德教授。任教授是知名学者和专家，不但学术造诣高，且为人正直、低调、谦和，是我辈的榜样和楷模。在博士学习期间，任老师积极引领我追逐学术前沿，不厌其烦地从论文选题、写作、发表、项目申报等方面予以我指导和帮助。在任老师的指导和熏陶下，我的学术视野和学术能力得到了拓展和提升，同时也学会了如何更好地为人父、为人子、为人师。在此表示最真诚的感谢！此外，还要感谢帮助过我的内蒙古大学民族学与社会学学院的那顺巴依尔教授、阿拉坦宝力格教授、何生海教授和内蒙古大学公共管理学院的郭喜教授、白维军教授、丛志杰教授、苏敏教授，我的进步和成长离不开老师们的指导和帮助，在此表示深深的感谢！

其次，要感谢我的家人、单位同事和同学们。没有家人的支持，我很难全身心地投入博士学习中，在此对我的爱人、孩子和父母表示感谢，有了你们的支持，才使得我无后顾之忧，尤其在我烦恼的时候，来自可爱的女儿的鼓励使我信心倍增；没有单位领导和同事的鼓励和支持，也不会有我的进步和成长，在此向帮助过我的内蒙古师范大学公共管理学院原院长甘月文教授、内蒙古师范大学民族学人类学学院丁龙召教授表示感谢；此外，还要感谢同门和2017级博士同学们的鼓励和支持。

最后，要感谢内蒙古大学。从本科到硕士再到博士，是内蒙古大学深厚的底蕴、优良的学风给予了我知识、教会了我做人，可以说，没有内蒙古大学的培育就没有我的今天。我一定会秉承内蒙古大学“崇尚真知、追求卓越”的优良传统，继续努力前行、不断开拓创新，以优异的成绩回报母校的培育之恩！

笔者

2022年5月15日